HERMANN ULLSTEIN

Das Haus Ullstein

HERMANN ULLSTEIN

Das Haus Ullstein

Aus dem Englischen von Geoffrey Layton

Mit einem Nachwort von Martin Münzel

In Zusammenarbeit mit dem Herausgeberkreis
Deutsches Pressemuseum im Ullsteinhaus e. V. (DPMU).

Ullstein

Die Originalausgabe erschien unter dem Titel *The Rise and Fall of the House of Ullstein* 1943 bei Simon and Schuster, New York.

Hermann Ullsteins Buch wurde im Exil aus der Sicht eines Zeitzeugen verfasst. Dies bedingt gelegentliche Ungenauigkeiten, etwa dann, wenn der Autor aus dem Gedächtnis Aussagen von Politikern und Medienberichte zitiert. An manchen Stellen entspricht der Kenntnisstand des Autors nicht der heute bekannten Faktenlage. An wenigen Stellen des Textes wurden in der Übersetzung behutsame Korrekturen vorgenommen. Auf eine wissenschaftliche Kommentierung wurde verzichtet.

Abbildungen im Innenteil:
Axel-Springer-Unternehmensarchiv, Berlin
S. 12, 20, 52, 76, 150, 190
ullstein bild, Berlin S. 104, 130, 236

FSC www.fsc.org
MIX
Papier aus verantwortungsvollen Quellen
FSC® C014889

ISBN 978-3-550-08046-3

Buchgestaltung: ruta_verlagsproduktion, Stuttgart

Gesetzt aus der Swift
bei Pinkuin Satz und Datentechnik, Berlin
Druck und Bindearbeiten: Pustet, Regensburg
Printed in Germany

Für meine Frau

INHALT

Dieses Buch ist bislang nicht in deutscher Sprache veröffentlicht worden. Sein Verfasser, Hermann Ullstein, jüngster Sohn des Verlagsgründers Leopold Ullstein, emigrierte 1939 in die USA und verfasste das Manuskript auf Deutsch. Als das Buch kurz vor Hermann Ullsteins Tod im November 1943 bei Simon & Schuster in New York unter dem Titel *The Rise and Fall of the House of Ullstein* in englischer Übersetzung erschien, war eine offizielle deutsche Fassung in dem von der NS-Propaganda dominierten deutschen Buchmarkt ausgeschlossen. Der Buch- und Zeitungsmarkt, einst eine Domäne des Ullstein Verlags, befand sich 1943 fest in der Hand des Franz-Eher-Verlags. Dieser Parteiverlag der NSDAP kontrollierte über 80 Prozent des deutschen Pressemarktes. In so einer Konstellation war ein Buch, das die Verlags- und Familiengeschichte Ullsteins als deutsche Presse- und Zeitgeschichte kritisch reflektiert, natürlich unerwünscht, zumal Hermann Ullstein darin anschaulich darlegt, wie das NS-Regime der Verlegerfamilie den seinerzeit größten deutschen Verlag 1934 zu einem Spottpreis abpresste. Das NS-Regime hatte nach der Zwangsenteignung des Verlags versucht, den Namen Ullstein aus dem öffentlichen Bewusstsein zu tilgen: 1937 wurde aus Ullstein der »Deutsche Verlag«, und das Druckhaus Tempelhof, gemeinhin als »Ullsteinhaus« bekannt, hieß fortan bis 1945 »Deutsches Haus«.

Nach 1945 verliert sich die weitere Rezeption dieses Buches von Hermann Ullstein, das bald nur noch antiquarisch erhältlich war. Zu den Hauptaufgaben der Initiative vom *Deutschen Pressemuseum im Ullsteinhaus e. V. (DPMU)* zählt unter anderem, das für Deutschland pressegeschichtlich bedeutsame Erbe des Ullstein Verlags im Bewusstsein künftiger Generationen lebendig zu halten. Dieses Ziel verfolgte auch Hermann Ullstein mit seinem Buch. Und so war es naheliegend, dass das DPMU der heutigen Ullstein Buchverlage GmbH das Projekt einer deutschen Ausgabe dieses Werkes vorschlug.

Für dieses Projekt konnten wir Vereinsmitglieder des DPMU gewinnen: Das Gründungsmitglied Geoffrey Layton, Urenkel von Hans Ullstein (dem ältesten Sohn von Firmengründer Leopold Ullstein), übersetzt das Buch seines Großonkels Hermann Ullstein zurück ins Deutsche, da Hermann Ullsteins deutsches Originalmanuskript verschollen ist und nur noch die englische Übersetzung vorliegt. Das Werk bleibt somit »in der Familie«. Martin Münzel zeichnet im Nachwort die Entstehung und Rezeption des Buches nach.

Zuletzt hat sich der Herausgeberkreis *Deutsches Pressemuseum im Ullsteinhaus* konstituiert. Diesem Gremium gehören neben Geoffrey Layton und Martin Münzel noch Rainer Laabs (Leiter Unternehmensarchiv Axel Springer Verlag), Prof. Dr. Bernd Sösemann (FU Berlin, Mitglied des wissenschaftlichen Beirats der DPMU) sowie Holger Wettingfeld (Vorsitzender DPMU) an. Der Herausgeberkreis will künftig die Publikation von pressegeschichtlich relevanten Werken unterstützen, die bislang unveröffentlicht bzw. vergriffen sind. *Das Haus Ullstein* ist der Auftakt dazu.

Der Herausgeberkreis

Informationen zum Projekt *Deutsches Pressemuseum im Ullsteinhaus* unter *www.dpmu.de*

Entwurfszeichnung für die kupferne Eule am Tempelhofer Druckhaus (Ullsteinhaus) von Fritz Klimsch aus dem Jahr 1926

ERSTES KAPITEL

Die Nacht, bevor Hitler kam

IN DEN FESTSÄLEN am Zoologischen Garten geht es hoch her. Es ist der letzte Samstag im Januar des unheilvollen Jahres 1933 – ein Tag, der seit eh und je für einen Höhepunkt des Berliner Gesellschaftslebens reserviert ist: den Presseball.

Ganz Berlin – das heißt jeder, der in der Stadt etwas darstellt – ist anwesend. Natürlich dürfen nur geladene Gäste an der glamourösen Veranstaltung teilnehmen, und wer vom Festkomitee nicht für würdig befunden worden ist, eine der eleganten Einladungen zu erhalten, sollte sich ernsthaft Sorgen um seine Reputation machen.

In den weitläufigen, hell erleuchteten Hallen mit ihren Logen längs der Wände befindet man sich in Gesellschaft von Staatsministern und Parlamentsabgeordneten, Politikern und Presseleuten, Künstlern, Dichtern und den führenden Köpfen aus Theater und Film. In dem Gedränge kann man sich nur schrittweise fortbewegen. Die Herren kommen in Uniform oder im Abendanzug mit weißer Krawatte, die Damen in umwerfenden Ballkleidern. Keine Einzige denkt daran, sich dem Diktat der Mode zu widersetzen (der Presseball hat seine eigenen Traditionen), und der Ehrgeiz der Damen wird nicht gestillt sein, bevor sie nicht eine ausführliche Beschreibung ihrer Abendgarderobe aus der Sicht eines Modeexperten in der Morgenzeitung entdeckt haben.

Sehen Sie mal: diese Herren dort in der Ecke. Vier von ihnen sind bekannte Theaterkritiker. Der Herr, der sich gerade zu ihnen gesellt und Hände schüttelt, ist ein Dichter. Treten wir ein wenig näher und hören, was der Kritiker ihm zu sagen hat.

»Ich habe soeben Ihr wundervolles Gedicht im Programmheft des Presseballs gelesen. Ihr Stil, mein Lieber, ist unnachahmlich.«

Wenn das mal nicht seine Eitelkeit kitzelt. Schauen Sie nur, wie er strahlt!

Das Gedränge hier wird zu groß. Es ist ratsam weiterzugehen, obgleich man nur millimeterweise vorrücken kann. Im Nebenraum wird Tango gespielt. Sehen Sie den da! Das ist Max Reinhardt. Wir haben es geschafft. Von hier aus hat man einen besseren Überblick. Da steht Helene Thimig an die Wand gelehnt, mit Felix Hollaender. Und dort ist Professor Liebermann im Gespräch mit Spiro. Er ist alt geworden, nicht wahr?

Wir sind in der Haupthalle angelangt. Nun können Sie ... Aber was ist denn das? Die große Loge im Zentrum ist leer. Wo bleiben der Kanzler und seine Minister?

Auf einmal liegt was in der Luft. Eine bedrohliche Spannung. Bruchstücke einer sensationellen Neuigkeit fliegen von Mund zu Mund. »Haben Sie gehört –?« Reichskanzler Schleicher und sein gesamtes Kabinett sollen zurückgetreten sein. Präsident Hindenburg hat bereits dessen Rücktritt entgegengenommen, sagt Staatssekretär Busch. Aber er meint auch, es gäbe keinen Grund zur Panik, denn Hindenburg habe sich erst vor kurzem gegen eine Kanzlerschaft Hitlers ausgesprochen. Solche Stellungnahmen, begleitet von Walzerklängen aus dem angrenzenden Saal, beruhigen die Gemüter. Die Mienen hellen sich wieder auf, die Gruppen zerfallen in Paare, und die Damen lächeln wieder, während sie in die rotierende Menschenmenge eintauchen.

Ja, das ist allerdings wahr: Zu einem anderen Zeitpunkt erfuhr Hitler von Hindenburg eine glatte Abfuhr. Jener erklärte, er könne es »vor Gott, seinem Gewissen und seinem Vaterlande nicht verantworten, einer Partei die gesamte Regierungsgewalt zu übertragen, noch dazu einer Partei, die einseitig gegen Andersdenkende eingestellt sei.« Abgesehen davon ist es erst zwei Monate her, dass die Nazis bei den Parlamentswahlen einen beträchtlichen Rückgang der Stimmen zu verzeichnen hatten. Von ihren 230 Sitzen durften sie nur 196 behalten. Offenbar ist Hitlers Stern im Sinken begriffen. Die Gefahr scheint gebannt. Es handelt sich um nichts weiter als einen Bruderzwist zwischen Schleicher und Papen, die sich um die Vorherrschaft streiten. Auf diese und ähnliche Art wird die Abdankung des Kanzlers kommentiert. Die Menschen lassen sich von Beschwichtigungen einlullen – und der Champagner fließt in Strömen.

Plötzlich richten sich aller Augen auf eine Loge neben der Regierungsloge. Wem sie gehört? Den Ullsteins. Sie wissen sicherlich, dass die Ullstein-Zeitungen die auflagenstärksten in ganz Deutschland sind. Erkennen Sie Remarque? Er wird gerade Mady Christians vorgestellt, Berlins beliebtester Schauspielerin. Sie ist mit Sven von Müller verheiratet, einem von Ullsteins Schriftleitern. Hinter ihr setzt sich gerade Vicki Baum. Ihr letzter Roman war wieder ein Bestseller. Der Herr, mit dem sie sich unterhält, ist Fritz Ross, der Schwiegersohn vom ältesten der Ullstein-Brüder.

Ein Neuankömmling späht durch sein Opernglas und fragt: »Und die Ullsteins selber, wo sind die?«

Die sind nicht hier. Sie zeigen sich nicht gerne in der Öffentlichkeit. Die Politik überlassen sie ihren Redakteuren. Sie selber halten sich lieber im Hintergrund.

Soeben betritt Geheimrat Schäffer die Loge. Er ist vor kurzem zum Generaldirektor des Unternehmens ernannt worden. Davor war er Staatssekretär im Reichsfinanzministerium. Der Herr, der ihn begrüßt, ist der österreichische Botschafter.

Die Band legt einen Zahn zu, und alles drängt zur Tanzfläche. Achten Sie auf den Kerl mit Monokel, der sich da zur Regierungsloge durchkämpft. Das ist Professor Ludwig Stein, ein politischer Beobachter der *Vossischen Zeitung*, die den Ullsteins gehört. Man kennt ihn auch unter dem Namen Diplomaticus. Kommen Sie, versuchen wir, ein bisschen näher heranzukommen. In der Regierungsloge sitzen nur ein paar Staatssekretäre, die alle recht verängstigt aus der Wäsche schauen. Und was hat unser Diplomaticus zu sagen?

»Keine Panik, meine Herren. Aus zuverlässiger Quelle weiß ich, dass Papen wiederkehren wird. Die Konservativen stehen geschlossen hinter ihm.« Diese gute Nachricht ist bereits durch die Telefon- und Telegraphenleitungen der Firma Ullstein in die ganze Welt hinausgegangen.

»Hindenburg ist loyal. Er bleibt seinen Freunden treu«, sagt einer der Staatssekretäre.

»Wenn ich mich recht entsinne«, entgegnet ein Skeptiker, »hat Hindenburg schon so manchen Freund fallengelassen.«

»Aber Sie werden doch nicht vergessen haben, dass Hindenburg die Präsidentschaftswahl gegen Hitler gewonnen hat. Er wird wohl kaum seine eigenen Wähler düpieren.«

Das klingt plausibel. Der Skeptiker gibt sich geschlagen. Der Tanz geht weiter bis zum Morgengrauen. Kein Wölkchen am Himmel, das die Champagnerlaune trüben möchte.

Um fünf Uhr morgens verlässt Kurt Szafranski, einer von Ullsteins Verlagsdirektoren, vorzeitig das Fest und begibt sich heim. Er fühlt ein Fieber nahen. Seine Frau bringt ihn zu Bett, wo er für 24 Stunden in einen Tiefschlaf fällt. Als er aufwacht, richtet er sich auf und schaut seine Frau an. »Was gibt's Neues?«, fragt er.

»Nicht viel«, lautet die sarkastische Antwort. »Hitler ist zum Kanzler ernannt worden.«

Hermann und Margarethe Ullstein, 1933

ZWEITES KAPITEL

Im Dritten Reich

AM NÄCHSTEN TAG, dem 31. Januar 1933, ist die Stimmung im Verlag an der Kochstraße sehr angespannt. Geregelte Arbeit scheint unmöglich. Die Leute stehen in den Korridoren herum, reden miteinander, streiten sich. Die Pessimisten sagen das Ende des Verlags voraus. Die Optimisten betrachten Hitlers Sieg als ein Zwischenspiel vor seinem nahen Sturz.

Unser Diplomaticus gehört jetzt zu den Pessimisten – er verschwindet in einem der Automobile, die jederzeit am Haupteingang für ihn bereitstehen. »Zur Reichskanzlei«, ruft er dem Fahrer zu. Die Fahrt dauert höchstens zehn Minuten, aber mit jeder Sekunde werden die Aussichten düsterer. Zwei Tage zuvor auf dem Presseball hatte er noch verkündet, dass Hitler von Hindenburg abgelehnt werde, dass Papen ein Comeback bevorstehe und dass man die Nerven behalten solle. Alle seine Voraussagen waren falsch. Hatte er auf einmal seinen politischen Spürsinn verloren? Er wird es gleich erfahren.

Der Wagen hält vor der Reichskanzlei. Diplomaticus steigt aus und schickt sich an, das Gebäude zu betreten.

»Halt!«, ruft der Portier. »Ausweis vorzeigen!«

Diplomaticus steht starr vor Schreck. »Aber Kessler«, ruft er dem Portier zu, »das ist doch nicht dein Ernst. Wir kennen uns doch!«

»Für Sie immer noch Herr Kessler. Wo wollen Sie hin?«

»Zum Staatssekretär selbstverständlich.«

»Das ist nicht möglich.«

Diplomaticus fängt an, sich unwohl in seiner Haut zu fühlen. »Wollen Sie mir etwa sagen, guter Mann, dass Sie in höherem Auftrag handeln? Sie wissen doch, dass ich jeden Tag komme, um die Regierungserklärungen entgegenzunehmen.«

Der Pförtner schneidet ihm das Wort ab. »Nur, wer einen Passierschein von der Parteizentrale vorweisen kann, bekommt Zutritt.«

Deprimiert kehrt Diplomaticus ins Büro zurück. Es stellt sich heraus, dass es seinem Kollegen von der *B.Z. am Mittag* ähnlich ergangen ist. Alle Verbindungen zur Regierung sind abgerissen.

Der Kollege Reiner macht sich darüber lustig, dass Diplomaticus den Kopf so hängen lässt. »Du musst nicht immerzu schwarzsehen, lieber Herr Professor. Ich bin überzeugter Optimist.«

»Und worauf gründet sich dein Optimismus?«

»Auf die Tatsache, dass die Gemäßigten genauso in Hitlers Regierung sitzen werden, wie sie es schon bei Papen getan haben. Sie werden alle Schlüsselpositionen in der Verwaltung besetzen. Papen wird Vizekanzler, und die Ministerien des Äußeren und des Inneren, das Finanzressort, das Verteidigungsministerium und die Landwirtschaft werden allesamt von seinen Freunden besetzt. Also was kann Hitler schon groß tun? Gar nichts!«

Das war Diplomaticus neu, aber er lässt es sich nicht anmerken. Jetzt spielt er seine Trumpfkarte aus. Trotz der Informationssperre ist es ihm gelungen, eine wichtige Mitteilung aufzuschnappen. »Um vier Uhr nachmittags«, weiß er zu berichten, »wird Hitler seine Jungfernrede als Kanzler im Radio halten. Da werden wir ja sehen, wie weit er sich aus dem Fenster lehnt.«

»Natürlich nicht besonders weit«, erwidert Reiner. »Als Kanzler muss er Verantwortungsgefühl demonstrieren. Da kann er nicht länger wüten wie auf einer seiner Massenkundgebungen. Er wird die Dinge nun aus einem anderen Blickwinkel beurteilen.«

Um vier Uhr nachmittags steht alles still im Ullsteinhaus und lauscht. So hatte es Clausner, der Anführer der nationalsozialistischen Betriebszelle, angeordnet. Das gilt für alle Angestellten, auch für die Redakteure. Befehl ist Befehl.

Die Betriebszelle hat sich quasi über Nacht in eine Art Schattenregierung verwandelt und kontrolliert nun, ganz nach russisch-bolschewistischem Vorbild, das Tagesgeschäft, Angestellte und die Geschäftsleitung. Sie ist zu einem Machtfaktor geworden, mit dem man rechnen muss.

Auf ihre Initiative hin werden überall Lautsprecher angebracht, damit die Stimme des Führers auch von jedem gehört werden kann. Niemand darf seinen Arbeitsplatz verlassen, bevor der Führer zu Ende gesprochen hat. Und überhaupt: Nun ist das erste Mal vom »Führer« die Rede. Beklommenheit macht sich breit in den Büros und Werkhallen.

Plötzlich ertönt ein Gong. Dann kommt die Stimme des Radioansagers. Aber es ist keine der gewohnten Stimmen. Es ist eine unangenehm schrille Stimme, die uns die Ankunft des Führers verkündet. Wilde Begrüßungsschreie – »Heil« – verstummen auf einen Schlag, als der Führer seine Rede beginnt.

»Volksgenossen! 15 Jahre lang hat eine unfähige Regierung auf unserem Land gelastet. 15 Jahre lang durften die Juden das deutsche Volk ausbeuten. Acht Millionen Arbeitslose sind das traurige Resultat dieses Irrtums, der Volk und Staat in den Ruin getrieben hat. Von nun an werden sich die Dinge ändern. Denn nun halte ich die Zügel in Händen.«

Was für eine Arroganz! Kein Kanzler zuvor hatte gewagt, über seine Vorgänger mit so viel Verachtung zu sprechen!

»Binnen vier Jahren wird die Arbeitslosigkeit überwunden sein. Gebt mir diese vier Jahre, und ich werde Ordnung schaffen.«

In einem Wort: ein Vierjahresplan, ganz ähnlich dem, den Stalin 1928 einführte, als er versprach, in fünf Jahren die Landwirtschaft zu verstaatlichen. Jetzt hebt Hitler die Stimme: »Ich werde streng sein. Ich werde weder Kritik dulden noch irgendwelche Opposition. Ich fordere –«, und hier überschlägt sich seine Stimme, »nichts als Gehorsam!«

Wir starren uns an. Wie verträgt sich diese Forderung nach Gehorsam mit der Reichsverfassung, auf die er vereidigt worden war? Von blindem Gehorsam steht dort nichts, dafür aber von freier Meinungsäußerung. Was werden seine deutschnationalen Minister zu so einer Ankündigung sagen? Bei dem Wort »Gehorsam« schrie er, so wie auf seinen Massenveranstaltungen. »Gott steh uns bei«, murmeln wir, während wir dasitzen und auf das Ende der Suada warten.

Irgendwann hört sie tatsächlich auf. Viele von uns stehen sprachlos da, unfähig, sich zu rühren – als wartete man auf einen Befehl, wieder an die Arbeit zu gehen. Einer will sich kritisch äußern und wird sofort zurechtgewiesen. Erst jetzt wird uns klar, wie massiv die Propaganda im Untergrund tätig war – auch hier bei Ullstein, wo freiheitlich-demokratische Zeitungen gedruckt werden. Ein Drittel der Belegschaft gehört bereits der Hitlerpartei an, sie wagen es erst jetzt, sich dazu zu bekennen, die einen verschämt, die anderen schon offensiv. Die Mehrheit hält den Mund. Die kleinste kritische Bemerkung landet sofort in Clausners Zelle.

Ein paar Tage nach Hitlers Rede hatte ich eine Unterredung mit Kappusch, einem unserer Redakteure, der mir stets mit Ehrerbietung begegnet war. Bei keiner Gelegenheit versäumte er, mich daran zu erinnern, wie sehr ich ihm und seiner Familie einst aus der Not geholfen hatte. Nun schlug er andere Töne an. »Jetzt werden sie alle ankommen«, sagte er, »jetzt wollen sie plötzlich alle Parteimitglieder sein. Aber das ist eine Ehre, die man sich verdienen muss. Ein jeder muss beweisen können, dass sein Herz für die Partei schlägt.«

Ich gab meiner Verwunderung Ausdruck: »Kappusch, wie reden Sie denn? Seit wann gehören Sie zu den Nationalsozialisten?«

»Seit dem Beginn der Bewegung 1923.«

»Und dennoch sind Sie in diesem demokratisch orientierten Verlag geblieben?«

Hierauf entließ er eine dröhnende, humorlose Lachsalve, die mir das Blut in den Adern gefrieren ließ. Erst in diesem Moment erkannte ich, dass wir schon seit Jahren von Feinden umgeben waren. Zweifellos führten sie schon seit langem geheime Dossiers über die unverbesserlichen Demokraten. Von nun an blühte das Denunziantentum, und es herrschte eine Atmosphäre der Angst. Clausner war allgegenwärtig und omnipotent.

Ein paar Tage nach dem Gespräch mit Kappusch klopfte es laut an meine Tür. Clausner trat ein, flankiert von zwei Kollegen. Er kam gleich zur Sache: »Wir fordern die Entlassung von Direktor Ross. Er muss die Firma unverzüglich verlassen.«

Ich war überrascht: Fritz Ross war nicht nur der Schwiegersohn meines ältesten Bruders, sondern auch der Bruder von Colin Ross, einem prominenten Nationalsozialisten, der als Reisejournalist auch schon für Ullstein unterwegs gewesen war. Seine Nähe zu einem Parteimitglied schien ihn nicht zu schützen.

»Warum sollte Direktor Ross entlassen werden?«, fragte ich.

»Wir haben in Erfahrung gebracht, dass er mit einem gewissen Wendriner Umgang pflegt, der seinerseits mit dem Kommunisten Tucholsky befreundet ist.«

Ich konnte mir das Lachen nicht verkneifen. »Meine Herren, ich fürchte, Sie sind das Opfer eines bedauerlichen Irrtums geworden. Der Wendriner, mit dem Direktor Ross Umgang pflegt, ist weit davon entfernt, Kommunist zu sein. Er ist ein pensionierter Hauptmann der Reichswehr. Und bei dem Wendriner von Tucholsky handelt es sich um eine satirische Erfindung.«

Den drei Herren blieb die Spucke weg. Clausner fand als Erster die Sprache wieder. »Aber ist nicht der Schriftsteller Tucholsky ein Kommunist?«

»Mag sein. Vielleicht im Herzen. Ich kann es wirklich nicht beurteilen. Jedenfalls sind seine Wendriner-Geschichten völlig unpolitisch.«

Clausner entschied sich dafür, Großmut zu demonstrieren: »Diesmal wollen wir es durchgehen lassen, aber seien Sie gewarnt und geben Sie die Warnung auch an Ross weiter.«

Damit verzogen sie sich. Ich ließ meinen Neffen Ross kommen und erzählte ihm die Geschichte. Anfangs war er schockiert, aber als er begriff, dass er Opfer einer albernen Verwechslung geworden war, brach er in schallendes Gelächter aus.

Ansonsten gab es wenig zu lachen. In den Redaktionsräumen regierte der Terror – das Recht auf freie Meinungsäußerung blieb nur auf dem Papier unangetastet, im Grunde wusste jeder, dass Recht und Ordnung in Deutschland aufgehört hatten zu existieren. Die Verfassung konnte ihre Bürger nicht mehr schützen. Gleich nach Hitlers Machtergreifung hatte Hermann Göring erklärt, dass die Juden rechtlos und geächtet seien. »Warum sollte sich meine Polizei um ein paar Juden sorgen, die zusammengeschlagen oder umgebracht wurden?«

Den Kommunisten erging es nicht besser. Sie wurden ebenso wie die Juden in neu errichtete Konzentrationslager gesteckt, wo sie gefoltert wurden. Man schlug ihnen die Zähne aus und traktierte ihre Köpfe mit Eisenstangen. Alte Leute wurden am frühen Morgen gezwungen, zur Arbeit zu rennen, und wenn einer hinfiel, erging es ihm schlecht. Universitätsprofessoren wurden auf Bänke gefesselt und auf den nackten Hintern geschlagen.

Von diesen Lagern, die wie Pilze aus dem Boden schossen, war Dachau in Bayern das berüchtigtste. In Oranienburg bei Berlin gingen ähnlich erschreckende Dinge vor sich. Es war des Führers erklärter Wille, dem Abschaum der Erde – so nannte er die Lagerinsassen – Gehorsam beizubringen. Die Angst vor solchen Lagern genügte, wie man sich leicht vorstellen kann, um jede öffentliche Kritik im Keim zu ersticken.

Die Parlamentswahlen waren auf den 5. März gelegt worden. Diesmal war niemandem danach zumute, Wetten abzuschließen. Der Terror, der die Menschen lähmte, schien einen Sieg der Hitlerpartei unvermeidlich zu machen. Nichtsdestotrotz lag eine Spannung in der Luft, als ob sich eine weitere Katastrophe anbahnte. Erstaunlich genug, dass sich nach einem Monat von Hitlers Herrschaft die Erde noch nicht aufgetan hatte und uns der Himmel noch nicht aufs Haupt gefallen war.

Plötzlich, am Abend des 27. Februar, hörten wir die schrillen Alarmsirenen der Feuerwehr. Brigaden von überallher rasten Richtung Brandenburger Tor. Ein Angestellter hatte vom Dach unseres Hauses aus dicke schwarze Wolken über dem Reichstagsgebäude gesichtet.

Die Reporter stürzten in die Korridore und die Treppen hinab. Über Fernsprecher kam die Meldung, dass der Reichstag in Flammen stehe. Das Wort »Brandstiftung« machte die Runde.

Kaum hatten wir diesen Gedanken ausgesprochen, wurde auch schon der Presse mitgeteilt, dass die Kommunisten das Feuer gelegt hatten. Diese Flammen – so die offiziellen Verlautbarungen – sollten das Fanal für den kommunistischen Umsturz darstellen.

Ein Putschversuch vonseiten der Kommunisten?

Warum? In letzter Zeit hatte es keinerlei Anzeichen dafür gegeben. Dann hörten wir, dass ein junger Holländer namens Marinus van der Lubbe gefasst worden war, während er noch mit nacktem Oberkörper dabei war, das Feuer anzufachen. Als Nächstes hieß es, er sei von Hintermännern zu der Tat angestiftet worden, und schon bald darauf wurde der kommunistische Parteiführer Torgler zusammen mit drei Bulgaren – allesamt stadtbekannte Kommunisten, wohnhaft in Berlin – als Hauptverschwörer verhaftet. Viel Wert wurde auch auf die Tatsache gelegt, dass der Führer in Begleitung von Göring und Goebbels zur Brandstätte geeilt sei, um selbst im Kampf gegen die Feuersbrunst Hand anzulegen.

Eigentlich zweifelte niemand daran, dass Hitler und seine Leute den Brand selbst gelegt hatten. Aber da standen sie nun und heuchelten Entrüstung. Hitler bellte: »Verlasst euch darauf, dass ich den Schuldigen köpfen lasse!«

Einmal mehr missachtete er die Prinzipien der Rechtsstaatlichkeit und das deutsche Gesetz, das lediglich Mord mit der Todesstrafe ahndete. Als Strafe für Brandstiftung waren Zwangsarbeit und Zuchthaus vorgesehen. Er nahm jedoch die Gelegenheit wahr, ein Gesetz durchzubringen, das Vaterlandsverrat zum Kapitalverbrechen erklärte. Und in diesem Fall handelte es sich um eine Kombination aus Hochverrat und Brandstiftung. Als ob es rechtens wäre, jemanden nach Gesetzen zu verurteilen, die es zum Zeitpunkt des Verbrechens noch nicht gab! Aber was kümmert einen Mann wie Hitler Recht und Gesetz? Und was machte es ihm aus, ob der eigentliche Täter geköpft wurde oder ein armer Narr, der zum Tatort geschleppt worden war, um dort als Sündenbock gefasst zu werden?

Hitlers und Görings Motive für die Brandstiftung lagen klar zutage. Kurz vor den Reichstagswahlen galt es, die Angst vor dem Bolschewismus zu schüren. Es hieß: Hitler wählen oder sich dem Teufel ergeben. Für die Nazis hatte der Reichstagsbrand nur von Neuem bewiesen, welch kriminelle Energie im Kommunismus steckte. »Wenn die Kommunisten an die Macht kommen«, so schrie Hitler, »dann werden sie euch alles wegnehmen, was ihr habt« – und unterstellte ihnen damit das, was er selber vorhatte. »Sie werden eure Frauen und Töchter vergewaltigen, und sie werden euch eures Vermögens berauben und all der Dinge, die ihr unter so großen Mühen erworben habt. Vor der bolschewistischen Sturmflut könnt ihr und ganz Europa von keinem anderen gerettet werden als von mir, Hitler. Wer mich nicht wählt, ist ein Dummkopf.«

Ein schlauer Trick? Keineswegs. In Deutschland zweifelte nicht eine Seele daran, dass Hitler und Göring den Reichstag selbst in Brand gesetzt hatten. Man meinte auch deutlich, die Handschrift von Goebbels zu erkennen, weil alles so plump eingefädelt worden war.

Seit jenen Tagen bin ich oft gefragt worden, ob ich mich nicht glücklich geschätzt hätte, Goebbels in der Reklameabteilung unseres Verlags sitzen zu haben. Auch angesichts all seiner Erfolge habe ich das immer verneint. Ein Mann, dessen Lügen so kurze Beine haben, würde einen jämmerlichen Verkäufer abgeben. Niemand glaubte ihm, aber keiner wagte es, das zuzugeben. Es ist keine Kunst, Leute mit Gewalt zur Kooperation zu zwingen.

Die Ersten, die das Märchen von den kommunistischen Tätern zu schlucken hatten, waren wir Zeitungsleute. Wir bekamen den Befehl, zu berichten, dass nur die Wachsamkeit des Führers den Ausbruch einer kommunistischen Revolution verhindert habe. »Nehmt euch in Acht vor der kommunistischen Gefahr« war der Slogan der Nazis, der am 5. März die Bevölkerung zu den Wahlurnen trieb.

Mittlerweile war durchgesickert, wie der Reichstag in Wirklichkeit in Brand gesetzt worden war. Natürlich war es nicht das Werk eines Einzelnen gewesen. Wie hätten sonst die Flammen gleichzeitig an verschiedenen Enden des Gebäudes gelegt werden können? Ein Trupp der SA hatte sich durch einen unterirdischen Gang, der das Präsidialamt mit dem Reichstag verbindet, Zutritt verschafft. In unseren Redaktionen traf die Nachricht ein, ein Feuerwehrmann habe Mitglieder der SA-Standarte Horst Wessel auf frischer Tat ertappt.

Dieselben Redakteure, die vor kurzem noch darauf bestanden hatten, nichts als die Wahrheit zu berichten, veröffentlichten nun Hitlers Lügen, ohne mit der Wimper zu zucken. Ich fragte einige, warum sie ihrer inneren Überzeugung zuwiderhandelten. Einer erklärte mir mit niedergeschlagenen Augen, er habe drei Kinder zu versorgen. Ein anderer führte seine kranke Frau an, die ihn sehr viel Geld kostete. Ein Dritter hatte alte Eltern. Keiner dieser armen Teufel konnte es sich leisten, die Wahrheit zu sagen, denn er würde nicht nur seinen Job verlieren, sondern das Regime würde auch dafür sorgen, dass er nirgendwo sonst eine neue Anstellung finden würde. Ja, das waren die Motive, die aus ehrlichen

Leuten mittleren Alters Lügenfabrikanten im Dienste Hitlers machten. Über ihren Häuptern hing das Schwert des Damokles und vor Augen stand ihnen der Terror der Konzentrationslager. Also unterwarfen sie sich und schrieben, was kein Leser ihnen glaubte.

Kurz vor dem Wahltag am 5. März, nachdem 5000 Zeitungen das Märchen vom kommunistischen Putschversuch verbreitet hatten, diktierte ein Pressesprecher des Regimes den Repräsentanten der Zeitungsverlage Folgendes in die Feder: »In euren Zeitungen soll gedruckt stehen, dass es jedermanns heilige Pflicht ist, für den geliebten Führer zu stimmen. Habt ihr verstanden? Jedermann soll den geliebten Führer wählen!«

So, wie es diktiert wurde, wurde es auch gedruckt. Bei 40 Millionen Wählern entstand der Eindruck, dass die Wahl einer anderen Partei geradezu verboten war. Es war auch niemandem erlaubt, seine Stimme zurückzuhalten. Greise, die kaum noch gehen konnten, Bettlägerige, unwissende Bauernjungen – alle wurden zu den Wahlurnen gezerrt. Besonders auf dem Land war das Recht auf geheime Abstimmung längst ausgehöhlt. Wer hätte den Gemeindevorstand, den Wahlleiter und den Nazi-Funktionär auch daran hindern können, jeden Wahlzettel zu kontrollieren? Partei und Regime taten das ihrige, um die Wahl glatt über die Bühne zu bringen.

Der neu gewählte Reichstag wurde in der Potsdamer Garnisonkirche einberufen. Über dem Grab von Friedrich dem Großen wurde ein Dekret abgesegnet, das Hitler mit diktatorischer Machtfülle ausstattete. Hindenburg gab sein Vetorecht preis und verletzte damit die Verfassung, der er einstmals die Treue geschworen hatte.

Hitler war der Eid auf die Verfassung ohnehin gleichgültig. Im Laufe seiner Karriere hat er einen Meineid nach dem anderen geschworen, und da er nun autokratische Macht erlangt hatte, konnte er tun und lassen, was er wollte. Und wir Zeitungsleute begriffen bald, was das hieß.

Hitler ließ seiner Leidenschaft freien Lauf: der Verfolgung der Juden. Zur Einstimmung forderte er die Redakteure auf, gezielt von jüdischen Straftaten zu berichten. Beispielsweise: »Im polnischen Städtchen XY hat der jüdische Schächter Isaac Levy einen siebenjährigen Knaben geschlachtet.« Da die Straftat in Polen verübt worden war, war die Richtigkeit der Nachricht unmöglich zu überprüfen. Aufmerksamkeit fand sie allerdings trotzdem, schon weil in riesigen Schlagzeilen auf der ersten Seite über sie berichtet wurde. Kein Mittel war billig genug, um die antisemitische Stimmung anzuheizen. Die deutsche Presse trug jedenfalls ihren Teil dazu bei.

Drei Monate später, im Juli, waren alle politischen Parteien abgeschafft – selbstverständlich ausgenommen die Nationalsozialisten. In den Redaktionen wunderte man sich, was man mit einem Parteiensystem anfangen sollte, wenn nur noch eine Partei existierte.

Es gab anfangs eine Periode, in der Göring, dem die Presse unterstand, noch einigermaßen kooperativ zu sein schien und sogar Hoffnungen weckte, es könne einen Modus Vivendi mit ihm geben. Er war der Einzige unter den Nazis, der einen gewissen Sinn für Humor an den Tag legte, und zwischen seinen häufigen Bluträuschen hatte er auch immer wieder Anfälle von Friedfertigkeit, die den Eindruck erweckten, dass eine Verständigung möglich sei. Dies führte bei uns Zeitungsmachern zu der irrigen Annahme, wir könnten eine gewisse Unabhängigkeit wahren, wenn wir nur unpolitisch blieben.

Diese unklare Aussicht vor Augen bestellten wir unseren Rom-Korrespondenten Mario Passarge ein. Er war Augenzeuge des faschistischen Modells, das von Hitler imitiert wurde.

Wir fragten ihn über Mussolini aus und über das, was während seiner Machtergreifung in Italien geschehen war. Wir wollten herausfinden, womit wir hierzulande zu rechnen hatten.

Mario Passarge war als Sohn eines deutschen Chemikers in Rom geboren, und außer dem Namen ließ nichts auf seinen Geburtsort schließen. Er war der Typ des blonden Teutonen und das Objekt der Begierde der gesamten weiblichen Belegschaft. Wenn er nach Berlin kam, saßen die Frauen wie auf glühenden Kohlen, um einen Blick von ihm zu erhaschen. Diesmal freilich schaute er finster drein, gar nicht heiter und lässig wie sonst.

»Meine Herren«, sagte er, »wenn Hitler seine Absicht wahr macht, in Mussolinis Fußstapfen zu treten – und alles spricht dafür –, dann sind Ihre Aussichten schlecht. In Italien ist eine Zeitung nach der anderen eingegangen. Einige mussten dichtmachen, andere, die etwas besser dran waren, wechselten den Besitzer. Keine der hier versammelten Herrschaften wird lange auf seinem Platz sitzen. Sie werden mit Enteignungen rechnen müssen und damit, dass sämtliche jüdische Mitarbeiter entlassen werden. So stehen die Dinge. Machen Sie sich keine Illusionen.«

Passarge erzählte dann, wie Mussolini mit seinen Feinden umging. Niemand in Italien durfte mehr den Namen des Sozialistenführers Matteotti erwähnen. Die Faschisten hatten ihn in ein Auto gezerrt und verschleppt. Seine Leiche wurde ein paar Tage später an einem verlassenen Ort 20 Kilometer vor Rom aufgefunden.

»Aber war das Mussolinis Werk?«, fragte der Auslandskorrespondent der *Vossischen Zeitung*, »oder war es das Werk von Farinacci, dem Extremisten, den Mussolini unmittelbar nach der Tat fallengelassen hat?«

»Sie haben recht. Es war Farinacci. Sie scheinen meine Berichte aus Italien sehr genau verfolgt zu haben. Aber Farinaccis Entlassung sollte die Öffentlichkeit nur täuschen. In Wirklichkeit radikalisierte sich die Regierung. Das Gleiche wird in Deutschland passieren. Die Extremisten werden die Oberhand gewinnen.«

Unnötig zu sagen, dass wir diese Vorhersagen nicht begrüßten. Aber es ist auch nicht erstaunlich, dass wir die Flinte nicht gleich ins Korn warfen. Wir Ullsteins versuchten, uns über Wasser zu halten, bis die Sintflut ein Ende haben würde. Wir sahen unsere Chance, als uns ein gewisser Eduard Stadtler von den Deutschnationalen zu verstehen gab, dass wir nichts zu befürchten hätten, sofern wir ihn als politischen Berater gewinnen würden. Also verabredete ich ein Geschäftsessen mit ihm und zwei meiner Neffen in einem kleinen Gasthaus. Stadtler behauptete, dass er Zugang zu Hitler habe und in der Reichskanzlei ein und aus gehe. Und obwohl er gute Beziehungen zu zahlreichen Nazigrößen pflege, lägen ihm unsere Interessen am Herz. Er schlug uns vor, ihn als politischen Direktor einzustellen, um unsere Beziehungen zu den Nazis zu verbessern. Und das taten wir dann auch.

In seiner Antrittsrede vor den leitenden Angestellten sagte er, das Wesentliche sei, dass wir nicht nur kooperierten, sondern dies mit Begeisterung täten. Das war nun freilich etwas zu viel verlangt. Wie soll man Begeisterung aufbringen für eine Sache, die man zutiefst missbilligt? Stadtler meinte es zweifelsohne gut mit uns, aber die Umstände waren stärker als er.

Am Tag nach Stadtlers Ansprache ging das Gerücht um, dass alle kommunistische, pazifistische und jüdische Literatur verbrannt werden solle. Die Deutschnationalen in der Regierung versuchten, die Lage zu entspannen, aber der Pöbel und die Nazi-Führer wollten Blut sehen. Der März gehörte ganz den Scharfmachern. Alle Reden des »geliebten« Führers ließen erkennen, dass er die Radikalen favorisierte – bis hin zum Ultra-Antisemiten Julius Streicher.

Streicher ist ein Kapitel für sich. Er und Hitler waren Busenfreunde. Sie nannten sich beim Vornamen: Julius und Adolf. Streicher war eigentlich von Beruf Schullehrer. Er trug allerdings nicht Bücher mit sich herum, sondern eine Reitgerte – und nachdem Hitler ihn zum Gauleiter von Franken ernannt hatte, machte er auch von ihr Gebrauch. In Nürnberg schlug er damit Juden, die ihm über den Weg liefen, und zwang sie zu allen möglichen entwürdigenden Gesten. Streicher ist ein Ungeheuer. Sein Sadismus verstieg sich zu Handlungen, die ich lieber nicht beschreiben möchte. Hitler ließ sich gerne vom bloßen Bericht dieser Praktiken erregen – im Wesentlichen sind die beiden aus demselben Holz geschnitzt.

Ende März erschien Streicher in Berlin. Er stieg im Hotel Kaiserhof ab. Von dort aus brauchte er nur die Straße zu überqueren, um seinen Freund Hitler zu besuchen. Zumindest den Eingeweihten war ziemlich schnell klar, dass etwas Außergewöhnliches im Gange war. In den Straßen war es verdächtig still – genau wie kurz vor dem Reichstagsbrand. Wir Zeitungsleute hatten es in der Nase, dass da ein neues Staatsverbrechen ins Haus stand. Aber nichts sickerte durch. Niemand weiß besser Geheimnisse zu bewahren als die Nazis.

Der letzte Tag des Monats bereitete der wachsenden Spannung ein Ende: Am Morgen des ersten April lasen die Deutschen auf den Schaufenstern der jüdischen Geschäfte in riesigen Lettern: JUDE.

Der angeordnete Boykott jüdischer Geschäfte sollte einen Tag lang dauern. Streicher, der Initiator, hatte für einen permanenten Boykott plädiert, war damit für diesmal jedoch nicht durchgekommen. Ein Tag war alles, was Hitler ihm zugestand, um die Juden in die Schranken zu weisen. In wochenlanger Recherche war die jüdische Identität von Geschäftsinhabern ermittelt worden, was nicht immer einfach war, weil es zahllose Juden gab, die keinen jüdischen Namen trugen, und weil zahlreiche Geschäfte sowohl jüdische als auch nichtjüdische Besitzer hatten. Die Partei traf eine Entscheidung: »Im Zweifelsfall sind sie alle jüdisch. Arier, die mit Juden Geschäfte machen, sind Schweine und verdienen keine bessere Behandlung als die Juden.« Wie in Berlin, so geschah es im ganzen Land. Alles war perfekt organisiert.

Wir standen noch unter Schock, als eine Stunde nach dem Eintreffen der Nachricht ungewöhnlicher Lärm aus den unteren Stockwerken des Verlagshauses zu uns heraufdrang. Wir rissen die Türen auf, lauschten hinunter – und hörten den dumpfen Klang von im Gleichschritt marschierenden Stiefeln. Das Kommando einer Stentorstimme wurde von mindestens dreißig rauen Männerstimmen im Chor beantwortet: »Juden raus! Juden raus! Nieder mit der Judenherrschaft!«

Das Getrampel kam näher. Es erreichte das Treppenhaus. Sie stiegen die Treppe herauf. »Raus mit den Juden! Raus – mit – den – Juden!«

Mein Sekretär zog mich zurück ins Büro. Reporter tauchten auf mit bleichen Gesichtern. Unter den Marschierenden waren einige Bekannte: ein Zeichner, ein Fotograf, drei von unseren Schriftsetzern, ein paar Drucker und einige Redakteure. Die ganze Meute wurde angeführt von einem unserer Portiers, der immer in Habtachtstellung gegangen war, wenn mein Wagen vorfuhr.

Vom Vertrieb aus drangen sie vor zu den Zeitungsredaktionen, zur Telefon- und Telegraphiezentrale und zu den Ateliers der Zeichner. Sie durchquerten die leeren Konferenzräume und stiegen hinauf zu den Redaktionsräumen der *Berliner Illustrirten Zeitung* und der Zeitschriften. Vor dem Archiv machten sie Halt. Es folgte ein kurzes Verschnaufen. Der Trupp bekam Zuwachs, woraufhin sie erneut ihr Kampflied anstimmten: »Raus mit den Juden! Raus mit den Juden! Nieder mit der Judenherrschaft!«

Eine Person fiel mir auf. Es war einer unserer Schriftleiter, der mit aufgerissenen Augen die Prozession verfolgte und zaghaft den Rhythmus mitklatschte.

Der Trupp marschierte weiter zur Reklameabteilung, zu den Fotolabors und zur Kantine im vierten Stock. Für ein paar Pfennige wurden hier Hunderte von Angestellten zu Mittag verpflegt. Die Kantine gehörte zu unseren gemeinnützigen Einrichtungen; sie wurde mit einer Viertel Million Reichsmark jährlich bezuschusst – eine Zuwendung, die wir nie bereuten. Sie galt denen, die für uns arbeiteten.

Der Zug nahm Kurs auf den Buchverlag und von dort zum höchsten Stockwerk und sogar zur Radiostation, zur Rohrpost und zur Schaltanlage unterm Dach.

Die schauderhafte Parade zog durch sämtliche Korridore aller dreizehn Gebäude, die zum Ullstein Verlag gehörten. Keine Abteilung ließen sie aus. Sie brauchten drei Stunden dazu. Erst als der Portier die Aktion für beendet erklärte, trat langsam, sehr langsam wieder Ruhe ein, die nur von den Boykottmeldungen im ganzen Land unterbrochen wurde.

Nach zwei Monaten Hitler hatte sich unser gut geführtes Haus in ein Schlachtfeld gewandelt. Ein Ort, an dem der Verleger es als seine Pflicht ansah, seinen Prinzipien zu folgen, Übeltäter zu entlarven und Ungerechtigkeiten anzusprechen, war zu einer Mördergrube geworden, in der die ungeheuerlichsten Verbrechen beschwiegen wurden.

Wie ein Tiger stürzte sich Hitler auf eine der größten Errungenschaften der Neuzeit – die freie Presse, die ihren gesellschaftlichen Auftrag kennt und wahrnimmt. Was gestern noch die öffentliche Meinung darstellte, Missstände anprangerte und Korruption brandmarkte, war bald nur noch ein Häufchen Elend, eine Marionette in der Hand von Terroristen, die durch einen Staatsstreich an die Macht gekommen waren und nun alles dafür taten, Kritiker zum Schweigen zu bringen.

Verleger, die vor kurzem noch überzeugend argumentieren mussten, um auf die öffentliche Meinung Einfluss zu nehmen, waren nun nichts anderes als Instrumente in der Hand von Teufeln, die unschuldige Leute für den Reichstagsbrand verantwortlich machten und schamlos behaupteten, der Boykott gegen die Juden sei gottgewollt. Drei bis vier Millionen Leser der Ullstein-Presse und 10 000 Angestellte der Firma waren ohnmächtige, zum Schweigen verurteilte Zeugen des Geschehens. Der Verlag, der bis vor kurzem noch die besten Köpfe der Publizistik versammelte, dessen Zeitungen Bollwerke von Freiheit und Gerechtigkeit darstellten und dessen Zeitschriften und Bücher alle Schichten der Gesellschaft mit Wissen, Kultur und geistiger Nahrung versorgten, war nun zum Sprachrohr von Knallchargen verkommen, die es sich zur Aufgabe gemacht hatten, den Lesern in die Köpfe zu hämmern, was sie zu denken und zu fühlen hatten.

Und worüber musste das Lesepublikum so dringend informiert werden? Wie am Sonntag die Angehörigen verschiedener Berufsgruppen anzutreten haben, um durch die Stadt zu marschieren. Auch Greise wurden dazu aufgefordert, sich unter dem Hakenkreuz zusammenzufinden. Keiner durfte fernbleiben. Wenn sich einer krankmeldete, entschied ein Nazi-Arzt, ob er nicht doch fit genug war, um an der Parade teilzunehmen. Wenn einer in die Kirche wollte, wurde ihm entgegengehalten: »Unsinn! Kirchendienst schwächt den Geist! Der Dienst am Staat und am Führer geht vor!«

Zeitungen hatten die Aufgabe, darüber zu berichten, dass Dr. Joseph Goebbels seinen 37. Geburtstag feierte. Oder dass in einem Vorort von Berlin ein Denkmal zu Ehren von Theodor Fritsch enthüllt werde, einem Vorreiter des Antisemitismus. Die Skulptur stellte einen Germanen dar, der über ein Monstrum triumphiert, das die jüdische Rasse symbolisieren soll. Der Germane ist im Begriff, dem Juden mit Hilfe eines Hammers den Schädel einzuschlagen. Der Jude duckt sich, kann aber offenbar nicht entkommen. Jeden Sonntag wurden Kinder aus der Nachbarschaft dorthin geführt, um ihnen einzubläuen, dass Juden Ungeheuer seien, die ausgerottet werden müssten.

Was hatte Dr. Stadtler in seiner Antrittsrede gesagt? »Kooperieren Sie mit Begeisterung!« Aus Fairness muss man sagen, dass er nicht hat wissen können, bis zu welchem Grad die Presse missbraucht werden würde.

Es war viel die Rede von einem neuen Gesetz, dessen Zweck es war, der »jüdischen Epoche« ein für alle Mal ein Ende zu setzen. Das neue Gesetz musste gnädig angenommen werden, denn es wurde von niemand anderem als dem Führer höchstpersönlich in Kraft gesetzt. »Was ist Recht? Recht ist, was nationalsozialistisch ist!« Es braucht nicht viel Verstand, um einzusehen, dass unter dem Deckmantel eines solchen Gummiparagraphen jede Art von Ungerechtigkeit vertuscht werden kann. Er ist jederzeit anwendbar, um die Untat eines Parteimitglieds zu rechtfertigen. Innerhalb weniger Monate wurden wir Zeuge davon, wie selbst der Staatsgerichtshof in Leipzig nach dieser Flöte tanzte. Unterdessen war ein Universitätsprofessor namens Carl Schmitt ausfindig gemacht worden, der in der Lage und willens war, auch noch die krummsten Paragraphen gradezubiegen. Schmitt wusste darzulegen, dass die Gleichheit aller Menschen vor dem Gesetz blanker Unsinn sei – eine Altlast aus dem jüdischen Jahrhundert. Unter dem Hitler-Regime würde sich die Menschheit nicht mehr der Gleichheit vor dem Recht erfreuen. Die gleichen Taten, begangen von zwei verschiedenen Personen, wurden als unterschiedliche Tatbestände aufgefasst. Der Mord eines Parteimitglieds konnte so ohne große Umstände glorifiziert werden.

Im Sommer 1933 wurde die bis dahin extremste Vergewaltigung des Rechtsstaats in Gesetzesform gebracht: Juden und Personen, die mit Juden verehelicht waren, wurden vom Staatsdienst ausgeschlossen und, sofern sie im Kulturbereich tätig waren – also in Theater, Film, Radio, Literatur und Kunst –, mit Berufsverbot belegt. Mochten sie ihre schäbigen Geschäfte treiben, aber im kulturellen Leben der Nation sollten sie ihre Nasen jedenfalls nicht mehr zeigen dürfen.

Joseph Goebbels war es, der den ersten Schuss abgab und das Dekret unterschrieb. Von Ehrgeiz zerfressen litt er schwer daran, dass ihm kein Ministerposten angeboten worden war. Es blieb ihm nichts anderes übrig, als selbst ein Ministerium zu schaffen und sich an seine Spitze zu stellen: das Reichsministerium für Volksaufklärung und Propaganda. Von hier aus verfolgte er das Ziel, Göring als obersten Kulturvernichter im Land abzulösen. Sein Ministerium war für alles zuständig, was öffentliche Kultur betraf: Film, Theater, Kunst, Radio und vor allem die Presse. Anders als Göring, der sich an Organisationsfragen uninteressiert zeigte, schuf Goebbels mit der Reichskulturkammer ein Instrument, mit dem er die Presse kontrollieren und zu seinem eigenen Bollwerk machen konnte. Er beauftragte Fachleute, ein Netz zu schaffen, das alle deutschen Verlage einschloss wie Insekten in einem Spinnennetz. Derart gefesselt und gelähmt warteten die Opfer darauf, verschlungen zu werden.

Goebbels berief auch eine Reichspressekonferenz ein, auf der die Vertreter der Presse angewiesen wurden, was sie über welches Thema zu schreiben hatten. Er entstellte und verfälschte im Namen der Propaganda die Tatsachen und hatte die Stirn zu sagen: »Endlich tritt Moral und Anstand an die Stelle von Chaos.« Und: »Alles, was wir brauchen, ist Wahrheit und nichts als die Wahrheit!« Dieser schamlose Lügner trat tatsächlich vor die verdienstvollen Repräsentanten der deutschen Presse und erklärte, sie hätten nur Lügen verbreitet, bevor er auf der Bildfläche erschienen sei: »Aus einer verrotteten, verantwortungslosen, von Juden dominierten Presse wird eine neue, anständige, unabhängige Organisation erstehen, die den Dienst am Volk ausübt. Nichts ist unwahrer als das Märchen von der Freiheit der alten Presse.«

Die Zuhörer waren platt. Die deutsche Presse war niemals frei gewesen? Hitler, der die Wahrheit erdrosselte, schwang sich zu ihrem Befreier auf? Um Himmels willen, wovon sprach Goebbels da eigentlich?

»Die Freiheit des deutschen Zeitungswesens war nichts als eine Illusion. In Wirklichkeit hat es in Abhängigkeit gestanden von den Inserenten. Geschäftsinteressen übten die Macht aus und profitsüchtige Verleger diktierten die Artikel.«

Goebbels als Kreuzritter und Drachentöter.

»Die Ketten sollen gesprengt werden. Die befreite Presse soll niemand anderem als ihrem höchsten Richter verpflichtet sein: dem Staat. Die Verleger von ganz Deutschland sollen erhöht werden zu Organen des Staates. Nicht mehr dem Anzeigenkunden, nur noch dem Staat sollen sie sich verpflichtet fühlen.«

Entgangen war ihm dabei vielleicht, dass gerade der freie Wettbewerb die denkbar beste Qualitätskontrolle bot. Kein Blatt konnte Unwahrheiten verbreiten, ohne von anderen dafür angegriffen zu werden. Enthüllungen wurden mit Gegendarstellungen konfrontiert und Behauptungen mit Widerlegungen. Jeder wachte über den anderen mit scharfem Auge. Alles geschah im hellen Licht der öffentlichen Debatte. Die Behauptung, dass Inserenten den Kurs einer Zeitung bestimmten, war schlicht falsch. Jede Unkorrektheit wurde unverzüglich mit dem Sinken der Auflagenzahlen bestraft. Dem Verleger war daran gelegen, seinen guten Ruf zu bewahren, und ein Angestellter der Anzeigenabteilung, der es wagte, seinen Kunden einen unrechtmäßigen Vorteil zu verschaffen, kam in Teufels Küche.

Natürlich gab es auch Zeitungen, die bestimmte Interessen vertraten – Interessen der Landwirtschaft, des Handels, der katholischen Kirche, der Gewerkschaften. Sie taten das aber offen und unverblümt, ohne jede Geheimniskrämerei. Auch Ideologien fanden ihr Sprachrohr, nur machte man damit keinen privaten Profit. Und nun sahen sich die Zeitungsleute gezwungen, schweigend mit anzuhören, wie der kommende Diktator ihnen vorwarf, die Institution der Presse, die er im Begriff war, zu »wahrer Freiheit« zu führen, missbraucht zu haben.

Von nun an war die Lüge an der Tagesordnung. Und sie durfte weder angefochten noch entschleiert werden. Auf Goebbels' Geheiß mussten alle Zeitungen das Gleiche schreiben, und wehe dem, der es wagte, eine eigene Meinung einzubringen. Er bekäme Berufsverbot, und dies wäre das Ende seiner beruflichen Laufbahn. Das Ausmaß der Sklaverei, die die Nazis der Presse aufzwangen, ist schwer vorstellbar. Das goebbelssche Ministerium stellte eine Liste aller Verlage auf, denen es erlaubt war zu publizieren. Sie mussten gewärtig sein, jederzeit von der Liste gestrichen und ersetzt zu werden, sobald sie sich dem Regierungskurs widersetzten. Tagtäglich mussten Repräsentanten aller großen Verlage im Propagandaministerium vorstellig werden, um Direktiven entgegenzunehmen. Sie saßen da und machten sich gehorsam Notizen.

»Österreich hat durch seine Botschafter in Frankreich, England und Deutschland gegen die nationalsozialistische Propaganda protestiert. Diese Meldung darf nicht erscheinen.

Präsident Roosevelt hat eine Rede zur Londoner Wirtschaftskonferenz gehalten. Teilen Sie den Lesern mit, dass die Rede unbedeutend war und sein Publikum enttäuscht hat.

Der Führer hat den Gruppenführer Lehmann in den Rang eines Majors erhoben. Diese Meldung ist als Schlagzeile auf der ersten Seite zu bringen.«

Der Führer befahl. Die Zeitungen gehorchten. Die Leser waren perplex.

Goebbels nahm die erste Gelegenheit wahr, um seine Allmacht unter Beweis zu stellen. Ein paar Bemerkungen über den Komponisten Paul Hindemith aus der Rezension eines Musikkritikers unserer *B.Z. am Mittag* dienten als Vorwand. Tags zuvor hatte Wilhelm Furtwängler diesen Kritiker um eine positive Stellungnahme zu Hindemith gebeten und versprochen, seinen ganzen Einfluss geltend zu machen, damit dies nicht zu einem Casus Belli führe. In vollem Bewusstsein, dass der Führer seine Meinung zu Hindemith nicht teilte, schrieb der Rezensent einen lobenden Absatz. Doch Furtwängler hatte seinen Einfluss auf die Parteiführung überschätzt. Am nächsten Morgen klingelte das Telefon in der Redaktion: »Der Minister möchte unverzüglich ihren Musikkritiker Stuck sehen.«

Stuck musste anderthalb Stunden in Goebbels' Vorzimmer warten, bevor man ihn einließ. »Haben Sie den Verstand verloren?«, schrie Goebbels, als er eintrat. »Wissen Sie denn nicht, dass Hitler mit Hindemith nichts zu tun haben will?«

»Ich weiß, dass der Führer ihn nicht mag«, entgegnete Stuck. »Aber kann es denn nicht mehr als eine einzige Meinung darüber geben?«

Diese subversive Bemerkung wurde zum Auslöser eines weiteren Wutanfalls: »Diese Äußerung beweist nur Ihre völlige Untauglichkeit! Sie haben es einfach nicht verdient, Kritiker zu sein. Hiermit erteile ich Ihnen Berufsverbot.«

Es gab keinerlei Möglichkeit, gegen dieses Verdikt aufzubegehren. Der Kritiker durfte fortan keine Zeile mehr schreiben.

Ein paar Wochen später erging es einem anderen Kollegen ebenso. Goebbels hatte die Fesseln der Presse gerade ein wenig gelockert. Plötzlich war es erlaubt, sich ein wenig freier zu äußern, außer selbstverständlich über Politik. Ordnungsgemäß wurde ein Rundschreiben des Ministers ausgesandt, das diesen großmütigen Erlass ankündigte. Manche reagierten mit Optimismus, einige skeptisch, andere ungläubig. Ehm Welk, der Chefredakteur unserer *Grünen Post* schüttelte den Kopf. Mit der Absicht zu ergründen, wie ernst es Goebbels mit der Verlautbarung war, verfasste er einen offenen Brief, in dem er den Minister um ein paar Präzisierungen bat. »Vielleicht kenne ich Sie zu wenig. Aber das ist nicht meine Schuld. Sie gehen zwar immer wieder unters Volk, aber mit uns, den Angehörigen der Nichtparteipresse, kommen Sie nicht so sehr in Berührung, denn mir scheint doch, wir sind alle ohne Unterschied für Sie die ›alte Presse‹. Da ich aber auch nicht zu Ihnen kommen kann, denn Sie wohnen in einem großen Haus mit tausend Zimmern, da sitzen tausend

Männer drin, und tausend Vorzimmer sind da, da sitzen wahrscheinlich schon zehntausend Menschen drin, schrieb ich das hier auf.«[1]

Goebbels schäumte vor Wut. Was war denn das? Ein gewöhnlicher Journalist wagte es, einen solch impertinenten Ton anzuschlagen? Der Chefredakteur der *Grünen Post* wurde unverzüglich herbeizitiert: »Sind Sie der Mann, der einmal das erfolgreiche Stück *Gewitter über Gottland* geschrieben hat?«

»Der bin ich, Eure Exzellenz.«

»Ich bedaure es sehr«, sagte Goebbels in finsterem Ton, »dass Sie sich so zu Ihrem Nachteil entwickelt haben. Was ging in Ihnen bloß vor, als Sie diesen unverschämten Artikel schrieben? Sind Sie verrückt geworden?«

Am nächsten Tag wurde Welk Berufsverbot erteilt. Der Erlass, der größere Freizügigkeit garantieren sollte, erwies sich als bloße Luftnummer. Er diente lediglich dazu, die subversiven Elemente hervorzulocken. Goebbels erreichte sein Ziel – und wir verloren einen unserer besten Chefredakteure.

Schwer geprüft durch die ständigen Übergriffe, sollten wir noch wesentlich mehr erdulden müssen. Im Sommer unseres Missvergnügens wurden wir infolge eines Machtkampfes zwischen Goebbels und Göring hin und her geschoben wie Schachfiguren – oftmals ohne zu wissen, wem von beiden wir rechenschaftspflichtig waren.

Göring hatte noch eine Trumpfkarte in der Hand. Im September begann in Leipzig der Prozess um den Reichstagsbrand – der sich als reine Farce herausstellte. Das vorhersagbare Ende des Prozesses fiel zusammen mit der Feier von Hitlers erstem Regierungsjahr – das dramatische Finale einer Periode der Entrechtung und Versklavung der Presse und der Gerichtsbarkeit. Es herrschte Willkür, die Folter war wieder eingeführt worden, und Gerichte folgten den Vorgaben der

Regierung. Die Grundrechte und die rechtsstaatliche Justiz hatten aufgehört zu existieren.

Die Zeitschriften wurden dazu gezwungen, Fotos zu veröffentlichen, die ehrbare Bürger als Gefangene beim Appell in einem der zahllosen Konzentrationslager zeigten. Zur Schau gestellt wurde, wie ein prominenter Abgeordneter des preußischen Parlaments von einem jungen SA-Führer heruntergeputzt wurde. Ein anderes Foto zeigte einen berühmten Radiosprecher, dem das Gleiche widerfuhr.

Angesehene Staatsbürger wurden ohne Gerichtsurteil ins KZ geworfen, wo sie zu Krüppeln geschlagen wurden. Aber auch diejenigen, denen eine Haft erspart blieb, erlebten Todesängste. »Nehmt euch in Acht! Die Wände haben Ohren!« lautete die Parole der Stunde. Kinder wurden in der Schule ausgefragt und aufgefordert, ihre Eltern zu denunzieren. Blockwarte bespitzelten ihre Mieter, kontrollierten die private Post, brachten die Namen der Besucher in Erfahrung und denunzierten vor allem Juden.

Mit ein paar dieser neuen Praktiken habe ich auch persönliche Bekanntschaft gemacht. Eines Tages erhielt ich im Büro Besuch von einem Offizier des ehemaligen Geheimdienstes. Noch bevor er den Grund seines Besuches nannte, bemerkte ich seine forschenden Blicke auf meinen Schreibtisch. Zu meiner Verwunderung schlug er vor, den Telefonapparat mit einer dicken Decke zu verhüllen, damit die Gestapo unser Gespräch nicht abhören könne. »Sie benutzen sehr oft geheime Abhöranlagen«, sagte er. »Wo auch immer Kabel verlaufen, gibt es ein verstecktes Mikrophon. Eine gute Decke kann allerdings jeden Laut, der im Raum gesprochen wird, verschlucken.«

Dann wollte er wissen, ob irgendwelche Angestellten der Telefongesellschaft in jüngster Zeit aufgetaucht seien. Ich dachte kurz nach. Dann fiel es mir ein. »Ja«, sagte ich, »vor einigen Tagen kam ein Mann, der behauptete, dass an meinem Telefon etwas nicht in Ordnung sei und er es reparieren wolle. Nachdem er eine halbe Stunde daran gearbeitet hatte, ging er wieder und versicherte mir, nun sei alles in Ordnung.«

»Ist Ihnen in dem Zusammenhang irgendetwas Ungewöhnliches aufgefallen?«, fragte der Exoffizier.

Ich schwieg für eine Weile, um mir die Szene zu vergegenwärtigen. »Im Flur habe ich Clausner stehen sehen, den Chef unserer Nazi-Betriebszelle.«

Dieses Detail war der Beweis. Jetzt reichte ihm auch die dicke Decke auf dem Telefonapparat nicht mehr. Er weigerte sich, ein weiteres Wort in diesem Raum zu sprechen, denn es stand für ihn außer Frage, dass alle meine Gespräche von der Gestapo abgehört wurden. Wir verabredeten uns in seiner Privatwohnung, um ungestört miteinander reden zu können.

Hellhörig geworden, bemerkte ich von Stund an ein kaum vernehmbares Klicken jedes Mal, wenn ich den Hörer von der Gabel nahm. Zunächst war die Ursache unauffindbar, bis sich herausstellte, dass tatsächlich die Gestapo mithörte. Wir hatten über 3000 Telefonanschlüsse in unseren Büros und über hundert Außenanschlüsse, die mit den Hausanschlüssen verbunden waren. Wir fanden schnell heraus, wie viele von der Gestapo abgehört wurden.

Zwischenzeitlich hatte unser Verlagsdirektor Szafranski, mit dem ich gemeinsam der Zeitschriftenabteilung vorstand (und von dem nachher noch die Rede sein wird), Besuch erhalten. Ein Journalist namens Koebsch – er hatte zwei Brüder namens Loerzer im Schlepptau, alte Kriegskameraden von Ministerpräsident Göring – erzählte, dass Göring den Wunsch geäußert habe, seine Memoiren in der *Berliner Il-*

lustrirten Zeitung zu veröffentlichen. Bilder hatten sie schon dabei, das Manuskript würde folgen.

Dieses Ansinnen brachte uns in eine schwierige Lage. Szafranski, der sich gerne um die Veröffentlichung herumgedrückt hätte, äußerte den Einwand, dass es die Leser der *Berliner Illustrirten Zeitung* einigermaßen erstaunen würde, wenn eine Zeitschrift, die noch bis vor kurzem als nazifeindlich galt, die Autobiographie einer Nazigröße herausbringen würde.

Man gab ihm zu bedenken, dass ein Wunsch des Ministerpräsidenten so gut wie ein Befehl war. Szafranski besprach sich daraufhin mit Friedrich Kroner, der die Herausgabe der *Berliner Illustrirten* übernommen hatte, nachdem Kurt Korff nach Amerika emigriert war. Kroner war anderer Meinung. Für ihn war entscheidend, dass die Memoiren eines erfolgreichen Luftwaffenoffiziers aus dem Weltkrieg für Aufmerksamkeit sorgen würden. Die Einwände wurden beiseitegeschoben und Göring von unserer Entscheidung in Kenntnis gesetzt.

Die Memoiren wurden geschrieben. Das Manuskript des ersten Kapitels wurde vom Ministerium überbracht, gedruckt, und die Fahnen wurden zum Ministerium zurückbefördert. Die korrigierten Fahnen kehrten in die Redaktion zurück, und die erste Folge erschien.

Dann brach der Sturm los. Goebbels las – und platzte vor Wut. Der Kollege Göring lässt seine Memoiren in einem Anti-Nazi-Organ erscheinen! In einer Zeitschrift, die zum demokratischen Ullstein-Unternehmen gehört! Hatte der Mann den Verstand verloren? Zweifellos nagte an ihm auch die Sorge, dass seine eigene Popularität Schaden nehmen könnte, wenn allwöchentlich eine neue Episode aus dem Leben seines Rivalen in einer Zeitschrift mit Millionenauflage erschiene.

Da der Führer gleich gegenüber vom Propagandaministerium residierte, begab sich Goebbels stehenden Fußes zum Rapport. Er inszenierte vor Hitler einen Skandal und brachte ihn dazu, von Göring eine Erklärung zu verlangen. Göring tat erstaunt und wusste scheinbar von nichts. Er gab sich indigniert und verlangte von der Zeitschrift Rechenschaft.

Ich bezweifle, dass Goebbels und Hitler ernsthaft glaubten, dass der Abdruck ohne Görings Zustimmung hatte erfolgen können. Das Resultat war jedenfalls, dass der Abdruck gestoppt wurde und nachfolgende Kapitel nicht erschienen.

Der Zwischenfall hatte eine entscheidende Folge: Er setzte dem Einfluss Görings auf die Presse ein Ende. Von nun an war geklärt, dass wir dem Propagandaministerium unterstanden – unser Schicksal war besiegelt.

Dies war der Anfang vom Ende eines Verlagshauses, das nach einem langen und glanzvollen Aufstieg zum weltgrößten Unternehmen seiner Art geworden war. Im Angesicht der Zerstörung möchte ich einen Blick zurück werfen auf die Geschichte dieses Verlages, dessen Geburt, Blüte und Untergang so eng mit dem Schicksal des Deutschen Reiches verknüpft sind.

Porträt von Leopold Ullstein, 1896

DRITTES KAPITEL

Die Geburt eines Verlagshauses

EIN NACHMITTAG IM FRÜHLING des Jahres 1858. Ein junger Mann Anfang dreißig schlendert mit seinem zehn Jahre jüngeren Freund über den Schlossplatz in Berlin – damals eine ruhige Stadt ohne viel Verkehrslärm. Das Gesicht des Älteren ist ganz nach der Mode von einem braunen Vollbart umgeben. Ein langer schwarzer Rock verdeckt die ersten Anzeichen übermäßiger Wohlgenährtheit. Die Hände im Rücken umklammern den Spazierstock mit Elfenbeingriff. Die beiden Herren betreten den Platz von der Brüderstraße aus.

Vor dem Schloss bleiben sie stehen und schauen zu den Fenstern hinauf. Sie wissen: Hinter den zugezogenen Vorhängen liegt der König krank zu Bett.

Sie haben allen Grund anzunehmen, dass die letzte Stunde seiner Regierung naht, denn es ist bereits davon die Rede, dass Prinz Wilhelm ihm auf den Thron folgen wird. Die beiden jungen Herren sind von der Aussicht nicht begeistert. War es nicht dieser Prinz von Preußen, der vor zwölf Jahren mit Waffengewalt einen Aufstand im Badischen niederschlug und die Anführer, die als Volkshelden galten, außer Landes jagte? Was kann man von so einem Mann Gutes erwarten?

»Wir haben damals unsere besten Leute verloren«, sagt der ältere von beiden. Sein Name ist Leopold Ullstein. »Lieber Loewe, du bist zu jung, um dich erinnern zu können. Ich war bereits 22 Jahre alt, als die Revolutionäre den König dazu zwangen, auf diesen Balkon da zu treten und sich vor dem Volk zu verbeugen. Das war ein schöner Anfang für eine Demokratie. Aber seitdem ist vieles schiefgelaufen.«

Ludwig Loewe, der später als Großindustrieller die preußische Armee mit Waffen beliefern sollte, war damals erst zwölf Jahre alt. Aber er hatte in der Schule davon gehört. »Der König versprach uns eine Verfassung, wie sie die Engländer seit 600 Jahren haben. Und die Amerikaner haben sich vor hundert Jahren im Unabhängigkeitskrieg ebenfalls eine erkämpft.«

»Wir Kinder des 19. Jahrhunderts«, unterbricht ihn sein Freund Ullstein, »waren entbrannt für die Ideale der großen Französischen Revolution, aber die Versprechungen, die der König gemacht hat, sind nur zum Teil eingelöst worden. In der Verfassung, die wir schließlich erhielten, war von den damaligen Forderungen kaum etwas wiederzuerkennen. Nichtsdestotrotz hat es einige Fortschritte gegeben. Aber jetzt folgt ihm dieser Prinz von Preußen auf den Thron, und ich fürchte, er wird das Rad der Geschichte noch weiter zurückdrehen.«

Loewe schlägt die Hände zusammen. »Das muss verhindert werden. Koste es, was es wolle. Ullstein, wir müssen uns wehren. Wir müssen die Reaktionäre bekämpfen!«

»Aber wir sind nur ein paar schwache Sterbliche.«

»Das ist kein Grund!«, erwidert Loewe. »Warum sollen wir uns nicht Gehör verschaffen? Du weißt es, Ullstein, und ich sage es immer wieder: Du sollst eine Zeitung gründen, um deine Überzeugungen zu Papier und unter die Leute zu bringen. Ich spüre es, du bist ein Mann der Feder. Ich bin dagegen ein Mann des gesprochenen Wortes.«

»Das stimmt. Es würde mich nicht wundern, Loewe, wenn ich dich eines Tages im Parlament sitzen sehe.«

So bauen sie Luftschlösser, ohne zu wissen, wie nahe sie dabei der tatsächlichen Zukunft gekommen sind. Denn in nur wenigen Jahren wird Loewe eine wichtige Rolle im Parlament spielen und Ullstein seine Pressemacht begründen.

Loewe weicht einer Kutsche aus, die ihnen in den Weg kommt. Sie schauen dem leeren Fahrzeug nach. »Es stehen uns große Veränderungen bevor«, sagt er und wischt mit großer Geste über den friedlich daliegenden Platz. »Du wirst diesen Platz bald nicht wiedererkennen. Nicht mehr lange wird man so wie wir jetzt darüberschlendern können. Ich werde nie vergessen, wie mein Onkel von der Weltausstellung in London berichtete. Es muss fantastisch gewesen sein – als ob ganz Europa auf einen Punkt zusammengeschmolzen wäre. Ich sage dir: Die Eisenbahn wird die Welt komplett umkrempeln.«

Sie gehen langsam und schweigend die Straße Unter den Linden entlang zum Café Kranzler, wo die Offiziere sitzen und den Damen hinterhersehen. Sollte eine von ihnen es wagen, den Blick zu erwidern, so wäre ihr Ruf augenblicklich ruiniert – die Anstandsregeln der Zeit sind streng.

Im hintersten Winkel sitzt der Maler Adolf Menzel und zeichnet in sein Skizzenheft. Neben ihm sitzt der Schauspieler Döring, berühmt für seine Darbietung der schillerschen Helden. Hier kennt jeder jeden. Berlin ist noch klein, man würde heute sagen: provinziell. Es ist die Rede davon, dass eine Straßenbahn gebaut werden soll, so wie die in Paris. Damit hat Kaiser Napoleon den Ruhm von Frankreich erneuert.

Mehrere Hüte gehen in die Höhe, als Ullstein und Loewe das Lokal betreten. Unter den vielen bekannten Gesichtern ist auch das des Journalisten Peter Langmann. Er bittet sie, an seinem Tisch Platz zu nehmen. Er weiß noch nicht, dass er eines Tages Leopolds erster Chefredakteur sein wird. Sie steigen gleich in eine lebhafte Debatte über die sozialen Missstände ein.

»Zu den dringendsten Maßnahmen der Stadtverwaltung gehört der Bau einer anständigen Kanalisation«, fordert

Langmann. »Es ist eine Schande, dass die Bewohner der preußischen Hauptstadt ihren Unrat immer noch aus dem Fenster in die Gosse schmeißen.«

»Und was ist mit den Gaspreisen?« Ein Problem, das Ullstein sehr beschäftigt, seit er im Stadtrat sitzt. »Eine englische Firma diktiert den Preis und treibt ihn in exorbitante Höhen.«

Die anderen nicken – und wenden sich dann anderen reformbedürftigen Angelegenheiten zu. Sie zeigen alle drei ein brennendes Interesse am öffentlichen Leben. Sich ausschließlich um ihre Privatinteressen zu kümmern, käme ihnen nicht in den Sinn.

Zu diesem Zeitpunkt ist Ullstein noch Papiergroßhändler. Mit der Belieferung von Zeitschriften und Zeitungen hat er bereits ein kleines Vermögen gemacht. Sein Vater Heinrich Hermann Ullstein (nach dem ich benannt bin), hatte das Geschäft mit Papier bereits in Fürth eröffnet. Ich staune manchmal, wenn ich daran denke, dass mein Großvater vor 150 Jahren in Fürth geboren ist. Und dass er ein Kind war, als Ludwig XVI. geköpft, Polen geteilt und Bonaparte noch ein unbekannter Name war. Fulton hatte allerdings schon das Dampfschiff erfunden und Stephenson die Lokomotive. Als mein Großvater 32 Jahre alt war, wurde die erste Bahnstrecke eröffnet, zwischen Liverpool und Manchester. Fünf Jahre später wurde er Zeuge der Jungfernfahrt von Deutschlands erster Eisenbahn zwischen Nürnberg und Fürth. An der Hand hielt er den neunjährigen Leopold, meinen Vater. Er hat mir immer wieder erzählt, welch tiefen Eindruck dies auf ihn gemacht hatte.

Als sich mein Großvater 1867 ins Privatleben zurückzog, übergab er die Geschäfte seinen drei Söhnen. Diese verlegten den Firmensitz nach Leipzig. Aber die Konstellation zwischen den drei Brüdern war ungünstig. Leopold schrieb dem Vater, dass er mit den Brüdern nicht zurechtkomme. Julius, der Älteste, weigere sich, die Bürofenster putzen zu lassen, damit niemand sähe, wie er in Zeiten der Auftragsflaute Däumchen drehe. Mein Vater war alles andere als faul, im Gegenteil: Er war energisch genug, um von Großvater das Einverständnis zu erbitten, nach Berlin ziehen und dort ein neues Geschäft aufmachen zu dürfen.

Jahrzehntelang leitete er die Firma mit wachsendem Erfolg, bis ihn seine Sorge um das öffentliche Wohl dazu trieb, andere Wege einzuschlagen. Vor allem sein Einzug ins Stadtparlament gab ihm die Gelegenheit, sich in die Politik einzumischen.

Leopold Ullstein war immer sehr stolz auf seine deutsche Herkunft gewesen. Seine bayerische Heimat war ihm teuer. Ihm lag viel am Aufstieg des Vaterlandes, an der Verbesserung seiner Institutionen und an der Verbreitung der Menschenrechte. Seine erste Frau Matilda heiratete er 1859. Sie war die Tochter von Louis Berend, einem Zahnarzt aus England. Geboren war sie in Göttingen, und im Laufe ihrer 14-jährigen Ehe brachte sie sieben Kinder zur Welt. Nach der letzten Geburt starb sie im Wochenbett. Matilda Ullstein muss eine sanftmütige und mütterliche Frau gewesen sein; ihre Briefe werden noch heute von ihren Kindern gehütet wie ein Schatz.

Leopolds zweite Frau Elise war meine Mutter, deren Vater Kaufmann in Magdeburg war. Sie hatte noch einen zweiten Sohn, älter als ich, der jetzt in London wohnt, und außerdem eine Tochter, die – von Hitler ins Exil getrieben – heute mit ihren Kindern und Kindeskindern in Groton, Massachusetts, lebt und dort eine Konditorei betreibt.

Meine Mutter war eine wunderbare Frau. Es ist schon an und für sich nicht einfach, in einen Haushalt mit sieben Kindern einzuheiraten. Von den Verwandten aus der ersten Ehe wurde sie zunächst kritisch beäugt, aber sie eroberte schnell die Herzen aller und behandelte die sieben Stiefkinder wie ihre eigenen. Die Geburt des ersten eigenen Sohnes wurde mit großer Freude aufgenommen, ich dagegen war eine Enttäuschung, weil meine Mutter sich ein Mädchen gewünscht hatte. Dennoch empfing ich von ihr eine grenzenlose Liebe, bis zu ihrem Tod 47 Jahre später. Sie ging wie eine gute Fee durch unser Leben. Immer schien sie alle unsere Kümmernisse zu verstehen, nie sah ich sie zornig. Vom großen Freundeskreis meiner Eltern wurde sie verehrt.

Früher oder später begann sich damals jedes Tischgespräch um Weltpolitik zu drehen. Zur Zeit der ersten Ehe meines Vaters tobte der Amerikanische Bürgerkrieg. Mit großer Anteilnahme verfolgte mein Vater die Ereignisse, die zur Befreiung der Sklaven in den Südstaaten führte. Als die frohe Botschaft von der Besetzung Richmonds eintraf, waren alle freiheitsliebenden Menschen trunken vor Freude. Der Vergleich zwischen dem liberalen Amerika und dem reaktionären Europa drängte sich auf, wo die Menschenrechte zwar in schweren Kämpfen errungen worden waren, jedoch immer wieder schwere Rückschläge zu erleiden hatten. Der neue preußische König hatte die Regierung in die Hände des Junkers Bismarck gelegt, eines Mannes, der das Parlament verachtete und ihm seine Kriegspläne aufoktroyierte.

Ullstein war ein leidenschaftlicher Gegner des Eisernen Kanzlers, und in Gedanken verfolgte er immer noch die Idee, die ihm Loewe eingegeben hatte: eine Zeitung zu gründen, um den Reaktionären die Stirn zu bieten. Bismarck hatte allerdings Erfolg. Er unternahm zwei siegreiche Feldzüge – einen gegen Dänemark und einen gegen Österreich – und war bald ungeheuer populär.

In Amerika dagegen machte die Demokratie Fortschritte. Erzherzog Maximilian, der Bruder des österreichischen Kaisers, wurde in Mexiko erschossen. Napoleon, unter dessen Protektion Maximilian stand, hatte ihn im Stich gelassen. Die Kaiserin war noch nach Paris geeilt, um Napoleon davon zu überzeugen, Mexiko nicht aufzugeben, aber Napoleon entschuldigte sich mit einem Hinweis auf die erstarkenden Republikaner. Er zuckte mit den Schultern: »Madame, ich kann Ihnen nicht behilflich sein.« Die Kaiserin verlor daraufhin den Verstand – in allen Zeitungen wurde darüber berichtet.

Ullstein macht sich dazu seine eigenen Gedanken. Wie hätte dieses Abenteuer auch besser ausgehen können? Wie konnte man nur versuchen, einer freiheitsliebenden Nation einen Ausländer als König aufzuzwingen? Eine so verrückte Idee konnte nur dem Verstand von reaktionären Europäern entsprungen sein. Als er mit seinem Freund Ludwig Loewe darüber spricht, stimmt dieser in die Verurteilung solch imperialer Phantasmen ein. »Ich sage dir, Ullstein, Amerika hat Besseres zu tun, als sich europäische Monarchen an den Hals zu binden. Wenn auch Mexiko und die Vereinigten Staaten grundverschieden sind: Ein Kontinent, der mit uns durch den Telegraphen kommuniziert, lebt nicht mehr im Geist der europäischen Monarchien.«

Ullstein stimmt zu. »All diese Anachronismen müssen abgeschafft werden. Wie lange ist es her, dass Napoleon auf Drängen seiner allzu christlichen Gattin in Rom den mittelalterlichen Vatikanstaat wieder einführen wollte? Man kann die Uhr nicht zurückdrehen. Man muss vorwärtsschauen und die Zeichen der Zeit erkennen.«

Beim Abschied kehrt Loewe zu seinem Lieblingsthema zurück: »Ullstein, du musst Zeitungsverleger werden. Lass alle Zweifel fahren! Du hast das Zeug dazu.«

Die Gelegenheit dazu ergab sich allerdings erst zehn Jahre später. Ein kleines Blatt, die *Berliner Zeitung*, suchte einen Käufer. Leopold griff zu – und erwarb damit den Grundstein des Ullstein Verlags.

Am 15. Juli 1877 schrieb Leopold Ullstein an seine älteste Tochter: »Ich habe soeben eine Zeitung gekauft. Ich habe die Absicht, sie meinen beiden ältesten Söhnen Hans und Louis zu hinterlassen. Hans kann die Herausgeberschaft übernehmen und Louis die Geschäftsführung.«

Zu diesem Zeitpunkt schien es ihm, als sei er ans Ziel seiner Wünsche gelangt. Sein Ehrgeiz war befriedigt. Endlich stand ihm das Sprachrohr zur Verfügung, mit dessen Hilfe er seine politischen Ansichten verbreiten konnte. Die erste Gelegenheit dazu nahm er wahr. Um neue Einnahmequellen für die Stadt zu erschließen, setzte er sich dafür ein, dass zur Finanzierung der öffentlichen Verkehrsinfrastruktur Aktien ausgegeben wurden. Die private, von Pferden gezogene Straßenbahn verwandelte sich in ein modernes städtisches Unternehmen – und Ullsteins *Berliner Zeitung* hatte den Anstoß zu dieser wichtigen Reform gegeben.

Dennoch, die Anfänge waren sehr bescheiden. Die Redaktion war in einem anspruchslosen Gebäude in einem Hinterhof der Kochstraße untergebracht – immerhin im Herzen von Berlin. Einige Jahre später, im Jahre 1885, baute mein Vater dann sein eigenes Haus. Die Ladenfront wurde an Geschäfte vermietet, durch den Hof gelangte man in die Büroräume. Ich erinnere mich dieser Räume als riesig und sogar schön. Im größten Raum mit den drei hohen Fenstern standen zwei Reihen von Pulten. Hier saß der Kassierer, Gustav Bint, die Seele des Betriebs. Kretschmann war zuständig für die Inserate, Bütow für die Buchführung. Ranke war Geschäftsführer und Simson der Lehrjunge.

Diese Männer hatten eines gemeinsam: Sie waren ständig durstig. Vom frühen Morgen bis zum Feierabend waren die Bierkrüge niemals leer. Dabei arbeiteten sie unermüdlich – bereit, für meinen Vater durch dick und dünn zu gehen. Hinter diesem großen Saal hatte er sein Büro, von wo aus er das Geschäft mit großer Einfachheit und Freundlichkeit leitete. Darüber, im ersten Stock, lagen weitere Betriebsräume. Stets nachdem Ullstein seine Post durchgesehen und die Menge der neu gewonnenen Abonnenten gezählt hatte, ging er hinauf, um sich mit den Redakteuren Franz Wisberger und Arnold Perls zu besprechen.

Leopold Ullstein war gerade mal ein Jahr lang im Verlagsgeschäft, als die Hauptstadt das erste Großereignis zu verzeichnen hatte: Beim Berliner Kongress von 1878 verdiente sich die Zeitung ihre ersten Sporen. Aus ganz Europa trafen berühmte Gäste ein. Aus England kam Lord Beaconsfield, der Günstling der Kaiserin Victoria; aus Russland traf Prinz Gortschakow ein; aus Österreich die Grafen Andrássy und Károly; aus Italien Graf Corti und aus der Türkei Ali Pascha. Das Hauptanliegen des Kongresses war die Befriedung des Balkans. Nach langem Widerstand waren die Türken besiegt worden, und mit der Eroberung von Plewen besetzten die Russen alle geographischen Schlüsselpositionen. Graf Bismarck – seit dem Sieg über Frankreich 1870/71 der große Mann in Europa – hatte Gesandte aus aller Herren Länder nach Berlin eingeladen, um die Neuordnung des Kontinents in die Wege zu leiten. Für die Dauer des Kongresses waren die Straßen im Regierungsviertel voll mit Schaulustigen. Die Berliner waren fasziniert von den Lords aus England, den Türken mit ihrem roten Fez und den dunklen, fremdartigen Gesichtern der Rumänen und Italiener. Niemals zuvor hatte die Hauptstadt Derartiges gesehen – und die Deutschen mochten es. Sie kamen in Massen, staunten und klatschten Beifall.

Unter diesen Repräsentanten gab es auch einen Premierminister mosaischen Glaubens. Für seine großen Verdienste um England hatte die Queen aus dem schlichten Mr. Disraeli einen Lord von Beaconsfield gemacht. Fiel den Deutschen nicht auf, dass dergleichen in ihrem Land nicht denkbar war? Mit der rechtlichen Gleichstellung der Juden war es nicht besonders weit her: Gewisse Berufe und Ämter blieben ihnen in Deutschland nach wie vor verschlossen, etwa Armee und Staatsdienst, aber auch leitende Stellungen in der Gerichtsbarkeit und an Universitäten. Im Vergleich zur späteren Hitler-Barbarei war das freilich eine sehr milde Form des Antisemitismus.

Der Erfolg der *Berliner Zeitung* während des Kongresses inspirierte Leopold Ullstein dazu, sein Betätigungsfeld auszudehnen. Berlin als Lesepublikum reichte ihm nicht mehr, er wollte in ganz Deutschland gehört werden. Im Übrigen waren die Druckmaschinen mit der Produktion nur einer Zeitung nicht ausgelastet, standen also stundenlang müßig herum. Er sah nicht ein, warum sie nicht besser genutzt werden konnten, und beschloss, eine zweite Zeitung zu einer anderen Tageszeit herauszubringen. Folglich gründete er die *Berliner Abendpost*, die in den Abendstunden gedruckt und mit Nachtzügen in die Provinz expediert wurde. Die kleinen Städte ohne überregionale Zeitung hatten großen Bedarf an Neuigkeiten aus der Hauptstadt. Besonders vorteilhaft für Ullstein war, dass er nun seine Meldungen doppelt verwerten und dadurch den Preis für die einzelne Ausgabe senken konnte. Ein vierteljährliches Abonnement der *Berliner Abendpost* kostete nur eine Mark. Als Botschafterin der Berliner Hauptstadtkultur erreichte sie noch die kleinsten Städte.

Es lag noch eine andere brillante Geschäftsidee in diesem Unternehmen verborgen: Die Zeitung wurde automatisch zum Anzeigenorgan für die Versandhäuser, die täglich für ihre neuesten Angebote werben wollten. *Die Abendpost* wurde gewissermaßen zu einer Art Versandhauskatalog. Aufgrund dessen wuchs sie über die Funktion einer Zeitung hinaus und wurde für einige Jahre zum wirtschaftlichen Rückgrat des Verlagshauses. Erst mit dem Aufkommen der großen Warenhäuser verloren die Versandhändler an Bedeutung – und mit ihnen die *Abendpost*. Sie verschwand so unauffällig, wie sie ins Leben getreten war.

Währenddessen setzte die *Berliner Zeitung* ihren Kampf um Freiheit und Bürgerrechte fort. Sie war zwar eher demokratisch als sozialistisch eingestellt, nahm aber dennoch für die Sozialisten Partei, als im Oktober 1878 Bismarck die Sozialistengesetze im Reichstag durchsetzte. Die Gesetze erlaubten es der Regierung, Bürger ohne Gerichtsurteil als Vaterlandsverräter auszuweisen, selbst wenn sie nichts anderes getan hatten, als sich zum Sozialismus zu bekennen. Leopold Ullstein hatte den Mut, die Gesetze zu kritisieren und die Verfolgten zu verteidigen: »Was die *Berliner Zeitung* verlangt, ist eine verfassungsmäßige Regierung, nicht der Absolutismus eines Kanzlers. Wir verlangen, dass die Deutschen behandelt werden wie ein freies Volk und nicht wie eine eroberte Nation.«

Die Regierung fühlte sich angegriffen und machte der *Berliner Zeitung* den Prozess. Einer der verantwortlichen Redakteure wanderte ins Gefängnis.

Minister zu attackieren, die sich etwas zuschulden haben kommen lassen, ist ein hart erkämpftes Vorrecht der Presse, das immer wieder neu erstritten werden muss. Man kann sagen, dass die Bedeutung der Presse als Institution nicht nur darin besteht, Öffentlichkeit herzustellen, sondern auch darin, unliebsame Positionen zu vertreten, die vom Mainstream abweichen. In England, Frankreich und Amerika ist dieses Recht nie in Frage gestellt worden. In Bismarcks preußischem Deutschland führte ein Angriff auf die Regierungspolitik dagegen zu einer Verurteilung. Um Beförderung buhlend, lasen die Staatsanwälte den Mächtigen die Wünsche von den Augen ab und wetteiferten darum, so viele Klagen als möglich auf den Weg zu bringen.

Die *Berliner Zeitung* schlug zurück: »Der Geist lässt sich nicht unterdrücken. Geistige Bewegungen können durch Gesetze nicht aus der Welt geschafft werden.«

Die nachfolgende Entwicklung bestätigte diese Ansicht. Der Sozialismus erlebte trotz aller Rückschläge einen Siegeslauf um die ganze Welt. Der Versuch ihn aufzuhalten gab ihm – zumindest in Deutschland – nur noch zusätzlichen Elan. Erst viel später offenbarten sich freilich auch seine Schwächen. Aber wie viele von denen, die mit so viel Wut und Leidenschaft für ihn kämpften, begriffen wirklich etwas von der wissenschaftlichen Basis der sozialistischen Lehre? Welche verschwindende Minderheit verstand, was Marx meinte, wenn er vom Mehrwert sprach, der sich aus der Kluft zwischen getaner Arbeit und angebotenem Lohn ergab? Ich werde nie vergessen, was mir der spätere Außenminister Stresemann einmal spaßeshalber über dieses Thema sagte: »Wenn irgendwer in meiner Gegenwart von Karl Marx und seinen Werken spricht, halte ich die Klappe. Vielleicht kommt ja doch mal einer, der sie wirklich gelesen hat!«

Im Jahr 1890 prahlte Kaiser Wilhelm II. damit, dass er den Sozialismus vernichten würde, wenn man ihn nur ließe. Es ist anzunehmen, dass zumindest er Marx nie gelesen hat.

Auch Leopold Ullstein war ein Gegner von Karl Marx. Er empfand immer die Überlegenheit der Privatwirtschaft gegenüber der Staatswirtschaft. »Der Begriff ›Kapitalismus‹ hat eine gefährliche ideologische Bedeutung angenommen. Wenn man dazu Privatwirtschaft sagt, dann stellen sich die Dinge schon gleich halb so dramatisch dar.«

1890 wurde Bismarck entlassen. Der neue, junge Kaiser wollte sein eigener Kanzler sein und besetzte den Posten mit einem vollkommen unpolitischen Menschen: General Caprivi. Der General ließ es sich zur Ehre gereichen, den Kaiser dabei zu unterstützen, die deutsche Flotte zu vergrößern.

In diesen Tagen betrat ein Vorgänger von Hitler die politische Bühne. Er führte eine Verleumdungskampagne gegen Ludwig Loewes inzwischen weltbekannte Waffenfabrik. Hermann Ahlwardt war sein Name, und er saß für einen Wahlkreis in Pommern im Parlament. Dieses überfütterte, unerfreuliche Individuum behauptete beharrlich, dass die Gewehre von Loewe, die er als »Juden-Büchsen« bezeichnete, absichtlich schlecht fabriziert seien, um Deutschlands Niederlage in einem zukünftigen Krieg herbeizuführen. Es ist unnötig zu sagen, dass seine Anwürfe gegenstandslos waren.

Sogar der Kanzler sah sich genötigt, seiner Verärgerung Ausdruck zu verleihen: »Herr Ahlwardt kann seine Verleumdungen ausstreuen, bis er blau im Gesicht ist. Aber welche Dimensionen sie auch immer annehmen, sie bleiben hinter der Verachtung zurück, die wir für ihn hegen.« Wer hätte gedacht, dass 40 Jahre später der Antisemitismus nicht nur salonfähig, sondern zu einer Art von Religion erhoben werden würde? Zu diesem Zeitpunkt jedoch fiel die Botschaft noch nicht auf fruchtbaren Boden. Deutschland war stark und gesund. Es brauchte noch keinen Sündenbock, der für jedes anfallende Unglück verantwortlich gemacht werden konnte.

Der junge Kaiser sah im Deutschen Reich eine zukünftige Weltmacht. Er fuhr durchs Land und hielt hochtrabende Reden, in denen er Deutschlands Größe beschwor.

Diese kaiserliche Außenpolitik wurde zur Zielscheibe der *Berliner Zeitung*. Sie fragte: »Was hat es für einen Sinn, Schlachtschiffe zu bauen, wenn die Engländer einen derartigen Vorsprung als Seemacht haben?« Sie trat für eine friedliche Verständigung mit England ein, im Gedenken an Kaiser Friedrich III., den Hunderttage-Kaiser, der zwei Jahre zuvor gestorben war und dessen Gattin, eine Tochter von Queen Victoria, naturgemäß ein freundschaftliches Verhältnis zu England angestrebt hatte. Die Geschichte Deutschlands wäre anders verlaufen, wäre Kaiser Friedrich am Leben geblieben. Kurz vor seinem Tod versammelte er eine Anzahl liberal gesinnter Männer an seinem Krankenbett, deren Bekanntschaft er zu machen wünschte. Unter ihnen war auch Leopold Ullstein. Der Kaiser konnte nicht mehr sprechen. Er wurde durch einen Tubus in seinem Kehlkopf künstlich beatmet. Es oblag der Kaiserin, die Unterhaltung in Gang zu halten. Die Audienz dauerte nicht länger als ein paar Minuten und war nicht mehr als eine Geste, die von Bismarck nicht verhindert werden konnte. Am Tag zuvor hatte der Kaiser den reaktionären Innenminister Robert Viktor von Puttkamer entlassen. Eine liberale Ära schien bevorzustehen. Es war von einer kompletten Reform der Regierung die Rede, von einer Aufwertung des Parlaments. Aber schon einen Tag später verschlechterte sich der Gesundheitszustand des Kaisers, und all die schönen Hoffnungen waren dahin.

Mein Vater war zu diesem Zeitpunkt 62 Jahre alt. Ich sehe noch heute die Tränen in seinen Augen, als er zusehen musste, wie auf der Schwelle zu Fortschritt und Freiheit das Land auf fatale Weise in seiner Entwicklung zurückgeworfen wurde. Vielleicht hatte er schon damals eine Ahnung von der Katastrophe, die der dreißigjährige Thronfolger Wilhelm anrichten würde.

Im Alter von 66 Jahren wandte sich Leopold Ullstein einer neuen Herausforderung zu. 1892 stand eine illustrierte Wochenzeitschrift zum Verkauf. Ein schlesischer Kaufmann namens Hepner – ein Neuling im Geschäft – hatte bereits 1000 Mark in die Unternehmung gesteckt, ohne die leiseste Ahnung davon zu haben, dass eine solche, um Aussicht auf Erfolg zu haben, mindestens das Hundertfache an Investitionskapital brauchte. Ullstein und ein anderer Verleger, Dr. Eyssler, schlossen sich zusammen, um gemeinsam das Risiko besser tragen zu können. Es fiel ihnen nicht schwer, Hepner zum Verkauf seines Anteils zu bewegen. Als aber nach neun Monaten immer noch kein Profit in Sicht war, verlor auch Eyssler den Mut und überließ Ullstein seinen Anteil. Das hundertprozentige Eigentum sollte sich als Goldmine für Ullstein und seine Söhne herausstellen, während Hepner und Eyssler ihr fehlendes Durchhaltevermögen wohl für den Rest ihres Lebens bedauerten.

Worin die besondere Bedeutung dieser Unternehmung bestand? Die Illustrierte war keine der üblichen Zeitschriften, denn sie stand für eine völlig neue Geschäftsidee, die von einem Mann aus Breslau namens David Cohn stammte – ebenfalls ein Novize auf dem Terrain. Bis dahin war ein solches Druckerzeugnis nur per Jahresabonnement erhältlich. Wenn ein Exemplar eine Mark kostete, musste der unglückliche Abonnent also nicht weniger als 52 Mark im Voraus auslegen. Cohn spürte, dass da etwas nicht stimmte, und befand, dass eine Zeitschrift dieser Art zu einem niedrigeren Preis angeboten werden müsse und man einen Leser nicht verpflichten dürfe, für ein Jahr oder selbst eine kürzere Periode im Voraus zu bezahlen. Stattdessen sollte er ein einzelnes Exemplar kaufen dürfen, wann immer er wollte. Cohn hatte verstanden, dass ein Verleger vom Zeitungsleser weder Loyalität erwarten noch andere unvernünftige Forderungen an ihn stellen durfte. Im Gegenteil: Eine Zeitschrift musste so attraktiv gestaltet sein – etwa durch Fortsetzungsartikel und -romane –, dass die Leute sich auf das Erscheinen der nächsten Nummer freuten. Wichtig war in Cohns Augen, dass die Leser aus eigenem Antrieb treu blieben und nicht wegen eines Vertrages, der sie band. Und so erfand Cohn das System der wöchentlichen Barbezahlung. Da der Straßenverkauf von Zeitungen in Deutschland noch nicht existierte, übernahm der Buchhandel den Vertrieb. Von nun an wurde die wöchentlich erscheinende Zeitschrift für 10 Pfennig verkauft oder frei Haus geliefert.

Als Cohn seine Ideen vorstellte, erkannte Leopold Ullstein sofort ihre innovative Kraft und machte Cohn zum Leiter der Verkaufsabteilung der *Berliner Illustrirten Zeitung*. Jahrelang arbeitete er äußerst sorgfältig am Ausbau einer Vertriebsstruktur, die schließlich zum Stolz des Ullstein-Hauses gehören sollte.

So wurden die *Berliner Zeitung*, die *Berliner Abendpost* und die *Berliner Illustrirte Zeitung* als Wochenzeitung zum Fundament des Verlages, den die Söhne von Leopold Ullstein erbten. Einer nach dem anderen traten sie ins väterliche Geschäft ein. Hans, der Älteste, als Erster; Louis, der Zweitälteste, folgte ihm wenig später nach. Immer wieder erzählte man sich Anekdoten über ihre gegensätzlichen Charaktere. Während Louis als außerordentlich gesellig, beredt und neugierig galt, war Hans schweigsam. Es hieß, dass Hans, wenn sein Bruder ihm morgens beim Einsteigen in die Droschke eine Frage stellte, sie erst beim Aussteigen beantwortete – und zwar mit einem knappen »Ja«.

Hans war studierter Jurist und begann zunächst, als Anwalt zu arbeiten. Es fehlte ihm aber das Talent, die Klienten zu umgarnen, und als zur heimlichen Freude des Vaters seine Aussichten schwanden, in dieser Branche Fuß zu fassen, wurde er enthusiastisch im väterlichen Unternehmen willkommen geheißen. So erfüllte sich Leopolds ursprünglicher Plan.

Louis, der seine kaufmännische Lehre abgeschlossen und ein Jahr lang bei den Dragonern gedient hatte, war bereits vorher in den Verlag eingetreten. Gut gelaunt, ausgeglichen, mit Humor und gesundem Menschenverstand ausgestattet, arbeitete er eng mit seinem Vater zusammen, dem er am Schreibtisch gegenübersaß. Louis besaß nicht den analytischen Verstand von Hans, hatte aber die funkelnde Intelligenz des Vaters geerbt. In seinem Kopf wimmelte es von Ideen, die der Firma zugutekamen. Keineswegs frei von Eitelkeit, liebte er es, im Mittelpunkt zu stehen. Louis war ein erfahrener Kaufmann und erwartete, dass alles Geschäftliche mit ihm abgesprochen wurde – was später für einige Schwierigkeiten und Auseinandersetzungen mit den jüngeren Brüdern sorgte, insbesondere mit Franz, dem dritten Sohn, der, was die Firmenleitung anging, ein Wörtchen mitreden wollte.

Der Dritte in der Reihenfolge des Eintretens war allerdings Rudolf. Er war Experte auf technischem Gebiet. Seine Ausbildung erhielt er im Verlagshaus Fleming im schlesischen Glogau. Als versierter Drucker und Setzer wurde er zum technischen Direktor des väterlichen Betriebs ernannt. Das Druckwesen machte in dieser Epoche eine rasante Entwicklung durch, der es galt, gerecht zu werden. Sein Sinn für das

Praktische und seine Kenntnis der raffiniertesten Druckverfahren machten Rudolf zum führenden Fachmann auf seinem Gebiet. Sämtliche Berufsorganisationen, die mit Druck und Typographie zu tun hatten, wählten ihn zu ihrem Präsidenten. Er genoss weltweit ein hohes Ansehen bei den Experten seines Fachgebiets. Als ich vor drei Jahren in die USA emigrierte und nach einem neuen Betätigungsfeld Ausschau hielt, wurde ich immer wieder Zeuge seiner großen Reputation. Einmal sagte mir jemand: »Wenn Ihr Bruder Rudolf doch auch bloß in die USA käme! Wir könnten ihn gut brauchen. Schreiben Sie ihm und überreden Sie ihn, England zu verlassen. Hier hat er die besten Aussichten.«

Rudolf, der in England geblieben ist, war nicht nur Techniker, er liebte auch den Sport. Und ich sollte nicht sein außerordentliches Talent zum Geldausgeben verschweigen. Geld kümmerte ihn nicht. Er wusste das Leben in vollen Zügen zu genießen. Er kostete die Firma Unsummen – und brachte ihr ein Vielfaches wieder ein.

Rudolf gehörte dem Vorstand zahlreicher Sportvereine an und verstand es glänzend, Interesse zu wecken für alles, was mit seinem Hobby zusammenhing. Selbst uns Stubenhocker führte er in die Welt des Sports ein. Er selbst war ein guter Sportler und ein exzellenter Tennisspieler – als Förderer machte er sich besonders um Autorennen und Golf verdient. Einmal fand ihm zu Ehren im kaiserlichen Aerosportklub (Fliegen war übrigens die einzige Disziplin, die ihn nicht interessierte) sogar ein Bankett statt.

Zu Hause nannte man Rudolf den Direktor für Ausgaben. Er war nicht zufrieden, wenn er nicht jede Woche ein neues Auto oder eine neue Druckmaschine bestellen durfte. Der Hang zu Neuanschaffungen entwickelte sich bei ihm zu einer wahren Leidenschaft. Sein erklärter Ehrgeiz war, dass die Ullsteins die jeweils modernste und beste Druckmaschine besitzen mussten, die der Markt zu bieten hatte, und es war nicht leicht, ihn daran zu hindern – zumal er von Louis tatkräftig unterstützt wurde, dem nichts groß genug sein konnte. Am Tag, als unser aller Laufbahn zu Ende ging, hatte Rudolf die Genugtuung, dass unsere Technik die beste im ganzen Reich war.

Der Letzte in der Porträtgalerie meiner Brüder ist Franz. Auch er trat erst in die Firma ein, nachdem er sein Jurastudium abgeschlossen hatte. Im Laufe der Zeit war er es, der für den größten Zwist unter den Brüdern sorgte. Mit seinem scharfen analytischen Verstand bohrte er nicht selten Löcher in die neuen Projekte, die einer von uns vorschlug. Seine Kritik war dabei meist so treffend, dass wir ihn regelrecht fürchteten. Damit einher gingen eine konstruktive Intelligenz und ein gelegentlich überbordender Einfallsreichtum. Er war in der Lage, 30 Redakteure auf einmal zu beschäftigen. Manchmal lehnte er sich scheinbar abwesend im Sessel zurück, nur um plötzlich mit einer treffenden Bemerkung zu zeigen, dass er nicht nur alles mitgekriegt hatte, sondern auch die volle Übersicht besaß. Es ist sein Verdienst, dass sich die Tageszeitungen und das Buchgeschäft so außerordentlich gut entwickelten. Er konnte nicht nur angstfrei in Gedanken mit kostspieligen Projekten spielen, er konnte sie auch auf den Weg bringen. Dabei pflegte er einen nahezu diktatorischen Führungsstil, den mein Bruder Louis und ich ihm neideten. Ein Jahrzehnt lang bot sein persönlicher Ehrgeiz immer wieder Grund für heftigen Streit – der dem unaufhaltsamen Aufstieg der Firma allerdings keinen Abbruch tat.

Und über mich selbst, was kann ich da sagen? Ich war der fünfte und jüngste meiner Brüder, und es verging geraume Zeit, bevor ich meinen Platz fand. Zunächst ging ich meine eigenen Wege und ließ mich bei einer weltberühmten Getreidehandelsfirma anstellen. Einige Jahre verbrachte ich in Südrussland am Schwarzen Meer und am Asowschen Meer, wo die Firma Ableger besaß.

Nur durchschnittlich begabt – man sagt mir ein Talent für Reklame nach –, machte ich mich nützlich, indem ich half, Geld herbeizuschaffen, eine Aufgabe, die mich glücklicherweise mit allen Abteilungen in Berührung brachte. Zu meinem Stolz kann ich rückblickend sagen, dass die Reklame und Öffentlichkeitsarbeit immer einen großen Beitrag zu unserem Erfolg geleistet hat. Ansonsten kümmerte ich mich auch um die Zeitschriftenabteilung und die Monatshefte, die Schnittmuster, Kinderzeitschriften, den *Querschnitt*, *Die Dame*, *Uhu*, das *Blatt der Hausfrau* und den *Heiteren Fridolin*. Die *Berliner Illustrirte Zeitung* stellte allerdings mit ihrer Gesamtauflage von zwei Millionen alles in den Schatten – ein Rekord, wenn man bedenkt, dass Deutschland gerade einmal eine Gesamtbevölkerung von 60 Millionen Einwohnern hatte. Die Ullstein-Schnitte und die Ullstein-Bücher unterstanden ebenfalls meiner Aufsicht. Und es war Teil meiner Arbeit, neue Slogans für die unterschiedlichen Segmente zu erfinden. Im Großen und Ganzen kann ich sagen, dass ich tüchtig war – nicht mehr.

Mein Hauptinteresse galt – wie bei meinem Vater – der Politik. Nach dem Ersten Weltkrieg half ich beim Aufbau des Demokratischen Klubs. In jüngster Zeit habe ich unaufhörlich dazu gedrängt, Hitler gegenüber eine deutlichere Position zu beziehen. Ich bemühte mich auch, bei anderen deutschen Verlagen Mitstreiter zu finden. Zwei Jahre lang besaß ich persönlich eine Leipziger Tageszeitung, die Hitler sehr entschieden bekämpfte. Obwohl meine Talente, verglichen mit denen meiner Brüder, eher bescheiden sind, kann ich doch, ohne zu prahlen, von mir sagen, dass ich in dieser Hinsicht erfolgreicher war als sie.

Als wir Ullsteins schließlich von Goebbels dazu aufgefordert wurden, den Schauplatz unserer Triumphe zu verlassen, hat einer der neuen Direktoren bei seiner Antrittsrede gesagt, dass die fünf Ullstein-Brüder »ein kollektives Genie« darstellten. Ob Genie oder nicht: Sicher ist, dass jeder von uns auf seinem eigenen Gebiet die Rolle spielte, die ihm zugewiesen war, und dass all diese gesonderten Anstrengungen zu einer gemeinsamen Leitung verschmolzen, die dem Verlag seine solide demokratische Basis verschaffte. Darin lag das Geheimnis unseres Erfolgs.

Trubel vor dem Verlagshaus in der Kochstraße, um 1910

VIERTES KAPITEL

Schneller Aufstieg

EIN JAHR VOR DEM ENDE des alten Jahrhunderts stürzte sich unser bejahrter Vater in ein Abenteuer, mit dem er seine Firma und das gesamte Familienvermögen aufs Spiel setzte. Es ging um die Gründung einer neuen Tageszeitung, der *Berliner Morgenpost* – und damit um eine riesige Unternehmung und jede Menge Geld. Anlass war eigentlich der Erfolg eines Konkurrenten: August Scherl, der mit seinem *Berliner Lokal-Anzeiger* ein völlig neues Verkaufsprinzip eingeführt hatte.

Bevor ich fortfahre, muss ich etwas erläutern: Früher war der Zeitungsvertrieb anders organisiert. In verschiedenen Teilen der Stadt beschäftigten Vertriebsagenturen Jugendliche und Frauen, um die Zeitungen aus verschiedenen Verlagshäusern auszuliefern. Scherl trennte sich nun von den Agenturen und besorgte die Zustellung selbst. Er hatte früh erkannt, dass er von einem neutralen Zeitungsverkäufer nicht so viel Einsatz erwarten konnte wie von seinen eigenen Leuten. Nur den eigenen Angestellten war zuzutrauen, dass sie wirklich das meiste für die Zeitung herausholten. Also rekrutierte Scherl – für ein enormes Anfangskapital – eine eigene Armee weiblicher Zustellerinnen, deren einzige Aufgabe es war, Zeitungen von Scherl gratis frei Haus zu liefern. Diese Idee trug Früchte. Innerhalb eines Jahrzehnts besaß Scherl das größte Zeitungsunternehmen seiner Epoche.

August Scherl war nun Berlins populärster Mann und sein *Lokal-Anzeiger* die meistgelesene Zeitung – durchaus zu Recht. Scherl hatte die Zeichen der Zeit erkannt. Die Menschen wollten keine umständlichen Leitartikel lesen, sondern sie lechzten nach Neuigkeiten. Der Siegeszug der Eisenbahn hatte der Welt den Rausch der Geschwindigkeit beschert.

Scherl begann als Erster, die Neuigkeiten groß auf die erste Seite zu bringen. Er begriff, dass eine Zeitung Blicke fangen musste, dass ein Zeitungsleser Informationen über Ereignisse in aller Welt brauchte – über alles, was gerade jetzt in Paris, in London und New York geschah. Scherl behielt aber auch »den kleinen Mann« im Auge und berichtete von den Ereignissen in der unmittelbaren Umgebung: dass der Dachdecker in der Nachbarschaft vom Gerüst gefallen war und wie der Wasserrohrbruch im Nachbardorf passierte. Mordfälle erregten naturgemäß das größte Interesse. Keine Nachricht lässt sich besser verkaufen als ein unaufgeklärtes Verbrechen. Niemand wusste das besser als Scherl. Sein Gespür für Massenwirkung war untrüglich. Und: Er kannte die Nöte seiner Leser. Seine Zeitung hatte bald so viele davon, dass sich der Aufwand einer eigenen Auslieferung allemal lohnte.

August Scherl war ein seltsamer Mann. Es waren viele Geschichten über ihn im Umlauf. Man sprach von ihm als einem Einsiedler. Er ließ niemanden an sich heran und ging nirgendwo hin. Manche sagten, es gäbe ihn gar nicht. Und wenn er doch einmal im Theater auftauchte, hatte er nicht weniger als drei Logen reserviert, von denen er nur die mittlere in Anspruch nahm. In der Firma hatte er sein eigenes Treppenhaus, das niemand anderes benutzen durfte, so scheu war er. Wie viel davon wahr ist, weiß keiner. Jedenfalls beschäftigte seine Person die Phantasie der Berliner.

Scherls Popularität begann die Ullsteins zu ärgern. Insbesondere mein Bruder Louis war ganz aufgebracht. Nachts lag er wach und grübelte darüber nach, wie man dem beispiellosen Erfolg dieses Mannes beikommen könnte. Es machte ihm so zu schaffen, dass er nach alter Gewohnheit begann, Selbstgespräche zu führen: »So ist es nun mal! Dieser Kerl kann alles! Absolut alles kann der Scherl!«

Eines Tages wurde Cohn von der *Berliner Illustrirten* unfreiwillig Zeuge davon und erkundigte sich nach seinem Befinden. Louis ließ seinem Ärger freien Lauf. Er forderte Maßnahmen – und Cohn hatte einen simplen Gedanken: »Warum kann man eigentlich nicht auch eine Tageszeitung auf der Basis eines wöchentlichen Abonnements anbieten?«

Scherls *Lokal-Anzeiger* wurde einen Monat im Voraus bezahlt – für den Preis von einer Mark. Was sprach dagegen, dem Leser eine bequemere Zahlungsweise anzubieten und ihn nur für eine Woche zu binden? Cohn kam zurück auf seine Lieblingsidee, dass der Preis nicht mehr als 10 Pfennig pro Woche betragen dürfe. Mit anderen Worten 1,6 Pfennige pro Tag – inklusive der Lieferung frei Haus. Wohlgemerkt: Die anderen Tageszeitungen kosteten 5 bis 10 Pfennige pro Tag.

Die Idee zündete, zum Entzücken von Louis. Bald war auch der Rest der Familie gewonnen, und selbst der 72-jährige Vater gab seinen Segen. Es begann eine fieberhafte Aktivität.

Als unserem Vater dämmerte, was für enorme Summen aufgebracht werden mussten, noch bevor der Gedanke Gestalt annahm, wurde ihm zwar etwas mulmig zumute, trotzdem fasste er genügend Vertrauen in die Idee, um noch einmal alles aufs Spiel zu setzen. Selbst ein Jahr vor seinem Tod blieb er dem Neuen gegenüber so offen, wie er es immer gewesen war.

Er war es auch, der die beste Idee hatte, als es galt, den Posten des Herausgebers und Chefredakteurs der neuen Zeitung zu besetzen: »Brehmer«, verkündete er. »Arthur Brehmer, der Mann mit der Löwenmähne. Das ist unser Mann! Es gibt im ganzen Land keinen originelleren Kopf.«

Wir reagierten zunächst verständnislos. Louis bat um eine

Begründung. Leopold musste lachen. »Immer, wenn ich in sein Büro komme, ist Brehmer nicht da. Da er es dennoch schafft, ein gutes Produkt herzustellen, muss der Mann ein Genie sein.« Vater setzte sich durch, und Brehmer – der Mann mit der Löwenmähne, dessen Konto immer überzogen war und der immer unter Zeitdruck stand – sagte begeistert zu.

Brehmer machte sich sofort an die Arbeit, und innerhalb von ein paar Tagen hatte er einen Entwurf ausgearbeitet. Das Ergebnis war mehr als befriedigend. Man sah, dass die Zeitung etwas Besonderes werden sollte, dass sie dieselbe Anziehungskraft ausüben würde, die wir alle an Brehmer so schätzten.

Nachdem wir für die *Berliner Morgenpost* monatelang die Werbetrommel gerührt hatten, wurde sie in der Hauptstadt mit Spannung erwartet. Am 20. September 1898 erblickte sie das Licht der Welt. Die Reaktion der Berliner war vom ersten Moment an enthusiastisch. Jeden Tag sorgte die *Mopo* (so die Abkürzung) für neue Überraschungen. Sie war nie uninteressant. In der Tat war sie das Erzeugnis eines genialen Gehirns.

Wo aber trieb sich der Besitzer dieses Gehirns herum, da er doch nie in seinem Büro war? Als echter Wiener verbrachte er sein Leben im Kaffeehaus. Hier umgab ihn eine kuriose Mischung von Menschen, und hier setzte er auch die Arbeitskollegen von seinen genialen Ideen in Kenntnis. Erst spätnachts, wenn die Setzer ihre Überstunden machten, betrat er den Verlag. Gemäß seinem Motto »Interessant sein ist alles« konnte Brehmer die Büroatmosphäre nicht ertragen und fühlte sich nur inmitten der Boheme zu Hause.

Arthur Brehmer war eine unberechenbare Person. Man wusste nie, was er gerade im Schilde führte. Eines Tages kam er zu mir ins Büro, um mich zu fragen, ob ich ihm seinen neuen Roman abkaufen wolle. Er versprach sich damit gute Chancen auf einen Bestseller. Ich erklärte mich bereit, den

Roman zu lesen. Da schaute er überrascht auf. »Er ist noch nicht geschrieben. Aber ich habe einen großartigen Titel. Für den allein müsste ich einen anständigen Vorschuss bekommen. Ich mach mich an die Arbeit und bringe heute noch das erste Kapitel. Ihr könnt sofort anfangen zu drucken.«

Über den Abdruck von Fortsetzungsromanen entschieden nicht die Redakteure, dies war das Privileg der Verleger. Wenn Brehmer der *Morgenpost* einen Roman anbot, dann musste er jeden Tag eine Folge abliefern. Er versprach es.

»Mein lieber Herr Brehmer«, entgegnete ich, »wäre damit nicht ein gewisses Risiko verbunden? Nehmen wir mal an, Sie werden krank?«

»Na, wenn schon«, sagte Brehmer. »In diesem Fall könnte Fischer übernehmen.«

Herr Fischer war Brehmers Faktotum. Alles, was Brehmer lästig war, die sogenannte Drecksarbeit, wurde Fischer aufgehalst. In den Morgenstunden wurde er an einen Mordfall gesetzt, am Nachmittag musste er als Ghostwriter einen Artikel oder ein Romankapitel für seinen Boss abfassen. Als ich schlussendlich Brehmers Angebot ablehnte, schüttelte er den Kopf über so viel Kleinmut und verließ mein Büro. Wie auch immer: Am nächsten Morgen kam er schon mit einer neuen, noch ausgefalleneren Idee.

»Ich werde eine Hochzeitsreise machen«, verkündete er. »Im Auto nach Paris.«

In Anbetracht der Tatsache, dass die Entwicklung des Automobils noch in den Kinderschuhen steckte, war das ein gewagtes Unterfangen. Die einen waren beeindruckt, die anderen glaubten ihm kein Wort. Einige, die Brehmer besser kannten, fanden das Vorhaben aus ganz anderen Gründen seltsam: »Lieber Brehmer, du bist doch schon seit zehn Jahren verheiratet.«

»Na und? Alte Liebe rostet nicht!«, blaffte er zurück.

Und sogleich entwarf er ein Pressekommuniqué. Es wurde ein triumphales Ereignis. Erstaunlicherweise funktionierte der Trick. Zum angekündigten Termin waren die Straßen rund um das Verlagsgebäude schwarz von Menschen. Nicht weniger als zehntausend Schaulustige fanden sich ein.

Zu guter Letzt ließ sie Brehmer auch noch warten. Im Hof stand sein Automobil – ein kleiner, schmaler, offener Sportwagen, mit Girlanden geschmückt. Zwanzig weitere Automobile waren erschienen, um ihn aus der Stadt hinauszubegleiten. Aber Brehmer selbst war unauffindbar. Man schickte Boten aus. Er war weder in seinem Lieblingslokal noch in einem anderen Kaffeehaus.

Vor lauter Ungeduld fing die Menge an zu brüllen: »Brehmer her! Wir wollen Brehmer!« Da kam er. Mit einer typischen Entschuldigung. Um jünger auszusehen, habe er sich die Löwenmähne abschneiden lassen wollen, aber im letzten Moment sei ihm klargeworden, dass es auch in Paris Friseure gebe.

Was nun geschah, löste schallendes Gelächter aus. Eine ältliche Dame trat ins Rampenlicht der Öffentlichkeit und wurde von Brehmer als seine Braut präsentiert. Die Beifallsbekundungen wurden von ihr mit einem süßlichen Lächeln belohnt. Auf ihrem Kopf balancierte sie einen extravaganten Hut. Niemand konnte sich vorstellen, wie er im fahrenden Auto an seinem Platz bleiben sollte. Das Publikum wurde unruhig, und wir mahnten das Paar zum Aufbruch. Schließlich erklärte sich Brehmer bereit, ins Auto zu steigen. Das Paar küsste sich ausgiebig, wobei Brehmer immer wieder sein Zwicker von der Nase fiel. Es erschallte ein Hornsignal, und das Auto setzte sich mitsamt seinem Gefolge in Bewegung. In der dichten Menschenmenge kam die Prozession kaum vom Fleck. Die Menschen grölten:

»Brehmer, lebe hoch!«

»Bon Voyage!«

»Lass das alte Mädchen nicht rausfallen!«

Als sie Potsdam erreichten, 15 Kilometer hinter Berlin, befahl Brehmer anzuhalten. Er verließ das Auto und verkündete, dass man die Nacht im Hotel verbringen werde. Aber auch am nächsten Tag fuhren sie nicht weiter. Es ging das Gerücht, Brehmer habe das Geld für die Reise eingesteckt und verschicke nun alle seine Berichte von der Hochzeitsreise aus Potsdam. Wir bekamen seine Post nie zu Gesicht, denn sie war stets an Herrn Fischer adressiert. Unter anderem berichtete er darin von einem waghalsigen Ausflug auf den Brocken, den höchsten Gipfel im Harz. Eine zweite Folge berichtete dann vom lebensgefährlichen Abstieg.

Heute wäre das nicht mehr als eine Vergnügungsreise, aber unter den damaligen Transportbedingungen war das ein fast selbstmörderisches Unterfangen – gesetzt den Fall, dass sie tatsächlich stattfand. In Fragen der Wahrheit war unser sonderbarer Chefredakteur kein Pedant. Die *Morgenpost* war wochenlang mit Berichten von der Hochzeitsreise im Automobil gefüllt. Die Geschichten waren spannend – und wohl allesamt der Phantasie unseres Autors entsprungen.

Seine große Vorstellungskraft wurde allerdings von einer anderen Eigenschaft begleitet, mit der sich weniger gut auskommen ließ: Brehmer hatte einen ausgeprägten Hang zur Unordnung. Es gab ein paar Grundsätze, an die er sich strikt hielt. Einer davon war, niemals die Post zu öffnen, mit dem Resultat, dass die an ihn adressierten Briefe ein kleines Gebirge auf seinem Schreibtisch bildeten. Manuskripte, gefolgt von Briefen, die um eine Reaktion baten. Freikarten für das Theater, Fanpost seiner Verehrerinnen – sein Schreibtisch war ein Grab für jede Kommunikation. Manche kamen persönlich, um sich zu beschweren. Ein Journalist bestand darauf, dass er fünf Artikel postalisch verschickt habe, von denen Brehmer nie ein Wort gelesen habe – vermutlich hatte er noch nicht einmal die Umschläge geöffnet. Also füllte Brehmer einfach einen Scheck über 100 Mark als Honorar aus für eine Arbeit, die ihm nie zu Gesicht gekommen war.

Obwohl sein Arbeitsstil es uns nicht leichtmachte, gelang es ihm immer wieder, eine exzellente Zeitung zu produzieren. Woche für Woche stieg die Auflage, und bald verkündeten die Reklamesäulen, an denen bisher nur August Scherls Erfolge gestanden hatten, auch den Triumph der *Morgenpost*. Neben dem Plakat von Scherl klebte das von Ullstein mit der neuesten Auflagenziffer.

Es begann ein aufregendes Wettrennen, bei dem die *Morgenpost* ständig aufholte. Die Berliner waren fasziniert von dieser Rivalität. Lange Zeit war es ein Kopf-an-Kopf-Rennen, dann überholte die *Morgenpost* den *Lokal-Anzeiger* und eilte mühelos ins Ziel. Nur ein Jahr nach ihrer Gründung zählte sie 160 000 Abonnenten, während der *Lokal-Anzeiger* nur auf 120 000 Abonnenten kam.

Gleich nach dem Duell schickte Scherl einen Abgesandten zu uns, um Verhandlungen aufzunehmen. Er bot an, sich mit einer Million Mark an der *Morgenpost* zu beteiligen. Unter einer Bedingung: Die Ullsteins sollten den Wettbewerb an den Litfaßsäulen einstellen.

Am nächsten Tag diskutierten wir das Angebot. Louis war begeistert: »Das ist unsere Rettung! Die *Morgenpost* verschlingt Unsummen. Wenn das so weitergeht, haben wir bald alles verloren. Was auch geschieht, wir müssen die Preise erhöhen. 10 Pfennig für eine wöchentliche Lieferung der *Morgenpost* sind zu wenig. Wenn wir einen Vertrag mit Scherl abschließen, können wir nicht nur unsere Liquidität sicherstellen, sondern ohne Gefahr den Preis anheben.«

Der Vertrag kam zustande, und die Schlacht an den Litfaßsäulen war beendet. Für uns war es ein kleiner Triumph, den unser Vater leider nicht mehr miterleben durfte. Einen Monat zuvor hatte er die Augen für immer geschlossen. Sein Tod hatte etwas Symbolisches: Er starb, als das Jahrhundert – sein Jahrhundert – zu Ende ging. Er war ein liberal gesinnter Mann gewesen, der stets auf der Seite von Freiheit und Fortschritt gestanden hatte, jenen beiden großen Ideen, die von der darauffolgenden Generation auf den Misthaufen der Geschichte geworfen wurden. Er war von jüdischer Herkunft, hat aber seine Söhne im christlichen Glauben erzogen, weil der Staat, dem sie dienen sollten, ein christlicher war. »Was ist denn auch der Unterschied?«, pflegte er zu fragen. »Wir glauben an ein und denselben Gott. Das Gebot der Nächstenliebe hat Jesus von den Juden übernommen. Ebenso wie sie verabscheute er die Zwietracht, den Hass und den Krieg einer Rasse gegen eine andere. Er verteidigte die Armen und die Unterdrückten – und auch die Juden. Allein dafür müssen wir ihn lieben, uns für ihn entscheiden. Ob er in Gestalt seines Sohnes die Erde wirklich besucht hat oder ob Christus nur ein Symbol ist, muss jeder für sich selbst entscheiden.« Das war Leopolds Glauben.

Sein Charakter war noch viel großartiger als das Werk, das er hinterließ. Er hat das Allerschwierigste getan: Gründer zu sein eines großen Hauses.

Trotz Brehmers exzentrischem Verhalten taten wir alles, um ihn so lange als möglich zu halten. Wir hatten guten Grund dazu. Lange Zeit überwogen seine Verdienste die Nachteile seines sonderbaren Arbeitsstils. Zu seiner Ehrenrettung sei gesagt, dass er sich bei allen wichtigen Angelegenheiten an die Wahrheit hielt. Niemals verfälschte er eine Nachricht, um sie sensationell oder tendenziös erscheinen zu lassen. Er gab seinen Lesern ein unvoreingenommenes Bild von der Welt. Nur im Bereich der Unterhaltung wendete er gerne miese Tricks an. Einmal rief er sein Faktotum zu sich: »Fischer, alter Knabe, sei so gut und grabe das Bildarchiv nach Fotografien vom Kaiser um.« Als Fischer kurze Zeit später mit dem Gewünschten erschien, suchte Brehmer ein Foto aus und befahl: »Nimm diese Profilaufnahme und kopiere sie seitenverkehrt, sodass die beiden Bilder des Kaisers einander gegenüberstehen.«

Am folgenden Tag lautete die Schlagzeile: »Des Kaisers Doppelgänger. Ein Schuster aus Barcelona – Pasquale Tagliacozza.« Die Verwunderung über die Ähnlichkeit war so groß, dass Dutzende von Redaktionen die Story aufgriffen.

Wie groß unsere Dankbarkeit Brehmer gegenüber auch war, wie hervorragend auch seine Redaktionsarbeit, sein Mangel an Disziplin brachte ihn zu Fall. Die vielen getäuschten Mitarbeiter, deren Briefe er nicht beantwortete, und die Zeitungen, die zum Opfer seiner Enten geworden waren, zogen mit Klagen vor Gericht. Außerdem gab es Reibereien mit der Setzerei, die sich darüber beschwerte, dass die Manuskripte zu spät abgeliefert wurden. Unzufriedenheit herrschte auch in den Druckhallen, und die Verteiler beschwerten sich, dass sie erst spät anfangen konnten auszutragen. Wir hatten keine andere Wahl: Brehmer musste gehen.

Er kehrte nach Wien zurück, von wo er gekommen war. Es war ein trauriger Tag. Aber selbst von dort aus konnte er es nicht lassen, uns noch einen letzten üblen Streich zu spielen. Kaum war er in Wien angekommen, wurde uns per Fernschreiben sein plötzlicher Tod mitgeteilt:

Gestern Morgen, nach schwerer Krankheit, verstarb Arthur Breh-

mer, Journalist und Schriftsteller. Einige Jahre lang leitete er die von ihm ins Leben gerufene Berliner Morgenpost. *Sein Begräbnis fand in aller Stille auf dem Zentral-Friedhof statt.*

Am nächsten Tag veröffentlichten wir in der *Morgenpost* einen ausführlichen Nekrolog, voll des Lobes auf seine Verdienste. Viele deutsche Zeitungen folgten unserem Beispiel. Alle Welt war in Trauer. Dann erhielten wir einen Brief von ihm: »Habe nur wissen wollen, was die Leute von mir denken. Ich bin am Leben. Mit bestem Gruß, Arthur Brehmer.«

Zwei Wochen später war er tatsächlich tot. Es schien, als habe sich eine beleidigte Gottheit gerächt. Man sollte darüber nicht abergläubisch werden. Denn als ihm die Idee zu sterben kam, formte sich eine Wolke über seinem Leben, und Brehmer war von diesem Moment an in der Tat ein Todeskandidat. Doch bis zum Ende ließ ihn sein Humor nicht im Stich. Wir werden seiner stets mit einem Gefühl der Dankbarkeit gedenken.

August Scherls Teilhaberschaft dauerte nur ein Jahr lang. Die finanzielle Situation der *Morgenpost* hatte sich in der Zwischenzeit so weit konsolidiert, dass wir es uns leisten konnten, seinen Anteil zurückzukaufen. Es stellte sich heraus, dass Scherl dieses Kapital bitter nötig hatte. Scherl schlug einen neuen Vertrag vor: Beide Seiten sollten sich dazu verpflichten, keine neuen Werbekampagnen zu starten. Wenn eine der beiden Parteien ein ganz neues Projekt auf den Markt brächte, dann dürfte der andere sie zudem nicht imitieren.

Aber als wir später die sehr erfolgreiche *B.Z. am Mittag* herausbrachten, erwies sich auch dieser Vertrag als unvorteilhaft für ihn, denn er hinderte ihn daran, etwas Ähnliches auf die Beine zu stellen. Scherl, den wir als Urheber vieler Innovationen sehr schätzten, hatte das Pech, von uns auf allen Gebieten des Verlagswesens überholt zu werden –

selbst seine Buchveröffentlichungen, die er nach ähnlichen Gesichtspunkten aufzog wie wir, hatten niemals großen Erfolg. Seine illustrierte Wochenzeitschrift *Die Woche*, die als Sensationserfolg begann, wurde sehr bald von unserer *Berliner Illustrirten (BIZ)* überholt. Auch unsere *Morgenpost* war erfolgreich. Sie blieb jahrzehntelang die weitverbreitetste deutsche Zeitung. Nachdem sie bald 500 000 Exemplare allein für Berlin erreichte, wurde sie zum Zugpferd des Ullstein Verlags. Manche Wohnhäuser hatten bis zu 100 Abonnenten. Seit dem Jahr 1904 gab es in allen Teilen der Stadt 50 Filialen, die um 5 Uhr früh lastwagenweise beliefert wurden und von denen aus sich über 200 Zustellerinnen aufmachten. Für zwei Stunden Arbeit am Tag verdienten die Frauen monatlich einhundert Mark, ein beachtlicher Nebenverdienst. Später trugen sie auch andere Zeitungen unserer Firma aus. Mit Ausnahme der *Berliner Illustrirten* konnte jedoch keine davon mit der *Morgenpost* mithalten.

Um die Jahrhundertwende, als der Burenkrieg in Südafrika wütete, entdeckten die Deutschen das Interesse am Weltgeschehen. Sie waren beeindruckt vom Mut des Burengenerals Christiaan De Wet. Fotografien von der Riesengestalt des Präsidenten Ohm Kruger hingen in allen Schaufenstern. Als die Engländer am Spion Kop und in Ladysmith geschlagen wurden, waren die Berliner entzückt und feierten die Entlassung von General Buller und die Einsetzung von Lord Kitchener. Die Buren waren in Berlin populär.

Die wachsende Neugierde und die Ausdehnung des geographischen Horizonts wurden von der *Berliner Illustrirten* blitzschnell aufgegriffen. Voller Begeisterung stürzte sie sich in den Wirbel der internationalen Nachrichtendienste.

Manchmal ist es der technische Fortschritt, der den Gang der Menschheitsgeschichte bestimmt. Wie schon so oft wurde eine Erfindung aus Amerika epochal: die Momentaufnahme. Kodak sorgte für eine Umwälzung in der Zeitungslandschaft, und wieder war es Scherl, der die Entwicklung anführte. Als seine *Woche* auf den Markt kam, habe ich zum ersten Mal verstanden, was eine »Illustrierte« leisten muss. Ich gebe unumwunden zu, dass Scherl in mancherlei Hinsicht mein Lehrer war. Von ihm habe ich beispielsweise viel über das Verhältnis zwischen Text und Bild gelernt. Das Bild war nicht mehr bloß dazu da, den Text zu illustrieren, sondern es gab das Ereignis unmittelbar wieder und eignete sich besonders dazu, den Deutschen mit der großen, weiten Welt vertraut zu machen.

Diese Einsicht führte allerdings dazu, dass ich mit Cohn aneinandergeriet. Er konnte schlicht nicht einsehen, wieso man das lokale und regionale Interesse hintanstellen sollte. Einmal kam Cohn in heller Aufregung zu mir: »In der Brunnenstraße hat gerade ein Mord stattgefunden. Wir brauchen dringend ein Foto des Toten.«

»Ganz und gar nicht«, sagte ich. »Wen außerhalb von Berlin interessiert das? Unsere Aufgabe ist es zu drucken, was ganz Deutschland betrifft. Ganz im Ernst: Wenn etwas nicht von weltpolitischem Interesse ist, braucht man es nicht zu drucken.«

Ich blieb dieser Maxime treu. In der Anzeigenabteilung kämpfte ich etwa gegen die Befürchtung an, dass ein Inserent seinen Auftrag zurückziehen würde, wenn wir nicht zu seinem fünfzigsten Geburtstag ein Porträt von ihm brächten. Stets begegnete ich solchen Anfragen mit einem entschiedenen Nein.

Ich bin überzeugt, dass meine Sturheit in dieser Frage zum Erfolg der *BIZ* beitrug. Ohne Furcht kämpfte ich gegen Belanglosigkeiten, Spießertum und Kleinkariertheit.

In meiner Jugend hatte ich das Glück, etwas von der Welt zu sehen. In Odessa, wo ich einige Jahre verbrachte, sah ich die Ozeanschiffe ihre Fracht nach Indien und Afrika, nach England oder Deutschland tragen. Oft saß ich nachts am Meeresufer und fuhr in Gedanken mit. Später war es meine Aufgabe, solche Frachtschiffe zu chartern und beladen zu lassen. Ich lernte fremde Sprachen, machte Bekanntschaft mit der exotischen Bevölkerung eines Welthafens und traf andere Denk- und Lebensweisen an. All das trug dazu bei, meine Interessensgebiete zu formen und auszudehnen. Als ich schließlich als fünfter und letzter Bruder ins Familiengeschäft einstieg, kam mir dies sehr zugute.

Glücklicherweise traf ich in einer Abteilung des Verlags einen jungen Mann meines Alters, der auf vielen Gebieten mit mir gleicher Meinung war und dessen Eifer und Tüchtigkeit meine Aufmerksamkeit erregten. Sein Name war Kurt Korff. Er erwies sich als einer der vielseitigsten und begabtesten Männer, die jemals von Ullstein engagiert worden waren. Seine Umsicht, sein Ideenreichtum und sein Witz waren unerschöpflich. Obwohl er nie reiste und niemals Urlaub nahm, schien er am Broadway genauso zu Hause zu sein wie in Londons Oxford Street, in der Filmwelt wie auf der politischen Bühne, in Technik und Wissenschaft, in Kunst und neuester Damenmode. Zehn Jahre später, als ich ihm neben allen anderen Posten auch noch die Chefredaktion der *Dame* anvertraute (eines ultramodernen Gesellschaftsmagazins), stellte ich fest, dass es auch eine Frau nicht hätte besser machen können. Ihn zum Chefredakteur der *BIZ* zu machen war allerdings ein echter Coup gewesen.

Als wir beide fast zeitgleich die Direktion übernahmen, konnten wir kaum mehr als 60 000 Abonnements aufweisen. Bei Hitlers Machtantritt und unserem Weggang – also 30 Jahre später – waren die Verkaufszahlen auf rund zwei Millionen gestiegen. Und diese hohe Auflage erlaubte es uns, die besten Fotografen, Künstler und Korrespondenten zu beschäftigen.

Es mag auch für Laien von Interesse sein zu sehen, wie klein der Anteil der Fixkosten – also etwa Honorare von Fotografen und Autoren – im Budget einer auflagenstarken Zeitschrift ist. Jeder Geschäftsmann weiß, was man unter Fixkosten versteht: Man unterscheidet zwischen variablen Kosten, die je nach Höhe der Auflage ansteigen, und solchen Kosten, die fix bleiben, egal wie hoch der Absatz ist.

Der Verbrauch von Papier beispielsweise steigert sich mit der Anzahl der Exemplare, die gedruckt werden. Dasselbe gilt für die Druckkosten im Verhältnis zu den Stunden, die die Maschinen in Betrieb sind. Aber das, was für Herausgabe und Vertrieb bereitgestellt wird, bleibt fix – egal wie viele Exemplare verkauft werden. Je höher die Auflage, desto weniger fallen die Fixkosten pro einzelnem Exemplar ins Gewicht. Sogar relativ hohe Fixkosten wie beispielsweise 10 000 Mark pro Woche für Bilder und Artikel machen bei einer Auflagenhöhe von zwei Millionen Exemplaren nur einen halben Pfennig vom Preis eines Exemplars aus.

Die Gesamtkosten pro Exemplar von einer Zwei-Millionen-Auflage teilen sich wie folgt auf:

	Kosten pro Exemplar	Gesamtkosten pro Woche
Papierkosten	4 Pf	80 000 Mark
Druckkosten	4 Pf	80 000 Mark
Redaktionelle Arbeit	½ Pf	10 000 Mark
Reklame	¼ Pf	5000 Mark
Zustellung	¼ Pf	5000 Mark
	9 Pfennige	180 000 Mark

Bei einem Verkaufspreis von 20 Pfennig betrug unser Nettoerlös 10 Pfennig pro Exemplar – das bedeutete nach Abzug der Kosten 1 Pfennig Profit pro Exemplar oder einen Gesamtbetrag von 20 000 Mark. Dazu kamen die Einnahmen aus dem Anzeigengeschäft, die sich auf weitere 150 000 Mark beliefen. Daraus kann man leicht den Jahresgewinn errechnen, nämlich ungefähr 9 Millionen Mark. Man kann sich also vorstellen, wie wenig es ausmachte, ob der Artikel den Verleger 1000 oder 2000 Mark kostete.

Manches Mal war ich gezwungen, mich mit der Finanzabteilung anzulegen, die sich fortwährend über die »unnötig« hohen Honorare entsetzt zeigte, die der Herausgeber Korff an Autoren und Fotografen zahlte. Ich stellte mich aber immer hinter ihn, denn niemand wusste besser als wir, dass die verlockenden Gehälter die Grundlage unseres Erfolges waren. Autoren leckten sich die Finger danach, für die *BIZ* schreiben zu dürfen, und die freiberuflichen Fotografen boten uns ihre Fotos zuerst an. Unsere Großzügigkeit machte sich also bezahlt.

Sehr oft stellten sich Außenseiter als die besseren Mitarbeiter heraus. Ich hatte immer das Gefühl, dass eine der größten Befriedigungen, die ein Manager haben kann, darin besteht, erfolgreiche Umpflanzungen vorzunehmen – oder besser gesagt Leuten, die in einem Bereich tätig sind, der nicht zu ihnen passt, eine bessere Anstellung zu verschaffen. Einmal hatte ich die Gelegenheit, einen jungen Angestellten, der zuvor Umschläge mit Adressen versah, in einen unserer besten Herausgeber zu verwandeln. Er wurde Chefredakteur des *Uhu*. Aber mein größter Erfolg in dieser Hinsicht war Kurt Szafranski, ein technischer Zeichner, aus dem später der künstlerische Leiter des Verlags und einer der wichtigsten Mitglieder unseres Firmenvorstands wurde.

Szafranski war ein äußerst bemerkenswerter Mann: Künstler von unfehlbarem Geschmack, mit einem außergewöhnlichen Sinn fürs Publizieren, voll guter Ideen. Er wurde für viele Jahre der Generalbeauftragte für alle unsere Zeitschriften. Seine Fähigkeiten ergänzten sich mit denen von Korff. Zusammen bildeten sie ein vorbildliches Team – Korff repräsentierte die literarische und Szafranski die künstlerische Intelligenz.

Als Art Director nahm seine Bedeutung mit jeder neuen Zeitschrift zu – bis aus ihm der Direktor der gesamten Zeitschriftenabteilung wurde. Damit spielte er eine ähnliche Rolle wie etwa ein Filmproduzent. Ein Mann in dieser Position muss gut mit Zahlen umgehen und neue verlegerische Modelle entwickeln können. Er berät in Geschmacksfragen und macht Vorschläge zum Design. Es ist das Verdienst von Korff und Szafranski – und das Geheimnis des Erfolges der *BIZ* –, konsequent den Wechsel vom illustrierten Text zur Bildreportage vollzogen zu haben. Auf alle Fälle machten sie Schule. Konkurrenzblätter und Nachahmungen schossen wie Pilze aus dem Boden, was dem Erfolg unseres Produkts allerdings keinen Abbruch tat. Im Gegenteil, das Geschäft blühte. Die Beziehung zu den Konkurrenten war die einer Großmutter zu ihren Enkeln.

Das Betätigungsfeld von Korff und Szafranski blieb nicht auf den Kontinent beschränkt. Sie waren auch die eigentlichen Erfinder des amerikanischen *Life Magazines*. Szafranski – der später die Foto-Agentur Black Star in New York leitete – emigrierte kurz nach Korff aus Deutschland. Obwohl es in Amerika die großartigsten Zeitschriften gab, befasste sich nicht eine davon exklusiv mit Fotoreportagen. Also riefen sie Henry Luce an, den Verleger von *Time* und *The March of Time*, und versuchten, ihn für die Idee zu gewinnen, solch eine Zeitschrift zu gründen. »Ich bin überzeugt«, sagte Szafranski zu Luce, »dass diese Erfindung alles, was Sie bisher geschaffen haben, in den Schatten stellen wird.« Mr. Luce ließ sich nicht zweimal bitten.

Der verschlafene Lebensrhythmus des letzten Jahrhunderts wurde nun durch einen neuen, dynamischeren verdrängt. Ich war bereits alt genug, um den Wechsel bemerken zu können. Von der Postkutsche zur Eisenbahn, von Tinte und Löschsand zu Telegramm und Kabel, vom Segelschiff zum Dampfschiff – die neue Dynamik hatte sich überall durchgesetzt und alle Hindernisse überwunden, sogar die polizeilichen. Der Straßenverkauf von Zeitungen war lange Zeit von der Polizei unterbunden worden. Verkäufer auf den Bürgersteigen würden den Verkehr behindern, hieß es. Auch die städtischen Behörden waren gegen den freien Verkauf, weil sie an der Vermietung von Zeitungsbuden, in denen betagte Trafikanten im Halbschlaf auf den nächsten Kunden warteten, Geld verdienten. Mein verstorbener Vater, ein durch und durch fortschrittlicher Mensch, hatte diese Apathie oft beklagt. Leider hat er nicht mehr erleben können, wie das Verbot des Straßenverkaufs von Zeitungen schließlich gekippt wurde. Von da ab ging alles viel einfacher, und der Verkauf von Zeitungen und Zeitschriften zog an. Auch die Bedürfnisse der Zeitungsleser selbst veränderten sich. Sie wollten Schlagzeilen statt Leitartikel.

Zu diesem Zeitpunkt wurde den Ullsteins klar, dass sich die *Berliner Zeitung* in ihrer ursprünglichen Form überlebt hatte. Louis nahm es in die Hand, sie an die neue Zeit anzupassen. Und was tat er, um aus diesem Verlustunternehmen etwas Profitables zu machen? Die *Berliner Zeitung* erschien morgens und abends. Aber anstatt eine der beiden Ausgaben fallen zu lassen, was vielleicht nahegelegen hätte, fügte Louis eine dritte Ausgabe hinzu: die *B.Z. am Mittag*. Sie lebte vom Straßenverkauf, und ihr Erfolg übertraf alles seit der *Morgenpost*.

Am Mittag des 22. Oktober 1904 erscholl ein nie da gewesener Ruf in der ganzen Stadt: »Die *B.Z. am Mittag*! Die *B.Z.*! Die *B.Z. am Mittag*! Die neue Mittagszeitung ist da!« Von Anfang an regierte das Zeitungsblatt die Straßen. Eigens dafür ausgebildete Burschen in kecker Uniform durcheilten die ganze Stadt. Die Zeitungen wurden ihnen geradezu aus den Händen gerissen. Über Nacht war Berlin eine Metropole geworden, die in der *B.Z. am Mittag* ihre Zeitung fand.

Das Blatt hatte aus der Not eine Tugend gemacht. Es war unser dritter großer Wurf. Mittags waren die Arbeiter und Angestellten auf den Straßen unterwegs, zum Einkaufen und zum Mittagessen. Ein großer Teil der männlichen Kundschaft war scharf auf die neuesten Sportmeldungen, die in der Morgenausgabe noch nicht stehen konnten. Am Abend wären solche Meldungen nicht mehr so interessant gewesen, mittags dagegen wurden sie gierig verschlungen.

Die *B.Z. am Mittag* erwies sich als ein solcher Erfolg, dass die alte *Berliner Zeitung* mit ihrer Morgen- und Abendausgabe eingestellt werden konnte. Ihre Zeit war abgelaufen, sie zog sich von der Bühne zurück. Anfangs waren wir uns nicht ganz einig, ob wir das Recht hätten, den Grundstein, auf dem unser Vater den Verlag aufgebaut hatte, zu zertrümmern, aber schließlich sahen wir ein, dass er selber als Erster Platz für Neues geschaffen hätte – er hätte dem untergehenden Blatt nicht erlaubt, Verlust zu machen. Wir ließen es dahingehen – und wiederauferstehen wie der Phönix aus der Asche.

Mit der *B.Z. am Mittag* lockten wir ein ganz neues Lesepublikum an. Man las sie nicht mehr wie ein Buch zu Hause, sondern im Bus, in der U-Bahn oder der Straßenbahn. Alles, was die Leute brauchten, war ein flüchtiger Überblick über die Artikel, um zu sehen, was einem wichtig war: Den Broker und Aktienbesitzer interessierte das Neueste vom Aktienmarkt, die Sportfans die neuen Fußballergebnisse, während Mädchen und Frauen sich unverzüglich auf die Theater- und Unterhaltungsseiten stürzten. Daneben konnte jeder mit einem Blick alle Weltereignisse überschauen, die in einer neuen, präzisen Form dargeboten wurden. Während traditionelle Zeitungen von Menschen einer bestimmten Weltanschauung gelesen wurden, war die *B.Z. am Mittag* überparteilich ausgerichtet und sprach daher Leser unterschiedlichster politischer Couleur und Klassenzugehörigkeit an.

Die besten Journalisten, die besten Schriftsteller, die klügsten Kritiker der Theater-, Musik- und Filmwelt – alle wirkten sie mit an der *B.Z.* Eine Theaterproduktion, die in dieser Zeitung durchfiel, hatte wenig Aussicht auf Erfolg. Gute Kritiken sicherten dagegen volle Häuser. Autoren und Intendanten, Schauspieler und Filmstars behandelten das jüngste Kind des Ullstein Verlags deswegen auch ausgesprochen zuvorkommend. Da ein großer Teil der Leserschaft zu den vermögenden Klassen zählte, zog die Zeitung zahlreiche Inserenten an. Sie wurde zum Umschlagplatz für Autos, Mode, Kosmetik, Gastronomie, Spirituosen, Theater und Kino. Bald wurde die *B.Z.* zu unserem neuen Flagschiff.

Nicht zuletzt unsere Sportreporter trugen zu diesem Erfolg bei. Zu den Segelregattas, Fußballspielen, Wettrennen und Turnieren kamen sie im firmeneigenen Sportwagen, dessen blau-weiße Standarten bald mit der *B.Z.* identifiziert wurden. Wir begannen unsererseits, Autorennen und Flugwettbewerbe zu unterstützen. Das berühmteste Ereignis war ein Autorennen rund um die Welt – Start in New York, Ziel in Paris. Als unser Mann, Oberleutnant Hans Koeppen, 1908 das Rennen gewann, nachdem er Amerika, Japan und Russland durchquert hatte, wurde sein Weg von einer jubelnden Menschenmenge gesäumt, die von den Vororten Berlins bis zum Ullsteinhaus reichte.

Im selben Jahr machte ein weniger erfreuliches Ereignis die *B.Z.* zum Gegenstand allgemeiner Aufmerksamkeit. Im Oktober wartete die ganze Welt gespannt auf ein Interview, das der Kaiser einem Reporter des *Daily Telegraph* gewährt hatte. Nachdem der Text die Redaktion erreicht hatte, wurde ihr Chefredakteur unverzüglich von einem Sprecher des Kanzleramtes aufgefordert, den Abdruck zu verhindern. Leider kam die Aufforderung zu spät. Die Ausgabe war bereits im Druck und fast auf der Straße.

Im Folgenden zitiere ich Reichspressesprecher Geheimrat Otto Hammann aus seinem Buch *Um den Kaiser*:

> »Am 28. Oktober 1908 früh erhielt ich mit besonderem Boten eine Wolffsche Depesche im Durchdruck aus London: Kaisergespräche aus dem Daily Telegraph. – Man war ja manches gewöhnt, aber was da in der Depesche dem Kaiser in den Mund gelegt war, schien mir alles Dagewesene zu übertreffen. Natürlich dementieren. – Im Amt ging ich sofort zum Staatssekretär und legte ihm das Schriftstück vor. ›Können wir es noch unterdrücken?‹ – ›Unmöglich, in einer Stunde wird es die *B.Z. am Mittag* schon herausbringen. Wir müssen es sofort mit einer kräftigen Verwahrung abschütteln.‹ – ›Dementi!? Wir haben ja, während ich noch beurlaubt war, das ganze Manuskript hier gehabt, durchgesehen und gebilligt!‹ Nun war guter Rat teuer.«[2]

Was um Himmels willen enthielt der Text, der selbst Minister erzittern ließ? Im Gespräch mit dem Interviewer hatte der Kaiser einige politisch-naive und taktlose Bemerkungen fallenlassen. »Es wird gemeinhin in England geglaubt«, so der Kaiser, »dass Deutschland während des Südafrikanischen Krieges England feindlich gesinnt war.« Zumindest was die Regierung angehe, sei dies jedoch ganz und gar nicht der Fall gewesen. »Als der Burenkrieg auf seiner Höhe war, wurde die deutsche Regierung von Russland und Frankreich eingeladen, sich mit ihnen zu verbünden und England aufzufordern, dem Krieg ein Ende zu machen. – Was war meine Antwort? Ich sagte, dass Deutschland, weit entfernt, sich einem europäischen Vorgehen anzuschließen ...«

Wie man sich denken kann, erboste diese spezielle Indiskretion die beiden kompromittierten Nationen. Der wirkliche Feind, so der Kaiser weiter, lauere dagegen im Osten – womit er sich gleich auch noch Japan zum Feind machte. Und immer so weiter.

Der *Daily Telegraph* bat um Erlaubnis für den Abdruck des Interviews. Der Kaiser las den Brief und leitete ihn weiter an den Kanzler Fürst Bülow – der jedoch im Urlaub war. Also wurde der Brief ans Auswärtige Amt weitergeleitet, wo er von einem untergeordneten Beamten begutachtet wurde. Dieser Mann traute sich nicht, die Worte des Kaisers zu zensieren, und gab das Interview ohne Änderungen frei.

Die Bombe explodierte. Der Welt verschlug es den Atem. So viel Mangel an Taktgefühl war in der gesamten Geschichte der Diplomatie beispiellos. Der Deutsche Reichstag, von dem ein gekröntes Haupt noch nie kritisiert worden war, legte Protest ein und forderte, dass dem Kaiser untersagt werde, politische Verlautbarungen zu machen, ohne die Zustimmung des zuständigen Ministers einzuholen. Der Kanzler entschuldigte sich im Namen des Kaisers und verkündete, dass seine Majestät sich von nun an zurückhalten wolle.

Dies war eine Schicksalsstunde für Deutschland. Für einen Moment war die Chance zum Greifen nah, das auf autokratische Weise regierte Deutschland zu einem freiheitlich und parlamentarisch regierten Staat umzugestalten. Doch was geschah? Der Reichstag mag ein paar gute Redner gehabt haben, aber er hatte keine Staatsmänner. Die Gelegenheit zog ungenutzt vorüber. Wenn in diesem Augenblick die aggressive Haltung der deutschen Politik in eine andere Richtung gelenkt worden wäre, hätte die Weltgeschichte einen anderen Verlauf genommen. Das zweite Mal seit dem Tode Kaiser Friedrichs hatte das Schicksal an Deutschlands Tür gepocht. Wären die Zügel nicht in die Hände seines unfähigen Sohnes gefallen, der Weltkrieg sechs Jahre später wäre vielleicht nie ausgebrochen. Aber der entscheidende Moment traf auf unentschiedene Geister. Mit welchem Resultat?

Der Kaiser, dem erlaubt worden war, nach Gutdünken zu handeln, vermasselte die Politik so nachhaltig, dass alle anderen Nationen ihre kleinen Differenzen beilegten, um sich gegen Deutschland zu verbünden. Frankreich, das gerade im afrikanischen Faschoda eine Niederlage gegen die Engländer hatte hinnehmen müssen, litt noch immer unter dieser Demütigung. Dennoch reichten sich die beiden Gegner die Hände. Auch Russland war mit England im Konflikt. Nichtsdestotrotz verbündete sich auch Russland mit seinen Feinden gegen den großen Unruhestifter Deutschland. Kein Wunder, dass Deutschland sich umzingelt fühlte. Dennoch wollte kaum jemand wissen, welche Ursachen dieser Isolation zugrunde lagen oder wer hierfür verantwortlich war.

In dieser kritischen Situation spielte die *B.Z. am Mittag* die Rolle des Wächters. Die Schnelligkeit des Abdrucks verhinderte, dass die Torheiten des Kaisers vertuscht und – wie vom Reichspressesprecher in Betracht gezogen – totgeschwiegen werden konnten. Es war nicht der Fehler der *B.Z.*, dass die Nachricht auf taube Ohren stieß. Mit der Veröffentlichung des Interviews hatte sie den Stein immerhin ins Rollen gebracht, und es gab keinen Grund anzunehmen, dass es für die Regierung zu spät war, eine Kursänderung vorzunehmen und Deutschlands Außenpolitik in friedlichere Bahnen zu lenken.

Zwanzig Jahre später, als ich Fürst Bülow in Rom einen Besuch abstattete, schaute er mir, als wir auf das Thema kamen, tief in die Augen und sagte: »Ich würde gerne wissen, ob Ihnen klar ist, wie viele Skandale ich während meiner Kanzlerschaft gerade noch verhindern konnte. Wenn der Reichstag mich bloß besser verstanden und von seiner Macht besseren Gebrauch gemacht hätte, als ich die Entschuldigung des Kaisers einreichte. Was für eine wundervolle Gelegenheit da verloren ging! Der Dilettantismus des Kaisers ist schuld am Ausbruch des Weltkriegs.« Die weitere Unterredung blieb einigermaßen theoretisch, denn der Krieg mit seinen schrecklichen Folgen lag hinter uns.

Als Gast des Fürsten fühlte ich mich nicht in der Lage, meiner Meinung freimütig Ausdruck zu geben. Sonst hätte ich angemerkt, dass unter den damaligen Umständen mit seiner Abdankung dem Vaterland besser gedient gewesen wäre. Die Abdankung eines Kanzlers hätte den Deutschen die Augen öffnen können, bevor es zu spät war. Bülow hätte Reichstagsabgeordneter werden und in dieser Funktion und mit Unterstützung der Öffentlichkeit gegen die Politik des Kaisers opponieren können. Aber leider verstanden weder er noch irgendein anderer Minister, von der Macht der öffentlichen Meinung Gebrauch zu machen. Wir von der Presse konnten lediglich unsere Hilfe anbieten – die Regierenden hätten dies besser nutzen sollen.

Mit der *Morgenpost*, die täglich von einer halben Million Bürgern gelesen wurde, mit der *BIZ*, die eine Auflage von zwei Millionen hatte, und mit der *B.Z. am Mittag*, die in alle Kreise der Bevölkerung drang, waren wir die größten Repräsentanten der öffentlichen Meinung. Vielleicht trifft auch uns eine Teilschuld. Auch wir hätten von der Macht, die wir selbst geschaffen hatten, besseren Gebrauch machen können.

Werbeplakat für »Ullstein-Bücher« als Reiselektüre

FÜNFTES KAPITEL

Die Zeit der Konsolidierung

IM LAUFE IHRES INZWISCHEN drei Jahrzehnte währenden Daseins war die Firma Ullstein enorm gewachsen. Das veranlasste einen Humoristen dazu, die Geschichte der drei Löwen zu erzählen, die aus ihrem Käfig ausbrachen, das Verlagshaus heimsuchten und einige Direktoren verschlangen – ohne dass es jemandem auffiel. Ja, es war nicht zu leugnen: Die Firma war sehr groß geworden, und sie sollte noch weiter wachsen. Als Hitler an die Macht kam, hatten wir 10 000 Angestellte, deren Jahreseinkommen sich auf 23 Millionen Mark belief. Allein die Papierkosten erreichten eine ähnlich hohe Summe. Der Jahresumsatz betrug 70 Millionen Mark.

Zu den drei Säulen des Unternehmens gesellte sich eine vierte. Deren Keimzelle war ein unbedeutendes Hausfrauenblatt, das wir 1905 einem kleinen Verleger namens Friedrich Schirmer abkauften. Damals hatte ein Buch mit dem Titel *Wie Edward Bok Amerikaner wurde* von einem Holländer namens Bok großen Eindruck auf mich gemacht. Der Autor war Miteigentümer des großen Verlagshauses Curtis in Philadelphia, einer Firma, die viele Jahre lang nur drei Zeitungen herausbrachte: *The Saturday Evening Post*, *The Lady Home Journal* und *The Country Gentleman*, allesamt Spitzenerzeugnisse des Journalismus. In dem Buch beschrieb Bok, wie entschlossen die Firma auf ihr Ziel zugearbeitet hatte, aus diesen drei Magazinen die weltweit besten ihrer Art zu machen. Ihr Prinzip bestand darin, sich nicht zu verzetteln und von anderen Interessen ablenken zu lassen.

Obgleich wir Ullsteins einer anderen Firmenphilosophie anhingen, versuchte ich, unsere Ziele mit einer ähnlichen

Intensität zu verfolgen. Zu diesem Zweck arbeitete ich oft 18 Stunden am Tag, auch während der Sonntage, an denen ich mich der Lektüre widmete, die sich unter der Woche angesammelt hatte. Ich las Manuskripte von Autoren, die mich persönlich dazu drängten, überprüfte Artikel, die in Druck gingen, analysierte die Zeitschriften der Konkurrenz – es war meine Aufgabe, ihre Produkte mit unseren zu vergleichen. An vielen langen Abenden blieb meine Frau an meiner Seite, las mit, machte Vorschläge und diskutierte Probleme mit mir. Am Montagmorgen, nach weniger als sechs Stunden Schlaf, weckten wir unsere Lebensgeister mit starkem Kaffee und begrüßten die neue Woche.

Die oben genannte Hausfrauenzeitschrift wurde zum Sprungbrett für eine ganze Reihe von Projekten. Wir begannen damit, die allzu schwach ausgebildete Modeabteilung auszubauen. Sie sollte zum Rückgrat des Blattes werden. Wir stellten fest, dass Modellkleider für Frauen, die selber schneiderten, besser ankamen als langweilige Ratgeber zur Fleckentfernung und Teppichbehandlung. Letzteres ist nicht gänzlich uninteressant, aber es ist allemal attraktiver, den Leuten beizubringen, wie man sich schick kleiden kann, ohne ein Vermögen auszugeben.

Mit vollen Segeln schickten wir unser jüngstes Druckerzeugnis auf die Reise, und innerhalb kürzester Zeit stieg die Auflage von 30 000 auf eine halbe Million. Anfangs nahm *Das Blatt der Hausfrau*, das von mir persönlich protegiert wurde, meine ganze Energie in Anspruch. Es war schon ein erstaunliches Gebilde, das wir uns angelacht hatten: Unter anderem gab es eine regelrechte Schneiderwerkstatt, in der rund fünfzig ausgebildete Modemacher Schnittmuster für Leserinnen entwickelten, die ihre Kleidung selber nähten. Wollte eine unserer Leserinnen sich ein Kleid machen, das sie in der Zeitschrift gesehen hatte, dann bestellte sie ein Schnittmuster, das nach ihren Maßen extra hergestellt wurde. Das nahm Zeit in Anspruch – etwa zwei Wochen.

Dieses neue Betätigungsfeld, mit all seinen Fortschritten und Rückschlägen, erregte die Neugier eines jungen Mannes, der erst kürzlich in unsere Firma eingetreten war. Als unbedeutender Büroangestellter in der Filiale eines großen Bankhauses wurde uns Francis Hutter von seinem Freund, dem berühmten Pianisten Arthur Schnabel, empfohlen. Hutter studierte mit kritischem Blick und scharfem Verstand die Organisation unseres Hauses. Kaum einige Monate nach seinem Eintritt überraschte er mich mit der Frage, ob ich nicht dächte, dass es von einer Leserin zu viel verlangt war, zwei Wochen lang auf ein Schnittmuster warten zu müssen. Könnten wir nicht die Schnittmuster in verschiedenen Standardgrößen auf Lager haben? Die eine oder andere Größe würde nahe genug an die Maße der Kundin heranreichen, und jede Frau würde in der Lage sein, die notwendigen kleinen Änderungen selber vorzunehmen.

Dieser simple wie geniale Gedanke wurde sogleich zum Ausgangspunkt einer weitreichenden Reform. Mit ungeheurem Enthusiasmus ging Hutter ans Werk, und nach ein paar Monaten stand das Projekt auf festen Füßen. Neben der rettenden Idee von David Cohn für die wöchentliche Subskription erwies sich Hutters Vorschlag als wertvollster Beitrag eines Neulings.

Hutter machte bei Ullstein Karriere. Klein angefangen, stieg er bis zum Leiter der gesamten Vertriebsabteilung auf und wurde zu einem unserer erfolgreichsten Direktoren. Äußerst clever, kreativ und zäh in der Ausführung seiner Ideen hinterließ er das Bild eines Mannes, der, ohne vom Fach zu sein, allein durch Offenheit und Verstand die Leute für sich einnahm. 1914 reichte er seinen Abschied ein, um nach Amerika zu emigrieren. Schweren Herzens ließen wir ihn ziehen. Auch dort stellte er seinen Wert unter Beweis. Er wurde einer der höchsten Manager von McCall's Schnittmustern, einem riesigen Konzern, den in Amerika jeder kannte.

Kurz nach Hutters Abgang wurden wir von drei verschiedenen Warenhäusern aus Hannover, Breslau und Frankfurt angefragt, ob sie unsere Schnittmuster vertreiben dürften. Die Koinzidenz verblüffte mich und erregte meine volle Aufmerksamkeit: Nachdem wir darüber nachgedacht hatten, entschieden wir uns tatsächlich dafür, unsere Schnittmuster von Warenhäusern vertreiben zu lassen.

Die Schnittmuster waren der sonderbarste Massenartikel, den man sich denken konnte, denn in der Regel musste ein Artikel, der für Massenproduktion infrage kam, völlig identisch in großen Mengen produziert werden können. Nur unter dieser Bedingung blieb er bezahlbar. Die Schnittmuster mit ihren nahezu 2000 verschiedenen Modellen im Jahr boten sich also nicht gerade dazu an – rein theoretisch konnte man nicht viel Profit erwarten. Dennoch erwies sich das Geschäft als äußerst vorteilhaft für uns, weil der Einzelhandel, der unsere Schnittmuster führte, sogar Verluste in Kauf nahm, um seine Kunden zum Erwerb von Schneiderwaren zu verführen. Es waren schließlich die Schnittmuster, die die Stoffe attraktiver machten. Ohne Schnittmuster wären die Schneiderwaren für die Hausfrau nutzlos. Bald sollten deutschlandweit 2000 Warenhäuser miteinander um das Privileg wetteifern, unsere Schnittmuster vertreiben zu dürfen. Wir hatten unsere eigenen Verkaufsstände in deren Hauptetagen – gleich neben der Stoffabteilung. Die Warenhäuser stellten uns ihr Verkaufspersonal zur Verfügung und setzten auf eigene Kosten unsere Vorgaben um. Sie machten sogar

Reklame für unsere Schnittmuster in den Zeitungen: Wir lieferten die Anzeige, sie zahlten. Auf diese Weise setzten sich Ullstein-Schnittmuster in ganz Deutschland durch.

Die enormen Verkaufszahlen – sie beliefen sich jedes Jahr auf einige Millionen – ermutigten mich, meine eigenen Werbeideen zu entwickeln. Wir begannen Slogans zu erfinden, zum Beispiel diesen, der zu einem geflügelten Wort wurde:

»Sei sparsam, Brigitte,
nimm Ullstein-Schnitte!«

Diese Werbesprüche waren eine bis dahin unbekannte Form der Reklame. Sie eroberten die Bühne, wurden gesungen und im Kabarett parodiert – Gratisreklame für uns.

Weil wir bald nicht mehr genug Platz für die Schnittmusterabteilung hatten, mieteten wir ein paar Häuserblocks weiter drei Stockwerke im Kaufhaus Jordan an. Zwei der Stockwerke waren für Management, Werbung, Buchhaltung, Statistik und Lagerung reserviert, im dritten Stockwerk waren die Schneiderwerkstätten untergebracht sowie die Werkstätten, die für 2000 Warenhäuser die Schaufensterdekoration vorbereiteten. Jedem Warenhaus wurden Schaufensterpuppen geschickt, die mit dem neuesten Modellkleid aus Papier bekleidet waren. Diese Papierkleider sahen so echt aus, und die Seide, die Wollstoffe und sogar die Pelzimitationen wirkten so überzeugend, dass eines Nachts die Schaufenster von Einbrechern eingeschlagen wurden. Die Diebe schäumten vor Wut über ihren Irrtum. Sie zerstörten nicht nur die Modelle, sondern auch die Schaufensterpuppen.

Wie konnte dieser Markenartikel so erfolgreich werden? In der Herstellung kostete er nur einen Bruchteil seines Verkaufspreises. Die Kosten für die Herstellung eines Schnittmusters betrugen 7 Pfennige – verkauft wurde es für eine Mark. Obwohl die Gewinnspanne außerordentlich groß scheint, ist sie dennoch gerechtfertigt, da durchschnittlich nur 62 von jedem Hundert verkauft wurden. Die Restposten besaßen nur noch den Wert von Altpapier.

Darin liegt der große Unterschied zwischen diesen und anderen Markenartikeln. Rasierklingen zum Beispiel behalten ihren Wert, egal wie lange sie lagern; ein Modeartikel ist dagegen abhängig von den Launen des Geschmacks und des Moments. Er verliert seinen Wert, sobald er zu altern beginnt. Im Übrigen sind die Herstellungskosten nicht identisch mit den Gesamtkosten eines Produkts. Die Ausgaben für Vertrieb, Werbung, Verpackung und Verfrachtung schlagen ebenfalls mit 30 Pfennig zu Buche. Den Warenhäusern wurden für Großabnahmen außerdem Rabatte eingeräumt. Die Lagerhaltung war aufwendig. Schaufensterpuppen mussten in entlegene Städte verfrachtet, die Verkäufer ständig geschult, die Handelsreisenden bezahlt werden. Kurzum: Die Kosten waren beträchtlich. Der enorme Umsatz rechtfertigte dennoch den eher kleinen Profit pro Stück. Was mich persönlich betrifft: Mir verschaffte dieses rein kommerzielle Unternehmen einen Ausgleich zu all den intellektuellen Herausforderungen. Außerdem machte es mir Freude zu sehen, wie sich dieses Projekt im Takt des technischen Fortschritts immer weiter perfektionierte.

Vielleicht noch ein letztes Wort zu diesem Thema: Sogar in den Vereinigten Staaten blieb Hutter für uns eine Quelle der Inspiration. Es war ihm zu verdanken, dass man Tausende anstatt nur Hunderte von Schnittmustern in wenigen Minuten herstellen konnte. Er empfahl uns, eine riesige Rotationsdruckmaschine zu installieren, die imstande war, Papierstoffe zu bedrucken, ohne sie zu zerreißen. Er schickte uns ein Beispiel von McCall's Schnittmustern, und wir folgten dankbar seinem Rat. Als ich 1926 das erste Mal nach Amerika fuhr, war es eine große Freude, Hutter in seinem Direktorensessel sitzen zu sehen und festzustellen, dass er trotz seiner zahlreichen Verpflichtungen derselbe hilfsbereite Mann wie früher geblieben war, der immer willens war zuzuhören, zu ermutigen und zu beraten.

Je bekannter Ullstein wurde, desto größer wurde auch die Versuchung (der die Curtis-Gruppe widerstanden hatte), in andere Märkte vorzudringen. Auf einer Reise nach Schottland im Mai 1909 kam mein Bruder Franz mit dem Verlagshaus Thomas Nelson und Company aus Edinburgh in Kontakt. Ihm fiel auf, dass man offenbar auch mit billigen Büchern gutes Geld verdienen konnte, wenn man es nur richtig anging. Der durchschnittliche Preis für ein Buch betrug in England 5, 6 oder 7 Shilling. Nelson jedoch verlegte gut gebundene Bücher zum Preis von einem Shilling. Zwei Dinge waren ausschlaggebend: Zum einen die hohe Auflage, zum anderen besaß er wesentlich bessere Maschinen als die Konkurrenz. Als Nelson uns anbot, auch für uns Bücher in hoher Auflage zu drucken, fackelten wir nicht lange und unterschrieben einen Vertrag, mit dem wir uns verpflichteten, ihm Romanmanuskripte zu liefern, die er in einer Auflagenhöhe von 25 000 Stück drucken lassen konnte. Von Anfang an waren diese Bücher, die wir »Ullstein-Bücher« nannten, ein solcher Erfolg, dass wir bald nicht 25 000, sondern 100 000 pro Titel in Auftrag gaben.

Auch die Reklame passten wir dem Konzept an. Anstatt für einzelne Bücher annoncierten wir für die ganze Reihe – wodurch wir Werbekosten sparten. Der deutsche Buchhandel beobachtete all dies mit Erstaunen, das noch wuchs, als sich zeigte, welch enorme Tantiemen wir den Autoren zahlten.

Nach amerikanischem Vorbild setzten wir in der Werbung ganz auf den Humor, und indem wir für die komplette Reihe warben, erschufen wir eine neue Marke. Die Hunderttausende von Mark, die wir für Werbung ausgaben, erwiesen sich als gut angelegt, denn die gesamte Ullstein-Buchreihe profitierte davon.

Immer wieder musste ich gegen den alten Irrglauben ankämpfen, dass Reklame eine Ware teurer macht. Die Erfahrung lehrte mich das Gegenteil. Werbung fördert den Verkauf, und die Zunahme des Verkaufs macht den Artikel in der Herstellung billiger. »Wenn es wahr ist«, so fragt sich der gesunde Menschenverstand, »dass trotz hoher Ausgaben für die Werbung der Preis der Ware nicht steigt – dann fragt es sich doch: Wer zahlt für die Reklame?« Die Antwort ist: »Die Konkurrenz, die keine Werbung macht!«

Vicki Baum, die Autorin von *Menschen im Hotel*, einem Roman, der als Vorabdruck in der *Berliner Illustrirten* erschien und dann als Buch auf den Markt kam, fragte mich einmal, warum gerade dieses Buch so viel mehr verkauft worden sei als alle früheren. Zur Erklärung bemühte ich folgenden Vergleich: Es gibt kaum einen Flecken in New York, von wo man nicht eine Reklame für Chesterfield-Zigaretten sehen kann. Scheinbar ohne eigenes Zutun gräbt sich der Name ins Gedächtnis der Menschen. Nehmen wir nun an, ein Mann betritt ein Geschäft, um sich Zigaretten zu kaufen, und auf der Theke sieht er verschiedene Zigarettenpackungen liegen – eine mit dem Namen Chesterfield und eine mit dem Namen Kavallah, eine Marke, von der er nie gehört hat. Obwohl er kein Freund von Reklame ist, wird dieser Mann ohne zu zögern nach den Chesterfield greifen, weil der Name längst durch die Augen in sein Unbewusstes eingedrungen ist. Mit Büchern geht das genauso. Nehmen wir an, Sie betreten eine Buchhandlung. Dutzende von Büchern liegen auf der Theke. Darunter ist eines, das in der *New York Times* beworben worden ist. Sie müssen die Werbung gar nicht bewusst zur Kenntnis genommen haben – Ihr Auge hat dennoch eine mentale Momentaufnahme gemacht und Ihre Ohren haben den Laut registriert. Falls der Roman zudem erst kürzlich in einer Zeitschrift abgedruckt wurde, könnten Sie freilich auch das Gefühl haben, ihn lesen zu müssen, um mitreden zu können – ein sicheres Rezept für einen Bestseller.

Wie man sich denken kann, setzten wir auf dem Feld der Werbung bald neue Maßstäbe. Die bis dahin übliche nüchterne Reklame wich wirksameren Formen: Es reichte nicht mehr, den bloßen Namen eines Artikels zu nennen (»Ullstein-Buch – 1 Mark«). Es wurden mehr Informationen erwartet und eine persönliche Handschrift. Wir druckten das Bild einer Dame, die am Bahnhof von ihrem Gatten Abschied nimmt: »Ach, mein Lieber«, sagt sie beim Besteigen des Waggons, »hol mir doch bitte noch ein Ullstein-Buch, die sind so preisgünstig, weißt du!« Der Hinweis auf die Erschwinglichkeit geht Hand in Hand mit einer anmutigen Darstellung und wird dadurch genießbar.

Bald begannen wir nicht nur, unsere eigene Reklame, sondern auch die Werbung unserer Inserenten zu gestalten. Und es gelang uns, auch noch das trockenste Thema in eine attraktive Form zu bringen. Ich schrieb sogar ein Buch über die Kunst der Reklame, in dem ich versuchte zu erklären, wie selbst der langweiligste Gegenstand ansprechend präsentiert werden kann, wenn der Nachdruck nur auf seiner Anwendung und Wirkung liegt. Man sollte eben nicht die Schuhcreme, sondern die glänzenden Schuhe zeigen. Nicht die Gesichtscreme, sondern ein strahlendes Antlitz. Nicht den Kühlschrank, sondern die frischen Lebensmittel. Kurzum:

Es ging um die Vorstellung dessen, wie ein Gegenstand das Leben bereichert. Allein sie macht eine Werbung attraktiv.

Unsere Reklameabteilung machte einen jährlichen Umsatz von 30 Millionen Mark. Wir orientierten uns an Amerika und England – diese Länder waren Meister darin, Reklame witzig und charmant zu gestalten. Unübertroffen etwa die Werbung für eine Lebensversicherung: ein 60-jähriger Mann, der sich selbst huckepack trägt. »Wollen Sie sich immer noch selber tragen, wenn Sie sechzig sind?«, fragt die Firma. »Oder sollen wir es für Sie tun?« Bovrils »My poor Brother«, die Werbung für His Master's Voice Grammophone und Maple's »Sie heiraten – wir kümmern uns um den Rest!« waren ebenso clever.

Obgleich es nicht einfach war, den nüchternen deutschen Geschäftsmann von diesen Methoden zu überzeugen, können wir uns rühmen, ihm die Augen für die modernen Zeiten geöffnet zu haben.

Aber nicht nur die Werbung, sondern auch den Vertrieb nahmen wir sehr ernst. Wir analysierten den Versand und die Vertriebsgebiete, schulten unsere Vertreter und kontrollierten die Statistiken, damit wir keine falschen Schlüsse aus den Zahlen zogen – denn Rückgänge und Unebenheiten müssen nicht immer auf Fehler des Verkäufers zurückgehen, sondern können politischen Umständen, schlechtem Wetter, einer stürmischen Entwicklung des Aktienmarkts oder einer neuen Gesetzgebung geschuldet sein. Ich hielt Ausschau nach einem Außenseiter – in dankbarem Gedenken an die guten Erfahrungen, die ich mit Nicht-Experten gemacht hatte. Der Mann, den ich für meine Zeitschriftenabteilung einstellte, war zuvor im Handel mit Maggi-Suppenwürfeln tätig gewesen. Sein Name war Otto Krüger, und er machte sich begeistert an die Arbeit. Vor allem verstand er es, auch seine Mitarbeiter zu motivieren, die stets ihr Bestes für ihn gaben.

Er ließ Preise ausschreiben für die besten Verkaufsergebnisse und ließ Schiefertafeln anbringen, auf denen die Rekordleistungen dokumentiert wurden. Kurz: Er wusste, wie man den Verkäufer bei der Ehre packte und die Verkaufszahlen in die Höhe trieb.

Zur gleichen Zeit gründeten wir eine Wochenzeitschrift für Kinder mit dem Titel *Der heitere Fridolin*. Sie wurde von 300 000 Kindern abonniert und war auch für uns selbst ein steter Quell der Freude. Dem jugendlichen Leser bot sie Wissensvermittlung auf populäre Weise und nebenbei jede Menge Spaß und Spannung. *Der heitere Fridolin* war voller Geschichten, Artikel und bunter Bilder, leicht zugänglicher Beschreibungen von großen Erfindungen, Wunder der Technik, der Astronomie und der Meereskunde; dazu gab es ein Quiz und ein Rätsel. Auf seinen Seiten konnte der Leser erfahren, warum der Himmel blau ist und prähistorische Ungeheuer einstmals den Erdboden erschütterten. Bilder von fliegenden Fischen und fleischfressenden Pflanzen machten ihn mit den phantastischen Aspekten der Natur bekannt, auch Geschichten mit den Helden und Göttern der Antike wurden geboten. Erstaunlich war, dass wir mit diesem Konzept sogar den Amerikanern etwas voraushatten. Welchen Erfolg die Comicstrips drüben auch haben mochten, sie konnten wohl kaum den Wissensdurst eines Kindes befriedigen.

Die Gründung des *Heiteren Fridolin* zog weitere Produkte für Kinder nach sich. Wir hatten großen Erfolg mit Fridolin-Büchern für Kinder und Fridolins Taschenspielen – Spielzeugen aus Papier, sehr erschwinglich und in Papiertüten anstatt in Kartons verpackt. Es gab auch eine Sammlung von Märchen unter dem Titel *Oma in der Tüte*, aber auch Brettspiele mit Würfeln und Spielkarten. Sie waren sehr beliebt, nicht zuletzt wegen ihrer leichten Papiertüten.

Der Clou war allerdings, den heiteren Fridolin selbst als Zirkusfigur auf Kinderfesten und an Urlaubsorten auftreten zu lassen. Überboten wurde diese Idee noch von Bruno Russ, unserem Promotion Manager. Er bestand darauf, dass ich für die Feste einen lebendigen Elefanten organisierte. Nie zuvor war ich in einer solchen Verlegenheit gewesen. Woher sollten wir bloß einen Elefanten nehmen? Nun gut, wir haben es irgendwie hinbekommen. Kasimir – wie er von uns getauft wurde – erwies sich als ein entzückendes Geschöpf und wurde alsbald unser aller Liebling. Die Kinder waren ganz versessen auf ihn. Der Auftritt vom heiteren Fridolin in Begleitung von Kasimir war nichts weniger als ein Triumph. Der finanzielle Erfolg dieser Veranstaltungen war bescheiden, aber sie brachten Spaß und trugen zweifelsohne zur Popularität unserer Firma bei.

Meine Abteilung wuchs um einige weitere Monatsmagazine. Darunter: *Die Dame*, *Koralle*, *Uhu* und *Der Querschnitt*. Die Geburt des *Uhu* geschah auf eine für uns sehr ungewöhnliche Weise. »Dick wie ein Buch, clever und unterhaltsam, geistreich und überall erhältlich«, lautete der Werbespruch, der schon vor dem Erscheinen für Aufsehen sorgte. Als dazu noch ganzseitige humoristische Zeichnungen in allen großen Zeitschriften erschienen, wurde die Geburtsstunde des *Uhu* mit Spannung erwartet – und erst einmal um eine Woche verschoben. Die Reklameabteilung machte aus der Not eine Tugend und brachte ein Bild heraus, das eine Familie in ihrem Wohnzimmer beim Empfang eines Telegramms zeigte. Der Text lautet: »UHU kommt erst nächste Woche raus.« Woraufhin die Hausherrin ohnmächtig zusammensinkt und der Rest der Familie fassungslos nach Luft schnappt. Dieser humoristische Stil in der Werbung machte Schule und brachte unserer Firma Hunderte und Tausende von neuen Lesern.

Der Querschnitt war ein gänzlich andersgeartetes Produkt. Als Magazin für Literatur, Kunst und Gesellschaftskritik hatte er – wie vielfach bemerkt wurde – Ähnlichkeit mit Amerikas *New Yorker*. Als monatlich erscheinendes Magazin für den literarischen Feinschmecker war der *Querschnitt* nicht darauf aus, die Welt zu erobern, aber er erreichte den Intellektuellen, den Belesenen, den Gebildeten, der lieber hochmütig lächelt, als geradeheraus zu lachen.

Sein Gründer Alfred Flechtheim war ein Kunsthändler, dessen Witz und Intelligenz ihm viele Freunde beschert hatten. *Der Querschnitt* blieb jedoch ein Geheimtipp, ein Blatt für eine kleine Clique und im Übrigen eine finanzielle Bürde für seinen Gründer – solange nicht die Macht eines großen Verlagshauses hinter ihm stand. Also brachte Flechtheim uns sein liebstes Kind und bat uns, dafür zu sorgen. »Seid gut zu ihm«, sagte er, »ich habe anderes zu tun.« Hatten wir natürlich auch. Aber es machte uns Spaß, neben all den populären Sachen eine so exquisite Delikatesse herauszubringen. Niemals ist mir eine amüsantere Gruppe von Herausgebern untergekommen als diejenige des *Querschnitts*.

Hermann von Wedderkop, der Chefredakteur, vermied es, sich allzu oft im Büro zu zeigen. Seine Kollegen beklagten sich über ihn: Er würde ihnen die ganze Arbeit überlassen. Ich sprach Wedderkop darauf an und wies vorsichtig darauf hin, dass ein Besuch im Büro alle drei Wochen vielleicht nicht ganz ausreichend sei.

»Nicht ganz ausreichend!« Wedderkop schnappte nach Luft. »Es ist viel zu oft. Und was soll das überhaupt? Ist *Der Querschnitt* nicht die beste Zeitschrift in ganz Europa?«

Obgleich wir in dieser Angelegenheit nicht übereinkamen, musste ich gestehen, dass an seinem Argument etwas dran war. *Der Querschnitt* druckte schließlich die bedeutendsten

Autoren, nicht nur Deutschlands, sondern der Welt – unter ihnen etwa Pirandello, Proust, Jean Cocteau, Virginia Woolf und Thomas Mann. *Der Querschnitt* tat sogar etwas, das sich keine andere Zeitschrift traute: Er druckte die Werke seiner Autoren in der Originalsprache ab.

Bis dahin hatten wir Ullstein-Brüder wenig Grund zur Klage. Nach den ersten zehn Jahren des neuen Jahrhunderts konnten wir mit Fug und Recht sagen, dass der Aufbau und die Konsolidierung der Firma abgeschlossen waren. Zu diesem Zeitpunkt verdunkelte nicht ein Wölkchen unseren Horizont. Unsere Verlagsideen hatten sich bewährt. Der Enthusiasmus, mit dem die Unternehmungen begannen, verbunden mit der Bereitschaft der einzelnen Abteilungen, miteinander zu kooperieren, verhalf uns zum Erfolg. Natürlich hat jede Geschäftsidee zunächst einmal enorme Summen verschlungen, aber die Erfahrung hatte uns gelehrt, dass großer Profit nur unter Aufbietung großer Mittel möglich ist – wenn nötig eben von Hunderten, Tausenden und sogar Millionen von Mark.

Dies alles ging gut bis zum Jahr 1913. In diesem Jahr trat der Vertreter einer Bank namens Speyer-Ellissen an uns heran und bot uns die altehrwürdige *Vossische Zeitung* an, die berühmteste Zeitung Berlins, die im Jahr 1705 gegründet worden war.

Der Kaufpreis betrug acht Millionen Mark – kein kleines Risiko. Selbst wenn er in Raten abgezahlt werden konnte, ein Fehlschlag von solchem Ausmaß würde die Grundfesten unserer Firma erschüttern. Andererseits war die Vorstellung unwiderstehlich, Besitzer einer Zeitung zu werden, die schon 200 Jahre lang deutsche Geschichte schrieb. Nicht ohne Ehrfurcht nahmen wir zur Kenntnis, dass in den Archiven dieser hochangesehenen Zeitung in Schweinsleder gebundene Folianten lagerten, die aus einer Epoche berichteten, da Berlin nicht mehr als 17 000 Einwohner zählte. Damals gewährte der König seinem Untertan Johann Michael Rüdiger das Privileg, eine dreimal wöchentlich erscheinende Zeitung herauszugeben, deren Format einem gewöhnlichen Notizheft entsprach. Die Titelseite war für Hofnachrichten reserviert, bestehend aus schlichtweg belanglosen Mitteilungen – allerdings nicht ohne Unterhaltungswert.

An diesem Tag – so wird uns etwa mitgeteilt – fuhren seine Majestät aus, kehrten um 12 Uhr 15 wieder und nahmen dann gemeinsam mit den Prinzessinnen das Mittagessen ein. Weiterhin gewährten Majestät dem zweiten Leutnant Graf Itzenplitz eine halbe Stunde Audienz. Daneben erfahren wir, dass nach Beschluss der Friedenskonferenz von Utrecht die Insel Gibraltar am südlichsten Zipfel Spaniens an die englische Krone geht. Österreich erweitert sich im Süden bis nach Neapel und im Norden bis nach Holland. Auf der gleichen Seite wird mitgeteilt, dass an der Weidendammer Brücke eine Kuh verloren gegangen ist und der ehrliche Finder gebeten wird, sie beim Amtshaus in der Churstraße abzuliefern.

70 Jahre später macht die *Vossische Zeitung* auf der zweiten Seite und sehr klein gedruckt Mitteilung von der Unabhängigkeitserklärung Amerikas – um den Verlust wettzumachen, erobern die Engländer Indien und Australien. Während die Welt um hohe Einsätze spielt, werden die Nachrichten darüber in winzigen Schrifttypen abgedruckt. Weit mehr interessiert sich das damalige Publikum für die Ankunft eines acht Jahre alten Rhinozerosses in der Hasenheide – einem Vergnügungsort im Süden von Berlin. Die Berliner werden davon in Kenntnis gesetzt, dass diesem Tier ein Horn aus der Nase ragt, mit dem es die Erde schneller pflügen könne

als jeder Bauer mit seinem Pflug. Seine Tagesration bestehe aus 60 Pfund Heu, 20 Pfund Brot und 60 Liter Wasser. Auf der gleichen Seite sucht ein Unteroffizier nach Soldaten: Geboten werden eine elegante Uniform, ein feuriges Ross und ausgezeichnetes Essen.

Auch 50 Jahre später schien die Kunst des Journalismus noch keine nennenswerten Fortschritte gemacht zu haben. Dass der Kaiser Napoleon schließlich auf St. Helena starb, wurde erst drei Monate danach in der *Vossischen Zeitung* berichtet – sehr detailliert, aber ganz ohne Lärm und Schlagzeilen.

Die Ausgaben und die Gegenstände dieser Chronik waren aufs Beste konserviert, denn damals wurde Papier aus Lumpen hergestellt und nicht aus Holz. Sehr teuer, aber stark wie Pergament, widerstand es dem Zahn der Zeit.

Obwohl viel dafür sprach, nahmen wir die Gelegenheit zum Kauf nur mit gemischten Gefühlen wahr. Auch wenn sich das Gesicht der »Voss« seit Napoleon verändert hatte, modern war sie nicht. Zwar waren einige Verjüngungskuren durchgeführt worden – einige alte Zöpfe waren dem Geist des 20. Jahrhunderts geopfert worden –, aber der Widerstand des soeben verstorbenen Besitzers, Geheimrat Lessing (ein Nachfahre von Gotthold Ephraim Lessing, der für die Zeitung seinerzeit als Rezensent tätig war), hatte seine Spuren hinterlassen und alle radikaleren Reformen verhindert. »Solche Reformen«, pflegte der Alte zu sagen, »müssen von denen gemacht werden, die nach mir kommen.«

Aus diesem Grund schwanden die Abonnenten, und die Einkünfte nahmen ab. Die Redaktion war ohne Zweifel erstklassig, aber im lähmenden Dunstkreis der bejahrten Zeitung kam naturgemäß jeglicher Enthusiasmus abhanden. Derartig von ihren eigenen Energiequellen abgeschnitten, war leicht voraussehbar, dass die gute, alte »Tante Voss« – so ihr Spitzname – es nicht mehr lange machen würde.

Glücklicherweise konnte ihr Tod verhindert werden. Plötzlich im Oktober des Jahres 1913 entschied sich das Haus Ullstein trotz der ungeheuren finanziellen Belastung, das Unternehmen aufzukaufen. Als die Neuigkeit sich in den Büros verbreitete, war im ganzen Verlagshaus Voss ein Seufzer der Erleichterung zu hören. Wir Ullsteins, bekannt für Modernität und Elan, wurden wie eine Befreiungsmacht willkommen geheißen. Neuer Geist erfüllte den alten Leib der »Tante Voss« mit Leben und brachte ihr jene »unverwüstliche Jugend« wieder, von der der Bürgermeister zu ihrem 200. Geburtstag gesprochen hatte.

Unsere erste Sorge war, jemanden zu finden, dem man die Wiederbelebung einer zweihundert Jahre alten Dame zutrauen konnte. Wir brauchten nicht lange, um unseren Mann zu finden. Ehemals leitender Wirtschaftsredakteur, war Georg Bernhard inzwischen einer unserer Direktoren und fungierte als Chefredakteur unserer Tageszeitungen. Die gesamten Redaktionen standen unter seiner Oberaufsicht: Außen- und Innenpolitik, das Feuilleton inklusive Kunst, Theater, Literatur, Kino, Wissenschaft, Technik, Erziehung, Musik, ebenso wie die heiklen Sportnachrichten, die Leitartikel, die Börsennachrichten und sogar die Leserbriefe. Bernhard erklärte sich auf unsere Anfrage hin bereit, seinen Posten als Supervisor abzugeben und dafür die Chefredaktion der *Vossischen Zeitung* zu übernehmen. Er war ein sprachgewaltiger und inspirierender Redner und enorm ehrgeizig. Vor allem aber war er ein leidenschaftlicher Politiker mit sozialistischen Neigungen. In Wirklichkeit war er schon seit langem darauf aus, sich politisch zu profilieren – nicht nur als Berichterstatter, sondern als Akteur auf der politischen Bühne. So konnte er dem Haus Ullstein, das in dieser Hinsicht eher unauffällig geblieben war, ein Instrument zur politischen Meinungsbildung hinzufügen.

Bernhard hatte bereits dazu beigetragen, aus dem Ullstein Verlag eine Plattform für die Massen zu machen. Nun machte er sich daran, ein Sprachrohr für die politische Elite zu schaffen. Er zog Menschen an, die nur allzu bereit waren, seinen umwälzenden Ideen zu lauschen – Ideen, die niemand überzeugender darzustellen wusste als er. Überdies klebte Bernhard nicht – wie so manche Chefredakteure – an seinem Bürosessel. Fast jeden Mittag saß er mit einem Minister, einem Staatssekretär, einem Botschafter oder einem Universitätsprofessor zusammen, denn von diesen Leuten empfing er Anregungen und viele seiner Ideen. Neben seiner alltäglichen Arbeit führte er auch noch einen politischen Salon – Treffpunkt nicht nur für Regierungsmitglieder, sondern auch für alle anderen Repräsentanten des öffentlichen Lebens aus Kunst, Theater, Literatur und Jurisprudenz. Alle waren zu Gast bei Bernhard: führende Industrielle wie Carl Friedrich von Siemens und Geheimrat Deutsch von der AEG, der englische Botschafter Lord d'Abernon, der französische Botschafter Gaston Margery, der österreichische Gesandte Franck. Dort machte ich auch die Bekanntschaft von Kolonialminister Dernburg, und später lernte ich dort die Außenminister Stresemann, Rathenau und viele andere kennen.

Unter Bernhards Leitung erfuhr auch die äußere Erscheinung der »Tante Voss« eine gründliche Verjüngungskur. Sie erblühte zu einer Modernität, die einige alte Leser, die sich nicht mehr umgewöhnen wollten, abschreckte, was Bernhard herzlich wenig kümmerte. »Macht nichts«, rief er aus, »die sterben aus. Was ich brauche, sind neue Leser, die in der Lage sind, meinen Gedanken zu folgen.« In den Ohren unserer Direktoren klingelten Alarmglocken. Aber Bernhard war nicht zu stoppen. Er ging über die Leichen der Alten, um sie durch Junge zu ersetzen.

Eine seiner ersten Maßnahmen war, ein weitverzweigtes Netz von Auslandskorrespondenzen zu spinnen. Bis dahin diente das öffentliche Telegraphenbüro als Hauptquelle unserer Informationen. Jetzt schneite es auf einmal Telegramme und Kabelmeldungen aus allen vier Himmelsrichtungen. Und was das Telefon betrifft: Es hörte nicht auf zu klingeln. Alle Hauptstädte Europas waren tagtäglich in der Leitung. Die Anrufe kamen manchmal auch aus Übersee. Eines Morgens, als ich gerade im Büro ankam, ging ich ans Telefon und wurde von einem Telefonfräulein begrüßt: »Bleiben Sie in der Leitung! Ein Korrespondent aus Thailand wünscht Sie zu sprechen!«

»Hallo«, sagte jemand. »Hier Erich von Salzmann in Bangkok. Ich wollte Sie nur begrüßen und Ihnen mitteilen, dass soeben die Leitung Bangkok–Berlin eröffnet wurde. Ich bin der erste Anrufer!«

Es lässt sich nicht leugnen, dass diese unsere jüngste Unternehmung alles andere als ein bescheidenes Schäferfrühstück war. Um der Wahrheit die Ehre zu geben: Georg Bernhards *Vossische Zeitung* kostete nicht ihn, sondern uns im Laufe von 20 Jahren nicht weniger als 30 Millionen Goldmark. Sie war ohne Zweifel ein Leuchtturm unserer verlegerischen Aktivitäten – aber auch ein verdammt teurer Spaß. Ohne an Profit auch nur zu denken, hielten wir sie auf so großem Fuß, wie es ihre erlauchte Herkunft erforderte. Und wenn ihre Existenz uns auch mit Blick auf die Jahresbilanz keine geringen Schmerzen bereitete, haben wir den finanziellen Aderlass nicht wirklich bereut.

Am 1. Januar des schicksalhaften Jahres 1914 wurden wir

offiziell Eigentümer der *Vossischen Zeitung*. Ein Schutzengel muss uns beigestanden haben; jedenfalls hatte einer unserer Mitarbeiter – Direktor Oberstedt – die Eingebung oder den erstaunlichen Weitblick, eine eher ungewöhnliche Klausel in den Kaufvertrag einzufügen: Sollte ein europäischer Krieg ausbrechen, hieß es darin, gäbe es einen Zahlungsaufschub. Weiß der Himmel, was aus uns geworden wäre ohne diese rettende Klausel! Im Januar 1914 schien die Welt noch so friedvoll, dass niemand, und schon gar nicht der Kanzler Bethmann-Hollweg, den Ausbruch eines Krieges vorausgeahnt hat. Und selbst wenn gelegentlich ein Laie die Möglichkeit erwog, dass aus einer verrückten Laune des Kaisers eine Katastrophe resultieren könnte: Bethmann-Hollweg benahm sich wie Jung-Siegfried, der die Bedeutung des Wortes »Angst« nicht kannte. Wäre der Ankauf der *Vossischen Zeitung* ihm überlassen gewesen, wäre garantiert keine Klausel dieser Art eingefügt worden. Ich muss dazu sagen, dass auch wir selber, trotz gelegentlicher Erörterungen zum Thema Krieg, diesen niemals ernsthaft für möglich hielten.

Es war an einem Sonntag im Juni, als in Sarajewo die Schüsse fielen. Die Nachricht ging blitzartig um die Welt: Der österreichische Thronfolger und seine Gattin, die Fürstin von Hohenberg, waren ermordet worden.

Die Besitzer des Verlags wurden sofort telefonisch benachrichtigt. Es war wie gesagt ein Sonntag. Wie üblich war mein Bruder Rudolf, dessen Auto für Notfälle allzeit bereitstand, als Erster zur Stelle. Noch bevor er losfuhr, hatte er ans Druckhaus eine Depesche mit folgendem Wortlaut abgeschickt: »Bereitet ein Extrablatt vor. Einen Maschinenmeister, sechs Setzer, fünf Drucker und sechs Bleigießer organisieren. 30 Transporter im Hof bereitstellen.«

Die Telefonzentrale bekam den Auftrag: »Versammelt alle

Schriftleiter der *Vossischen Zeitung*, der *Morgenpost* und der *B.Z. am Mittag*.« Fünfzehn Minuten später war Rudolf selbst vor Ort und veranlasste alles Weitere. Er bediente vier oder fünf Telefone gleichzeitig. Seine ganze Mannschaft war im Nu versammelt, um seine Befehle entgegenzunehmen. Als ich eine Viertelstunde später eintraf, hatte Rudolf die Lage so weit unter Kontrolle, dass es wie ein ganz normaler Werktag aussah. Eine Stunde nach dem Eintreffen meines Bruders im Verlag wurde das Extrablatt auf den Straßen Berlins verkauft.

An diesem denkwürdigen Nachmittag stieß ich in der Lobby auf Norbert Falk, der ganz außer sich war. »Was denken Sie, Herr Ullstein, was wird geschehen?«, rief er in heller Verzweiflung. »Wenn Sie mich fragen: Das ist der Fenstersturz.«

Falk war Feuilletonchef der *B.Z. am Mittag*, aber sein leidenschaftliches Interesse galt der Politik. Falk war im Übrigen der Einzige, der zu dem Zeitpunkt voraussah, dass dieses Attentat den Frieden von ganz Europa und dem Rest der Welt auf Jahre hinaus zerstören würde. »Es steht uns ein Weltkrieg bevor«, sagte er, »ein Krieg, der uns ruinieren und dezimieren wird. Aber Österreich ist bis an die Zähne bewaffnet. Unser Österreich wird niemals fallen!« Falk war Österreicher, selbstredend. Er ließ nichts auf seinen Kaiser kommen. In seiner Vorstellung reichte Österreichs Ruhm von der Nordsee bis nach Genua. Die Niederlande gehörten genauso dazu wie die Lombardei und Venedig. In seinem Herzen öffneten sich die schmiedeeisernen Gittertore der Hofburg und entließen unter dem Applaus der Untertanen die goldene Staatskarosse mit den livrierten Dienern auf dem Trittbrett. »Lang lebe der Kaiser Franz-Josef!«, rief das Volk mit vor Freude nassen Wangen, denn sie hatten ihren »Franzl« lieb. Wie ein Denkmal stand vor seinem inneren Auge das Schloss Belvedere, das der Kaiser einst dem Prinzen Eugen geschenkt hatte, aus Dankbarkeit, weil er Wien vor den Türken gerettet hatte. Keine Epoche bedeutete Falk so viel wie das Barock mit seinen großartigen Bauten. Sie brauchten ihm nur in den Sinn zu kommen, so standen ihm schon die Tränen in den Augen. Sollte das alles nun aus und vorbei sein?

Norbert Falk überlebte den Untergang der k.u.k. Monarchie. Zwei Jahrzehnte später kam der von ihm geschriebene Film *Der Kongress tanzt* heraus. Er wurde ein riesiger Erfolg: Millionen von Zuschauern sahen den Film. Das alte Kaiserreich übte offenbar einen unwiderstehlichen Zauber aus – nicht zuletzt, weil die Augen der gesamten Nation sich an den strahlend weißen Uniformen der Kürassiere und an den gut aussehenden Husaren, Dragonern und Ulanen mit den winzigen bunten Fahnen an den Spitzen ihrer Lanzen ergötzten. Diese Mannsbilder durch die schöne Hauptstadt reiten zu sehen war der Stolz ihrer Einwohner und die Freude der Frauen.

Und jetzt sollten sich die wilden russischen Horden auf dieses herrliche Land stürzen. Entlang der schönen blauen Donau würden sich die Leichen auf den Feldern türmen. Aber die Österreicher würden, wie von Falk vorhergesagt, kämpfen wie Helden.

Einen Monat lang dauerten die Verhandlungen über Krieg und Frieden. Dann aber schickten die Diplomaten – Leute, deren Aufgabe es war, Kriege zu verhindern – die Nationen, die ihrer Obhut anvertraut waren, in einen bodenlosen Abgrund.

Und das Volk? Hatte es etwas gelernt aus den Irrwegen der Vergangenheit? Es hatte nichts gelernt. Ordnungsgemäß eilten die Männer zu ihren Fahnen und marschierten – ein Lied auf den Lippen – furchtlos ins Unheil.

Feldbuchhandlung im Ersten Weltkrieg

SECHSTES KAPITEL

Der Große Krieg 1914–1918

AM LETZTEN TAG IM JULI 1914 war es sehr warm draußen. Ich kam schweißgebadet am Anhalter Bahnhof an, um unsere Mutter, die aus Bad Kissingen heimkehrte, in Empfang zu nehmen. Wie ich so dasaß, von Menschen und Koffern umgeben, wurde mir bewusst, dass es sich vielleicht um die letzten Sonnenstrahlen am politischen Horizont handelte. Schon morgen würde das Gesicht Europas vom Krieg entstellt sein, würden Straßen im Staub versinken und Eisenbahnen nur noch fürs Militär reserviert sein. Und die Zeitungen würden nichts als offizielle Lügen verkünden.

Auf allen Bahnsteigen türmten sich die Koffer der Heimkehrer. Sie kamen aus der Sommerfrische, aus Badeorten und Luftkurorten. Alle paar Augenblicke fuhr ein Zug ein. Aber niemand wusste, wann der Zug meiner Mutter eintreffen würde, denn das Chaos machte die Fahrpläne unbrauchbar.

Ich hatte seit Stunden gewartet. Da der Bahnhofsvorstand nicht mehr als die normale Anzahl von Gepäckträgern zur Verfügung stellte, obwohl die dreifache Menge nicht gereicht hätte, begannen wir Jüngeren damit, den älteren Reisenden beim Aussteigen behilflich zu sein. Plötzlich, als ich mich gerade mit zwei sperrigen Koffern einer Dame abmühte, hörte ich, wie jemand meinen Namen rief. Ich drehte mich um und sah Hans Koeppen, der acht Jahre zuvor unser »*B.Z.*-Wettrennen um die ganze Welt« gewonnen hatte. Seine erste Frage war: »Ist die Mobilmachung schon erfolgt?«

»Soviel ich weiß, nein.«

Er warf mir einen bangen Blick zu: »Hoffentlich lenken sie nicht ein!«

»Haben Sie solche Sehnsucht nach Krieg?«, fragte ich.

»Bei Gott!«, rief er aus. »Wir werden dem Feind schon zeigen, aus welchem Holz wir gemacht sind!«

»Und was, lieber Herr Major, wird geschehen, wenn Italien sich uns nicht zur Seite stellt?«

»Wir rechnen ja gar nicht mit Italien«, bekam ich zur Antwort.

Genau besehen rechnete der Generalstab mit einer Menge von Dingen gar nicht und machte sich daher grober Fahrlässigkeit schuldig. Die ganze Nation befand sich im Kriegstaumel und war von allen guten Geistern verlassen. Es kam niemandem in den Sinn, dass die eigentliche Ursache für den Krieg die persönliche Angriffslust des Kaisers war. Die Welt schien auch vergessen zu haben, dass die Schüsse von Sarajewo durch die Wut der Serben wegen der Sperrzölle der ungarischen Bauern ausgelöst worden waren.

Wenn sie den Krieg hätten verhindern wollen, dann hätten die verantwortlichen Machthaber einsehen müssen, dass die österreichischen Forderungen barer Unsinn waren. Denn es war sonnenklar, dass der österreichische Vorschlag für eine unabhängige Nation unannehmbar war.

Lassen Sie mich wiederholen, was Fürst Bülow zu mir in Rom sagte: »Wenn man mich vor der Anwendung des österreichischen Ultimatums befragt hätte, dann hätte ich alle Hebel in Bewegung gesetzt, um es zu verhindern – gerade so, wie ich einen Weichensteller aus dem Schlaf gerüttelt hätte, um die Kollision zweier Züge zu verhindern.«

Unter Anleitung des deutschen Kaisers hielten Deutschland und Österreich-Ungarn blindlings Kurs auf den Krieg. Das Ultimatum ließ jeglichen politischen Feinsinn vermissen. Es enthielt eine Klausel, die vorschrieb, dass österreichische Offiziere auf serbischem Boden das Attentat untersuchen sollten. Nachdem Russland sich bereit erklärt hatte, Serbien zu unterstützen, wusste jedes Kind, dass dieses Ultimatum abgewiesen werden musste. So linkisch und dilettantisch, wie er nun mal war, sandte der Kaiser von seiner Nordseejacht aus ein Kabel nach Wien, in dem er sich ein Einlenken verbat.

England tat sein Bestes, den Krieg zu vermeiden. Der englische Staatsmann Sir Edward Grey versuchte zu vermitteln. Er schlug vor, Repräsentanten neutraler Staaten ins Schiedsgericht aufzunehmen. Doch dann erhielten die Österreicher ein zweites Telegramm vom Kaiser, worin er seine Verbundenheit mit Österreich-Ungarn bekräftigte. Auch der ungarische Premierminister Graf Tisza versuchte zu verhindern, dass der alte Kaiser Franz Josef nachgab. Er wollte die verhassten Serben auf den Knien sehen und verbreitete die Ansicht, dass die Russen für einen Krieg nicht gerüstet seien. Belgrad einzunehmen sei ein Kinderspiel, und die Serben würden sich schnell ergeben. Tisza wollte wirklich Krieg, alle anderen blufften – der deutsche Kaiser inbegriffen. Sie redeten es sich so lange ein, bis sie wirklich daran glaubten, dass die Gegner zu schwach seien, um einen Krieg zu riskieren.

Und dann brach er tatsächlich aus. Groß waren der Schreck und das Erstaunen des deutschen Kaisers. In diesem kritischen Augenblick – soeben von seinem Segelturn heimgekehrt – trat er auf den Balkon seines Stadtpalais und rief seinem Volk zu: »Ein jämmerlicher Feind hat uns angegriffen!« Es antwortete voller Begeisterung: »Hurra!« Nur wenige stimmten nicht mit ein.

Von diesen einer war Dr. Arthur Bernstein. Er war in der Redaktion der *Morgenpost* tätig, ein hochintelligenter Mann und von Beruf eigentlich Arzt. Aber er besaß ein außergewöhnliches Gespür für politische Vorgänge. Sein berühmter

Leitartikel, in dem er mehr Weitsicht und Intelligenz unter Beweis stellte als irgendeiner der verantwortlichen Politiker im bürgerlichen Lager, wurde erst kurz vor Redaktionsschluss fertig. Aber ach, es war schon zu spät: Er wurde von der Zensur erfasst und konnte nicht mehr erscheinen. Da er bereits in Druck gegangen war, blieb er bis nach dem Krieg (als man ihn als Dokument einer erstaunlichen Klarsicht herausbrachte) unveröffentlicht. So schrieb er unter anderem:

»Es besteht kein Zweifel mehr, die Nikolajewitsche diesseits und jenseits wollen den Krieg – Die Militärs wittern Gloire, und da die verantwortlichen Politiker in Deutschland nie mitzureden haben, wenn die Militärs sich unterhalten, werden Bethmann und Jagow sich bescheiden. In wenigen Tagen wird niemand mehr die Wahrheit sagen, noch weniger schreiben dürfen. Darum also im letzten Augenblick: Die Kriegshetzer verrechnen sich. Erstens: es gibt keinen Dreibund. Italien macht nicht mit, jedenfalls nicht mit uns; wenn überhaupt, so stellt es sich auf die Seite der Entente. Zweitens: England bleibt nicht neutral, sondern steht Frankreich bei – England duldet auch nicht, dass deutsche Heeresteile durch Belgien marschieren, was seit 1907 allgemein bekannter strategischer Plan ist. Kämpft aber England gegen uns, so tritt die ganze englische Welt, insbesondere Amerika, gegen uns auf. Wahrscheinlich aber die ganze Welt überhaupt. Denn England wird überall geachtet, wenn nicht geliebt, was wir von uns leider nicht sagen können. Drittens: Japan greift Russland nicht an, wahrscheinlich aber uns – Viertens: Die skandinavischen Staaten (unsere ›germanischen‹ Brüder) werden uns verkaufen, was sie entbehren können, aber sonst sind sie uns nicht zugeneigt. Fünftens: Österreich-Ungarn ist militärisch kaum den Serben und Rumänen gewachsen. Wirtschaftlich kann es sich gerade 3–5 Jahre selbst durchhungern. Uns kann es nichts geben. Sechstens: Eine Revolution in Russland kommt höchstens erst dann, wenn die Russen unterlegen sind – Unsere Botschafter kennen die Lage ganz genau. Auch Herr v. Bethmann muss sie kennen. Es ist nicht denkbar, dass er das Reich durch Unverantwortliche in einen drei- bis fünfjährigen Krieg hineinsteuern lässt, während er aus Scheu vor den Drohungen der Alldeutschen und Militaristen seiner Verantwortlichkeit sich entledigt. Ob wir am Ende dieses furchtbarsten Krieges, den je die Welt gesehen haben wird, Sieger sein werden, steht dahin. Aber selbst wenn wir den Krieg gewinnen, so werden wir nichts gewinnen – Geld als Kriegsentschädigung wird am Ende des Gemetzels nirgends mehr zu finden sein. Deutschland führt den Krieg um nichts, wie es in den Krieg hineingegangen ist für nichts. Eine Million Leichen, zwei Millionen Krüppel und 50 Milliarden Schulden werden die Bilanz dieses frischen, fröhlichen Krieges sein. Weiter nichts.«[3]

Der Autor dieses Artikels wurde von uns schon immer hochgeschätzt – nun verehrten wir ihn für seine außerordentlich hellsichtigen Voraussagen. Seine Reputation führte ihn weit über unsere Zeitungswelt hinaus. Nach dem Krieg wurde er Privatsekretär des deutschen Botschafters in Moskau, wo er einige Jahre lebte. Schließlich wurde er vom Heimweh ergriffen, kehrte zurück und arbeitete wieder als Journalist.

An eben dem Tag, als die Zensur in Kraft trat, um zu verhindern, dass Arthur Bernsteins Artikel erschien, stellte mich Georg Bernhard einem gewissen Major Schweitzer vor, der uns wiederum einen Experten, den Major von Schreibershofen, als Kenner der militärischen Lage empfahl. Major von

Schreibershofen wurde engagiert. Dies war der erste offizielle Kontakt zwischen Ullstein und dem Generalstab, der die Arbeit unseres Verlages zu schätzen wusste.

Am selben Nachmittag bekam ich Besuch von einem gewissen Professor Ludwig Stein. Er trat in mein Büro und fragte, ob ich der Chef des Ullstein Verlags sei. In Gehrock und Hut machte er einen seriösen Eindruck. Die Mitteilung, die er zu machen habe, sei so brisant, sagte er, dass er sie niemand anderem anvertrauen dürfe. Ich sagte ihm, dass ich gleichberechtigter Partner meiner Brüder sei, obgleich der Jüngste. Er bestand darauf, dass er sich nur dem Seniorchef eröffnen dürfe. Ich führte ihn zu meinem ältesten Bruder, wo es endlich aus ihm herausbrach: »Aus zuverlässiger Quelle weiß ich, dass England uns in drei Tagen den Krieg erklären wird.« Wenig später stellte sich heraus, dass die Information stimmte, und der Professor wurde unverzüglich engagiert – als Berater für diplomatische Fragen.

Somit wurde der Kontakt zu Staat und Armee enger als je zuvor. Wenn nur der Zensor die Vorteile dieser Zusammenarbeit besser zu nutzen gewusst und ein größeres Meinungsspektrum zugelassen hätte, wir hätten dem Staat einen guten Dienst erweisen können. Stattdessen verpasste die Zensur der gesamten Presse die gleiche martialische Frisur, wodurch offenbar wurde, dass alles von oben diktiert war. Das Vertrauen der Leserschaft wurde durch die Uniformität der Berichterstattung erschüttert. Wenn man überall die gleichen Nachrichten zu lesen bekommt, verliert man zwangsläufig die Lust daran. Anders gesagt: Gibt man dem Zeitungsleser die Möglichkeit zu erkennen, dass eine bestimmte Meldung Propaganda ist, dann wird sie unglaubwürdig. Denn gute Propaganda darf nie als solche erkennbar sein.

Der derzeitige Propagandaminister Joseph Goebbels, der

allgemein als so schlau gilt, ist es also nicht. Denn wenn er es wäre, würde er sein Ministerium nicht so nennen, wie es heißt: Reichsministerium für Volksaufklärung und Propaganda. Seine monströsen Lügen wären glaubhafter, wenn er sie nicht selbst als Propaganda bezeichnete. Wenn Goebbels dennoch einen gewissen Erfolg hat, dann liegt dies ausschließlich daran, dass hinter ihm die Regierungsmacht steht und ihm ermöglicht, Zwang auszuüben. Seine Wirkung erzielt er durch Gewalt, nicht aufgrund seiner Überzeugungskraft.

Ein gutes Beispiel für das Verbot der Redefreiheit waren die Ereignisse nach der Niederlage Russlands. Die *Vossische Zeitung* war der Überzeugung, dass ein Separatfrieden mit Russland Deutschlands Position verbessern könne. Es war ihr aber nicht erlaubt, diese Meinung zu äußern. Ihr Herausgeber Georg Bernhard ging schließlich ins Hauptquartier und erklärte Hindenburg und Ludendorff, dass Russland naturgemäß der Bundesgenosse Deutschlands sei und man sich deshalb wieder um seine Freundschaft bemühen solle. Ludendorff wollte davon nichts wissen. Seine Absicht war im Gegenteil, die gemeinsame Grenze mit Russland aufzugeben und Polens Eigenstaatlichkeit wiederherzustellen. Bernhard meinte zu verstehen. »Euer Exzellenz sprechen von einer Unabhängigkeit unter deutschem Protektorat?«

Ludendorff nickte nur. »Deutschland und Österreich werden sich die Regierung teilen müssen.«

»Aber hat nicht eine solche Gemeinschaftsregierung schon mal zu großem Streit geführt?«, fragte Bernhard. »Und wird nicht ein zum Schein befreites Polen, anstatt Dank zu fühlen, gegen seinen Zwingherrn aufbegehren? Würde es nicht ratsam sein, Russland auf unsere Seite zu ziehen, indem wir maßvolle Friedensbedingungen stellen?«

Ludendorff mag ein großer General gewesen sein, aber

gewiss war er ein elend schlechter Politiker, als er Bernhards warnende Worte in den Wind schlug. Wenn die Zensur nicht jegliche öffentliche Diskussion erstickt hätte, wäre Ludendorff vielleicht dem öffentlichen Druck gewichen und daran gehindert worden, in die Ukraine einzumarschieren und die Bolschewiken herbeizulocken. Mehr noch: Wenn Ludendorff zurückgehalten worden wäre, dann hätte es keine Revolution gegeben – keinen Kommunismus! Diktatoren bringen immer Elend über die Welt. Damals war es Ludendorff, später Mussolini und heute Hitler! Solche Leute meinen, sie könnten die Welt durch ein bloßes Machtwort verändern. Sie sehen die Welt ausschließlich aus ihrem eigenen beschränkten Blickwinkel. Große Männer haben manchmal die Entwicklung vorangetrieben, aber ebenso oft haben kleine Männer mit Größenwahn den Fortschritt aufgehalten. Überall auf der Welt haben sie auf diese Weise Katastrophen herbeigeführt. Bei Ausbruch des Großen Krieges wurde Kritik als Sicherheitsventil abgeschafft. Die öffentliche Meinung wurde geknebelt. So rannte das Staatsross mit Scheuklappen in vollem Galopp auf den Abgrund zu.

Nicht lange nach Kriegsausbruch machten wir Bekanntschaft mit einem Phänomen, das heutzutage jeder Zeitungsleser kennt. Es begann alles mit dem Gespräch zweier Männer – zufälligerweise Juden. Ihr Gespräch drehte sich um einen Gegenstand, dem Regierung und Generalstab bisher keine Beachtung geschenkt hatten. Diese beiden Männer, besorgt um das Wohlergehen ihres Landes, waren Felix Heimann, ehemaliger Hutfabrikant aus Luckenwalde, und Walter Rathenau, Besitzer und Leiter der AEG. Heimann fragte sich, ob der Generalstab Sorge dafür getragen hatte, dass eine ausreichend große Menge an Rohstoffen vorhanden war, um Krieg im großen Stil zu führen. Deutschland musste nämlich all seine Rohmaterialien importieren. Was, wenn ein Embargo verhängt würde? Was würde dann geschehen?

Voller Sorge ging Heimann mit dieser Frage zu seinem Freund Rathenau, und der hörte ihm zu. Einigermaßen verblüfft über diese berechtigte Frage telefonierte er mit Georg Bernhard von der *Vossischen Zeitung*. »Mein alter Freund Felix Heimann ist bei mir. Er fragte mich gerade, ob Deutschland ausreichend mit Rohstoffen versorgt ist, um den Krieg fortzusetzen. Ich würde gerne Ihre Meinung dazu wissen.«

Bernhard war sich sofort der Tragweite dieser Frage bewusst und fand, dass für den Verbrauch von Rohmaterial sogar eine eigene Regierungsstelle eingerichtet werden müsse. Rathenau eilte zum Kriegsminister, mit dem er befreundet war, der ihn sogleich zum Generalstab weiterleitete, wo endlich durchsickerte, dass niemand einen Gedanken an diesen existenziellen Aspekt verschwendet hatte. Es existierten natürlich genügend Waffen und Munition auf Jahre hinaus. Mobilisierung und Aufmarsch waren bestens geplant und ausgeführt worden. Aber Rohmaterial? Du liebes bisschen! Nein, an Rohstoffe hatte niemand gedacht. Niemand, außer dem ehemaligen Hutfabrikanten aus Luckenwalde. Gummi wurde gebraucht und Zinn, Öl, Eisen, Kupfer und Nitrate. Überdies musste der private Konsum dieser lebensnotwendigen Stoffe eingeschränkt werden.

Nachdem der Generalstab endlich die Dringlichkeit der Angelegenheit begriffen hatte, wurde Major Koeth, auf Empfehlung Rathenaus, zum Leiter der frischgegründeten Kriegsrohstoffabteilung ernannt. Der Major machte sich unverzüglich an die Arbeit. Zur Gründungsversammlung des neuen Ressorts begrüßte Koeth Presse und Industrie mit großer Zuvorkommenheit und bat um gute Zusammenarbeit.

In der Zwischenzeit hatte der ehemalige Hutfabrikant Felix Heimann nicht aufgehört, über andere mögliche Versäumnisse nachzudenken. Er schlug vor, dass die Regierung eine Bank gründete und kontrollierte, die in Kooperation mit der Reichsbank dem Staat nützlich sein könnte. Auch diese Anregung wurde aufgegriffen und Felix Heimann selbst wurde zum Generaldirektor der neuen Staatsbank ernannt. In Anerkennung seiner großen Verdienste wurde er in den Rang eines Geheimen Regierungsrates erhoben. Dieser Titel wurde wahrscheinlich selten mit so großem Recht verliehen.

Im Verein mit Rathenau tat der Geheimrat Heimann seinem Land viel Gutes, bis die tödliche Kugel eines Verschwörers Rathenau dahinraffte, der zu diesem Zeitpunkt als Außenminister auf dem Höhepunkt seiner Karriere angelangt war. Und was geschah Heimann, dem verdienstvollsten aller Berater? Er wurde schließlich des Landes verwiesen – weil er Jude war.

Der Krieg hatte schon seit 18 Monaten gewütet, als wir eines Tages durch puren Zufall die Gelegenheit bekamen, unsere Beziehungen zu den Militärbehörden zu verbessern und nebenbei ein Zeichen für die Pressefreiheit zu setzen. Der Kriegsminister General Hermann von Stein hatte Wind davon bekommen, dass es aufschlussreich sein könnte, einen flüchtigen Blick auf die enorme Organisation unseres Verlags zu werfen. In der Tat erfuhr der General eine ganze Reihe von Dingen, deren Existenz er nicht für möglich gehalten hatte und die ihn schwer beeindruckten. Er begegnete beispielsweise einem Postverkehr, der dem Volumen nach einer Stadt mit 180 000 Einwohnern entsprach und dessen Jahresumsatz sich auf etwa anderthalb Millionen Mark belief. Er besichtigte unsere Telefonzentrale, die 43000 Anrufe pro Tag zu bewältigen hatte. Er sah, wie die Rohrpost die Manuskripte von den Redaktionen in die Setzereien transportierte, sowie die sanitären Anlagen und die Unfallstation. Auf unserem Dach besichtigte er den Funkempfang und die Arbeit der Rundfunkredaktion.

Stein staunte, wie vorsichtig die Redakteure mit den offiziellen Informationen umgingen, wenn es sich um Propaganda handelte. Dabei war ihre Herkunft nicht immer so leicht zu erkennen. Zu jener Zeit waren die zuständigen Behörden noch nicht so plump wie später Goebbels (»Hallo, hier ist das Reichsministerium für Volksaufklärung und Propaganda mit den neuesten Lügen!«)

Am Telegraphenamt, dessen Apparate rund um die Uhr auf endlosen Papierstreifen Telegramme ausspuckten, zeigte sich der Kriegsminister besonders interessiert, weil es eine Möglichkeit bot, die lästige Auslieferung zu umgehen. Gegen Ende der Führung entdeckte der Minister an einer Wand ein großformatiges Foto von zahlreichen Flugzeugen.

»Was für eine Verbindung haben die mit Ihrer Firma?«, fragte er.

»Herr Minister, das ist das Geschwader, das die *B.Z. am Mittag* transportiert. Unser Flugdienst bringt unsere Zeitungen innerhalb einer halben Stunde nach Leipzig, in zwei Stunden nach Köln, in zweieinhalb Stunden nach München. Auf diese Weise erscheint unser Mittagsblatt selbst in Bayern früher als die lokalen Abendblätter.«

Die Inspektion dürfte ihm die Erkenntnis beschert haben, dass es sich beim Ullstein Verlag um eine straff organisierte Firma handelte. Und warum sollte der Staat nicht von unserer Leistungsfähigkeit profitieren?

Unter Vorsitz von Georg Bernhard wurde deshalb im Anschluss eine Ad-hoc-Konferenz einberufen, um den Kriegsminister davon zu überzeugen, dass eine zu harte Zensur nicht nur nachteilig, sondern sogar schädlich sei. »Herr Minister«, so begann Bernhard, »eine der ersten Maßnahmen nach Ausbruch des Krieges war es, deutsche Zeitungen daran zu hindern, ins Ausland zu gelangen. Was dazu führte, dass die dortige Zivilbevölkerung der ausländischen Hetzpropaganda ausgeliefert war.« General Stein, der damit wohl nicht gerechnet hatte, machte sich Notizen.

»Andererseits erreichen uns in Deutschland ausländische Zeitungen in großem Umfang, die mit ihren Lügengeschichten unsere Luft verpesten. Wir können aber diese Lügen nicht widerlegen – weil es uns verboten ist. Wir sind dazu verdammt zu schweigen und den Kopf in den Sand zu stecken. Gezwungenermaßen lehnen wir uns zurück und schauen zu, wie diese Lügen ihren Weg in die Köpfe der Deutschen finden, wo sie sich einnisten und fortpflanzen. Anstatt das weiterhin geschehen zu lassen, sollten unsere Zeitungen in den Dienst der Landesverteidigung gestellt werden.«

»Wir vergeuden –« Hier unternahm der Minister einen beherzten Versuch, zu Wort zu kommen, wurde aber von Bernhard, der in Schwung gekommen war, niedergeritten. »Ich brauche Sie wohl kaum daran zu erinnern, Herr Minister, wie viele in Deutschland lebende Korrespondenten aus dem neutralen Ausland ihre Informationen von deutschen Zeitungen beziehen, um sie unverzüglich nach Hause weiterzuleiten. Es würde so einfach sein, diese bisher neutralen Staaten auf unsere Seite zu bringen, indem wir sie mit unserer Gedankenwelt vertraut machten. Aber in welcher deutschen Zeitung kann man heutzutage die Gedanken von intelligenten Menschen lesen? In keiner! Denn die gesamte Presse ist verpflichtet, dieselben vorgegebenen Aussagen zu machen, die so langweilig geworden sind, dass ausländische Korrespondenten es kaum der Mühe wert finden, sie zu kolportieren. Andererseits fließen Nachrichten von der Entente, insbesondere von England aus, ungehindert ins neutrale Ausland. Deutschland hebt keinen Finger, um das zu verhindern. Ich sage: Öffnen Sie die Grenze für die deutsche Presse! Die ganze Welt soll unsere Zeitungen lesen, aber sie müssen auch genügend freie Meinungsäußerung enthalten, um lesenswert zu sein. Um wirksam zu sein, braucht die Polemik einen gewissen Grad an Freiheit. Es ist unerlässlich, dass unterschiedliche Meinungen zu Wort kommen. Und eine Zeitung, deren Wort Gewicht haben soll, muss in der Lage sein, ihre Ansichten frei zu äußern. Lassen Sie zu, Herr Minister, dass wir endlich wieder eine lesenswerte Zeitung machen.«

Als Bernhard eine Atempause einlegte, gelang es dem General Stein zu erwidern, dass der Verlust der deutschen Presse im Ausland durch mancherlei andere Maßnahme ausgeglichen werde.

Und schon nahm Bernhard die Verfolgung wieder auf: »Ach ja, ich weiß nur zu gut, Herr Minister, wie viele Millionen man bezahlt hat, um ausländische Provinzblätter mit offiziellen Nachrichten zu füttern. Und wer liest sie? Keine Menschenseele. Kein Schwein. Denn sie stinken nach deutscher Propaganda. Zu offensichtlich, um nicht von Deutschland gekauft zu sein. Das neutrale Ausland ist schlicht überschwemmt mit diesen – wie kann ich sie anders nennen? – Pamphleten. Und wo sind sie? Sie stapeln sich in deutschen Konsulaten bis an die Decke. Keiner von den Verantwortlichen nimmt zur Kenntnis, welches Renommee sich die deutschen Zeitungen über Jahre aufgebaut haben. Sie lassen es einfach brachliegen. Die deutsche Presse, so geknebelt, wie sie ist, hat einen Teil ihres ehemals hohen Ansehens bereits verloren, auch im eigenen Land und an der Front. Seitdem deutsche Zeitungen daran gehindert werden zu berichten, was die Menschen tagtäglich erleben, halten ebendiese Menschen alles, was gedruckt wird, für Schwindel, der von oben diktiert wird. Das Unvermögen der Zensurbehörden hat die Presselandschaft verwüstet. Das hätte schon bei Kriegsanbruch verhindert werden können.« Bernhard schaute dem General Stein in die Augen und hob die Stimme: »Zum Schluss möchte ich Sie beschwören, Herr Minister, Ihren Einfluss auf die Zensurbehörde geltend zu machen und sie in die richtige Richtung zu lenken.«

So überzeugend Bernhards Plädoyer war, so wenig waren es die Worte, die der General zum Abschied sprach, während er Bernhard die Hand schüttelte: »Ich kann nicht – ich wage es nicht, ihre Worte freimütig zu kommentieren. Ich kann Ihnen nur versichern, dass sie einen tiefen Eindruck bei mir hinterlassen haben. Ich bin Ihnen auch sehr dankbar für den interessanten Einblick, den Sie mir gewährt haben, und es bleibt mir nur zu hoffen übrig, dass der Kontakt, den wir hier geknüpft haben, uns in Zukunft eine erfolgreiche Zusammenarbeit beschert.«

Aber es kam so, wie befürchtet: Auch wenn General von Stein persönlich mit Bernhards Auffassung einverstanden sein mochte, gegen Ludendorffs allmächtiges Diktum kam er nicht an. Denn der Griff der Zensur lockerte sich keineswegs, und die besten Köpfe bei Ullstein waren gezwungen, weiterhin die gleichen faulen Lügen zu verbreiten.

Gleichzeitig wurde der Verlag von allen Seiten hofiert. Sogar Hindenburg und Ludendorff erwiesen ihm ihre Reverenz. Aber niemand versuchte, uns bei der Hand zu nehmen und ernsthaften Gebrauch von unserer Macht zu machen. Nachträglich könnte man den Zustand der deutschen Presse mit der Pattsituation eines Stellungskrieges vergleichen. Ihre Macht war ungebrochen, aber es fehlte eine Triebkraft, sie in Bewegung zu setzen. In diesem Fall – da nun einmal Krieg war – hätte der Anstoß von außen kommen müssen.

Dies ist auch eine Erklärung für die Demoralisierung, die sich zeitweilig in der deutschen Armee breitmachte und für jene extreme Niedergeschlagenheit sorgte, die von Remarque in seinem Roman *Im Westen nichts Neues* so eindringlich geschildert wurde. Wenn kleine Tyrannen wie der Unteroffizier Himmelstoß Macht bekommen, zehrt das an den Nerven der Soldaten. Wer das Buch gelesen hat, wird sich erinnern, dass Himmelstoß im zivilen Leben ein harmloser Briefträger ist, zu jedermann freundlich und zuvorkommend. An der Front wird er aber zum Tyrannen. Der Machtrausch packt ihn, und er beginnt, seine Untergebenen zu schikanieren. Männer von der Sorte Himmelstoß sind nicht selten beim Militär. Den gleichen Typ traf man überall, in jeder Division, und er war zum großen Teil schuld an der Depression während des Großen Kriegs. Und wenn jemand sich über seine Brutalität beklagte, dann war das bloß ein Sprung aus der Pfanne ins helle Feuer, weil man in der Folge noch schlechter behandelt wurde.

Als wir den Roman nach dem Krieg herausbrachten, wurde er zum größten Verkaufsschlager, den der Buchmarkt bis dahin gesehen hatte – was sich zweifellos der Art verdankte, wie das Buch den Nagel auf den Kopf traf, indem es die Kleinkriminellen aufs Korn nahm, denen so viele seiner Leser im Krieg ausgeliefert gewesen waren. Die Narben am eigenen Körper gaben Zeugnis davon.

Remarque hat sich mit seinem Buch viele Feinde gemacht. Ihm wurde vorgeworfen, er habe die deutsche Soldatenehre besudelt und die preußischen Tugenden in Verruf gebracht, die da sind: die friderizianische Courage und das alte Draufgängertum. Das war selbstverständlich barer Unsinn.

Wenn eine weniger unterdrückte Presse diesen Typus des Soldatenschinders an den Pranger hätte stellen dürfen, wäre der Wunsch zu siegen angefeuert und bestärkt worden. Und mit ihm jener Geist, den Himmelstoß selber zerstört hat und der sich in die Worte fassen lässt: »Es ist mein Land, das ich verteidige – es ist mein Volk, für das ich mein Blut gebe.«

Ich persönlich habe niemals den Grundsatz angezweifelt, den unsere Zeitungen stets befolgten, nämlich, dass nichts falscher sein kann als der Versuch, offensichtliche Missstände totzuschweigen. Sie aufzuzeigen ist unerlässlich. Sie zu enthüllen heißt, zu ihrer Abschaffung beizutragen. Später unter Hitler geschah genau das Gegenteil, nur tausendmal schlimmer. Das Land ist ein einziges Gefangenenlager geworden.

Hitlers Deutschland hat niemals die Objektivierung gekannt, die nur aus freier Meinungsäußerung entsteht. Hitler selbst ist eine Inkarnation von Himmelstoß, der Romanfigur Remarques – der kleine Mann, der als Vorgesetzter zum Tyrannen mutiert. Noch vor der Machtergreifung Hitlers, als sein Geist aber bereits im ganzen Land spürbar war, erschien die Filmversion von Remarques Roman. Schon Wochen vor der Premiere wurde es von allen Litfaßsäulen herab verkündet: *Im Westen nichts Neues.*

Ganz Berlin macht sich bereit für das große Ereignis. Das Theater am Nollendorfplatz ist schon Tage zuvor ausverkauft. Endlich ist sie da: die Nacht der Nächte. Das Theater ist in Flutlicht getaucht. Eine Limousine nach der anderen fährt vor. Der Vorhang öffnet sich vor einem brechend vollen Zuschauerraum. Himmelstoß erscheint auf der Leinwand.

Alsbald werden Pfiffe laut. Es wird um Ruhe gebeten. Anstatt nachzulassen, werden die Pfiffe heftiger. Der Tumult kommt offenbar aus den hinteren Parkettreihen, wo gebrummelt, gesprochen und mit den Füßen gescharrt wird. In den vorderen Reihen dreht man sich in der Absicht um, Ruhe zu fordern, und sieht sich mit den Rowdy-Visagen der Hitlerjugend konfrontiert, die extra dafür engagiert worden waren, die Veranstaltung zu stören.

Plötzlich hört man wilde Schreie. Frauen greifen nach ihren Röcken, springen auf die Sitze. Innerhalb von einer Minute sind Hunderte von Mäusen unterwegs im Parkett, in den Logen und auf den Rängen. Die Menschen verlassen fluchtartig den Saal, schnappen sich ihre Garderobe und rennen, so schnell die Füße sie tragen, aus dem Theater. Die Vorstellung, kaum begonnen, ist schon wieder zu Ende.

Das Pfeifen im Saal war das Geräusch eines nahenden Orkans, der uns erst Jahre später in seiner ganzen Gewalt erfasste. Der Skandal im Theater gab uns einen Vorgeschmack auf das, was da noch kommen sollte!

Collage von Ullstein-Publikationen (aus einem Heft der Ullstein-Berichte, *1926)*

SIEBTES KAPITEL

Durch die Stürme zu den Sternen

»ALLE DRUCKMASCHINEN ANHALTEN! Eine Meldung von höchster Wichtigkeit muss veröffentlicht werden.« So die Anordnung, die uns am 9. November 1918 aus der Reichskanzlei erreicht.

Die Spannung im Verlag wächst von Minute zu Minute. Der Chef der Nachrichtenabteilung, Dr. Emil Leimdörfer, ruft den Chef der Druckabteilung an. »Halten Sie sofort alle Maschinen an! Neue Instruktionen in fünf Minuten!« Alle Räder stehen still.

Setzer, Drucker und Schriftleiter stehen in Gruppen herum. Die Luft ist von Gerüchten schwanger. Nur Leimdörfer sitzt ruhig hinter seinem Schreibtisch. Die Tür zu seinem Büro steht sperrangelweit offen. Draußen versammelt sich ein Grüppchen von Mitarbeitern, sprachlos vor Staunen. Der Chef der Druckerei platzt herein. »Ich bitte Sie, Herr Doktor, was um Himmels willen kann so wichtig sein, dass wir die Maschinen stoppen. Unsere Leser warten auf die Zeitung. Besser eine Nachricht weniger als dieser Stillstand!«

Er wird unterbrochen von einem Redakteur, Albert Graf Montgelas, den wir erst vor kurzem vom amerikanischen Hearst-Konzern abgeworben haben. »Solch ein Moment«, sagt er feierlich, »kommt nur einmal in hundert Jahren vor. Versuchen Sie, noch ein oder zwei Minuten durchzuhalten.« Aber da kommt schon der Anruf vom Kanzleramt. »Seine Majestät der Kaiser haben abgedankt«, sagt die Stimme eines Geheimrats. »Seine Majestät und der Kronprinz haben auf den Thron verzichtet. Reichskanzler Prinz Max von Baden bleibt einstweilen im Amt, bis eine neue Regierung gebildet worden ist.«

Leimdörfer schreibt mit und schickt die Nachricht augenblicklich mit der Rohrpost in die Setzerei, wo der zuständige Redakteur und der Setzmeister schon bereitstehen. Der Redakteur diktiert geradewegs in die Setzmaschine hinein. Da kommt mit einem hektographierten Blatt wedelnd Professor Stein, unser »Diplomaticus«, hereingestürmt. Er hat noch neuere Nachrichten. »Der Reichskanzler bestimmt den Parlamentsabgeordneten Ebert zu seinem Nachfolger. Ebert soll die Nationalversammlung einberufen, wo über die zukünftige Regierung entschieden wird.« Unverzüglich wird auch diese Nachricht in den Satz gegeben. Drei Minuten später sind die Druckplatten fertig. Weitere drei Minuten, und die neue Titelseite ist in die Druckmaschine montiert. Eine Viertelstunde nach dem Anruf des Reichskanzleramtes sind Tausende und Abertausende von Zeitungen unterwegs, die das Ende des Deutschen Kaiserreichs verkünden.

Draußen hören wir die Zeitungsjungen rufen:

»Der Kaiser hat abgedankt!«

»Ebert ist neuer Reichskanzler!«

»Sofortiger Waffenstillstand!«

Die Menschen auf den Straßen stimmen in die Rufe mit ein. Obwohl niemand die volle Bedeutung der Meldung begreift, werden den Verkäufern die Zeitungen aus den Händen gerissen. Alle sind begeistert, dass der Krieg zu Ende ist, aber auch schockiert von den Konsequenzen.

Als Nächstes wird gemeldet, der Kaiser sei über die holländische Grenze geflohen. Die Ereignisse überstürzen sich in unbegreiflicher Weise. Von einem Fenster des Reichstagsgebäudes ruft der Sozialist Philipp Scheidemann die Republik aus.

Mittlerweile sickern langsam Nachrichten darüber durch, wie der Kaiser zur Abdankung gezwungen wurde. Hindenburg hatte ihn davon in Kenntnis gesetzt, dass die Armee nicht mehr hinter ihm stehe. Telefonanrufe gingen hin und her. Prinz Max von Baden verlangte den sofortigen Rücktritt des Kaisers, um eine Revolution zu vermeiden. Der Kaiser war unschlüssig. Der Kanzler rief wieder an: »Es ist eine Frage von Minuten.« Der Kaiser zögerte immer noch. Schließlich handelte Prinz Max von Baden im Alleingang. Er verkündete dem deutschen Volk die Abdankung des Kaisers.

Der Kaiser flieht. In der Nacht überquert er die Grenze nach Holland. Die Absicht des Kanzlers, einen neuen Kaiser einzusetzen und damit die Monarchie zu retten, scheitert, da inzwischen die Republik ausgerufen worden ist, um den Kommunisten zuvorzukommen. Das Einschreiten der Sozialisten hat für Ruhe und Ordnung gesorgt.

Zwei Tage später, am 11. November, hält die Welt den Atem an. Wieder stehen alle Räder still. Die Menschheit steht da in stummer Einkehr. Der Waffenstillstand wird verkündet. Nach vier Jahren Mord und Totschlag werden in Europa die Waffen niedergelegt. In einem Eisenbahnwaggon im Wald von Compiégne erwartet Marschall Foch die deutschen Verhandlungsführer.

Indessen fließt das deutsche Heer aus dem Feindesland ab. Es wird nicht mehr von seinen Offizieren angeführt, sondern von Arbeitern und Soldatenräten mit sozialistischen Ideen. Wie eine gewaltige Sturzflut brechen die Ereignisse über uns herein, zertrümmern alles, was bis dahin für groß gehalten wurde: Nationalstolz, Tradition, Kaisertreue.

Unter diesen Zigtausenden von Männern, die aus Frankreich heimkehrten, will ich einen hervorheben: einen Oberstabsfeldwebel der Kavallerie namens Levy. Er kämpfte an vorderster Front in den Schützengräben von Verdun und Soissons bis zur vollständigen Vernichtung seines Bataillons und bis er selbst bewusstlos fortgetragen wurde. Als Levy wieder zu sich kam, befand er sich auf einem Feldbett im Lazarett. Sein Oberst war über ihn gebeugt und befestigte das Eiserne Kreuz I. Klasse an seiner Brust. »Es wird alles gut«, hörte er den Oberst sagen. »Das Vaterland wird Ihnen ewig dankbar sein, Levy!« Der Oberstabsfeldwebel Levy sollte diese Worte für immer im Gedächtnis bewahren.

Und nun kam er heim aus dem Krieg – ohne Unterkiefer. Er sah fürchterlich aus. Die Schreibkräfte, die früher für ihn gearbeitet hatten, legten Blumen auf seinen Schreibtisch und wichen seinem Blick aus. Die Firmeninhaber besuchten ihn. Sie schüttelten ihm die Hand und taten alles, um sich ihre Verlegenheit nicht anmerken zu lassen. »Alles wird wieder gut, Levy«, sagten sie. »Das Vaterland wird Ihnen ewig dankbar sein.«

Während sie so sprachen, marschierten draußen die Menschen, angeführt von Matrosen mit roten Fahnen, durch die Straßen. Das Vaterland befand sich inmitten einer Revolution.

Die Friedensbedingungen von Versailles trafen Deutschland im Innersten. Aufruhr und Chaos waren die Folge. Obendrein tobte die Revolution. Zum ersten Mal in der Geschichte Deutschlands hatten Zeitungsredaktionen aktiven Anteil am politischen Geschick des Landes. Diejenigen, die sich früher lediglich als Chronisten verstanden hatten, wurden zu handelnden Politikern, die Verantwortung übernahmen.

Niemand legte mehr Eifer und Ehrgeiz an den Tag, sein Land in die richtige Richtung zu lenken, als Georg Bernhard. Stets hatte er die Zukunft im Blick und vergaß darüber manches Mal die Gegenwart. Gerade für den sozialpsychologischen Aspekt, nämlich den Hass aller gutgläubigen Patrioten auf die Siegermächte, die so ungeheure Reparationszahlungen forderten, oder die Scham aller empfindlicheren Menschen ob der Peitschenschläge, die das siegreiche Frankreich so unbarmherzig austeilte, fehlte ihm der Blick. In der *Vossischen Zeitung* machte sich Bernhard zum Advokaten Frankreichs, des schlimmsten und kaltblütigsten Feindes. Französische Offiziere verhielten sich höchst anmaßend. Es hieß, sie gingen mit der Reitgerte in der Hand durch die Straßen der besetzten Gebiete und übten handgreifliche Rache an Zivilisten, die sich weigerten, die gebotene Achtung zur Schau zu stellen. Jeder Deutsche, der nicht beiseitetrat, wenn ein Repräsentant der Besatzungsmacht sich von Ferne zeigte, bekam unweigerlich die Knute zu spüren.

Nach einem gewonnenen Krieg machen die Siegermächte immer wieder den gleichen alten Fehler: Sie provozieren Ressentiments, anstatt auf eine Versöhnung hinzuarbeiten. So flammt ein Abscheu unter den Besiegten auf, den weder Schützengraben noch Artilleriebeschuss hatte hervorrufen können: durch erniedrigende Friedensbedingungen und das provokante Auftreten von ein paar jämmerlichen Besatzungsoffizieren.

Unseligerweise verschloss Georg Bernhard die Augen davor. Er verlor einen Großteil seiner Leserschaft und brachte einige von den hellsten Köpfen gegen sich auf. Andererseits war seine Absicht sehr wohl nachvollziehbar. Die Nachbarländer Deutschland und Frankreich hatten weitaus mehr gemeinsame Interessen als Deutschland und Großbritannien. Überdies – seltsame Verkettung von Umständen – erschien wenig später in München eine Zeitung, die sich *Völkischer Beobachter* nannte und ganz ähnlich argumentierte. Sie behauptete, Englands Interessen seien zu andersgeartet, aber eine Verständigung mit Frankreich sei denkbar. Am 19. Dezember

1920 ging das Blatt in die Hände von Adolf Hitler über, genauer gesagt in die Hände seiner Partei. Und diese schreckte auch nicht davor zurück, von einer Allianz mit Frankreich zu sprechen. Drei andere Männer in Deutschland vertraten dieselbe Ansicht: die Generäle Ludendorff und Hoffmann und der Fabrikant Arnold Rechberg. Mehrmals hatte sich Rechberg – als Leitartikler der *Vossischen Zeitung* – dahingehend geäußert. Auch Hitler gab auf öffentlichen Veranstaltungen solche Ideen von sich. Wenngleich es zu diesem Zeitpunkt noch nicht von Bedeutung war, welche politischen Ziele er verfolgte.

Parteipolitisch handelte es sich damals um einen Kampf aller gegen alle. Hitlers Partei, die zufällig in diesem Punkt mit Bernhard einer Meinung war, spielte damals keine große Rolle. Die Konservativen schäumten vor Wut. Auf einer öffentlichen Veranstaltung in Berlin erhob sich der bekannte Architekt Bodo Ebhardt und rief mit geballten Fäusten zum Widerstand gegen die Franzosen und ihr provokatives Benehmen auf. Und er setzte auch die hirnverbrannte Ansicht in die Welt, dass die deutsche Armee niemals geschlagen worden sei. »Sie wurde hinterrücks erdolcht«, schrie er, »hinterrücks erdolcht und verraten.« Mit solchen Reden spalteten er und seinesgleichen die politische Landschaft Deutschlands in zwei, drei, vier – bald waren es zwanzig – unterschiedliche Lager auf.

Die Sozialisten, die voller Tatendrang das Erbe des Kaiserreichs angetreten hatten, wurden von zwei Seiten schwer bedrängt. Von rechts attackierte man sie mit der Dolchstoßlegende und dem Vorwurf des Vaterlandsverrats, von links verlangten die Kommunisten die Abschaffung der bürgerlichen Gesellschaftsordnung. Im Tiergarten wurden Karl Liebknecht und Rosa Luxemburg von Offizieren der Reichswehr zu Tode geprügelt. In München wurde einen Monat später der Sozialist Kurt Eisner auf offener Straße erschossen.

Kurz zuvor war die Nationalversammlung in Weimar zusammengetreten, um Deutschland eine neue Verfassung zu geben. Der Professor für Bürgerliches Recht Hugo Preuß war mit der Konzipierung beauftragt. Gezwungenermaßen enthielt die Verfassung auch Klauseln, die von den Sozialisten gefordert worden waren, und das Stimmrecht war so unglücklich formuliert, dass es zur Quelle von allerlei Zwietracht in Deutschland wurde.

Niemand sah das klarer als Georg Bernhard. Er warnte vor dem Verhältniswahlrecht und sah voraus, dass die große Anzahl der daraus entstehenden Parteien viel Unheil anrichten würde. Er ging sogar auf Preuß persönlich zu: »Es wird jede Möglichkeit zu einer klaren Mehrheit im Parlament behindern«, sagte Bernhard.

»Ich bin dazu gezwungen worden«, war die Antwort.

Bernhard drang in ihn: »Man wird Sie dafür verantwortlich machen. Tun Sie doch um Himmels willen nichts gegen Ihre Überzeugung.«

Preuß jedoch stellte sich taub für Bernhards Vorhersagen. Kurze Zeit später zogen nicht weniger als zwanzig verschiedene Parteien in den Deutschen Reichstag ein – und mit ihnen ein Gemisch aus ökonomischen und ideologischen Vorstellungen, das letzten Endes zum Niedergang des Parlamentarismus führen würde. Demokraten und Sozialisten saßen dort, Katholiken und Junker, Industrielle und Bauern, Antisemiten und die deutsche Jugend. Ganz links saßen die Kommunisten und rechts die Konservativen – die sich übrigens jetzt als Deutschnationale bezeichneten, als seien sie die einzigen Patrioten im Land.

Die Nationalsozialisten waren noch nicht darunter, aber

die Parteien mit kommunistischen Tendenzen, die sich von der Wirtschaftsmisere nährten, entwickelten sich prächtig. Hätte das wahnwitzige Wahlprinzip nicht zur Aufspaltung der Mitte geführt, wären der Radikalismus und der Hitlerismus durch einen geschlossenen Block der gemäßigten Parteien im Keim erstickt worden. Aber im Rahmen des Verhältniswahlrechts war auch die kleinste und blödsinnigste politische Gruppierung imstande, ihre Kandidaten durchzusetzen. Schon die geringste Stimmenanzahl genügte, um im Parlament repräsentiert zu werden.

Nehmen wir einmal an, ein Redner würde den Einzelhandel aufwiegeln und die Kaufhäuser für alles Elend dieser Welt verantwortlich machen. Er würde mit Beifall überschüttet und unverzüglich eine Partei gründen, die verspräche, alle Missstände durch den Kampf gegen die Kaufhäuser zu beseitigen. Ein anderer möchte vielleicht alle katholischen Interessen bündeln – als ob das irgendwas mit den aktuellen Problemen zu tun hätte. Und ein Dritter hat etwas gegen die Nasen der demokratischen Parteiführer und gründet eine weitere Volkspartei. Das ganze Gebilde entwickelte sich rasch zu einem Mosaik aus winzigen Parteien, die sich als unfähig erwiesen, die Republik gegen den Kommunismus und die extremen Rechten zu verteidigen.

Indessen konnte man beobachten, wie sich in England klammheimlich eine ähnliche Entwicklung vollzog. Die Konservativen standen auch hier im schroffen Gegensatz zu den Liberalen oder Demokraten, ebenso die Demokraten zu den Sozialisten. In ihren Wahlschlachten waren die Themen jedoch klar geschieden. In Deutschland wiederum kam nach dem Großen Krieg ein Haufen von Wirrköpfen an die Macht. Die Vielzahl ihrer ideologischen Konflikte machte es fast unmöglich, klar Position zu beziehen.

Unter dem gleichen Kuddelmuddel von Ideologien und Interessen litt auch der Völkerbund, als er am 16. Januar 1920 zum ersten Mal tagte. War er eine gleichberechtigte Versammlung der Nationen, ein Machtinstrument der Siegermächte oder einfach ein angenehmes Kaffeekränzchen unter Staatsmännern? Zunächst setzte die *Vossische Zeitung* große Hoffnungen auf den Völkerbund im Glauben daran, dass er der Friedenshort sei, an dem Deutschland Gerechtigkeit widerfahren werde. Mit Georg Bernhard als unserem politischen Leithammel vertraten wir in all unseren Blättern die Ansicht, dass Deutschland seine Verpflichtungen aus dem Krieg zu erfüllen habe – selbst dann noch, wenn die Zahl der Forderungen ins Unermessliche stiege –, bis zu dem Zeitpunkt, da der Völkerbund ein Einsehen hätte und uns das Joch erleichterte. Das war die Leitlinie der *Vossischen Zeitung*.

Bernhard selber fuhr ständig mit Rathenau oder Stresemann zwischen Genf und Berlin hin und her. Aber bereits beim ersten Gipfeltreffen erfuhr seine Zuversicht einen schweren Dämpfer. Der Zutritt zu dieser illustren Gesellschaft kam ihm nicht mehr vor wie das Tor zum Gelobten Land, sondern wie der Eingang zur Hölle, über dem geschrieben steht: »Lasst alle Hoffnung fahren.«

Zunächst war da der Streit über den Umfang der Streitkräfte. Die einzelnen Landesvertreter wurden befragt, wie hoch sie ihre Ansprüche und Bedürfnisse veranschlagten. Alle schielten dabei auf die Nachbarländer und orientierten sich mehr an deren als an ihren eigenen Vorstellungen. England wünschte sich eine Begrenzung der Infanterie und Frankreich die Abrüstung der Seeflotte. England wiederum war darauf aus, die U-Boote abzuschaffen, da sie eine Bedrohung für die großen Schlachtschiffe darstellten. Frankreich fand, das sei keine gute Idee, weil es viele U-Boote besaß, um damit England in Schach zu halten. Auch die Parole des englischen Premierministers Ramsay MacDonald – »Unsere Flotte gehört uns!« – war nicht dazu angetan, die Franzosen zu erfreuen. Ihre Stärke lag in der Infanterie, und sie hatten keine Lust, diese Waffe zu verlieren. Kurz: Es wurde nur allzu schnell deutlich, dass jedes Land seine Partikularinteressen verfolgte.

Bei seiner Rückkehr aus Genf wurde Bernhard von Leuten umringt, die Genaueres wissen wollten, aber auch von solchen, die das Gefühl hatten, bereits zu viel gehört zu haben. Zu Letzteren zählte auch unser Pekinger Korrespondent Erich von Salzmann, der sich gerade in Berlin aufhielt. Er glaubte weder an die Überparteilichkeit noch an die Handlungsfähigkeit des Völkerbundes, falls eine der großen Nationen mit einer anderen aneinandergeriet. »Kriege richten sich nicht nach dem Recht, sondern nach Machtkonstellationen«, beharrte er. »Wartet nur, bis eine der größeren Nationen, etwa Italien, sich mit einer anderen überwirft, dann werdet ihr sehen, wie wenig sie sich um den Völkerbund schert.«

Wir brauchten nicht lange zu warten. Italien erklärte Griechenland drei Jahre später, im August 1923, den Krieg, weil ein Italiener, der General Enrico Tellini, von einem Griechen ermordet worden war. Italien weigerte sich, dem Völkerbund Mitspracherecht einzuräumen, bombardierte und besetzte Korfu und bestand darauf, dass einzig die Botschafterkonferenz kompetent vermitteln könne. Diese entschied, dass Griechenland eine Entschädigung in Höhe von einer halben Million Pfund Sterling zu zahlen hätte. Obwohl Italien Mitglied des Völkerbundes blieb, erklärte es dann auch noch Abessinien den Krieg. Im Übrigen war Italien nicht der einzige Aggressor. Japan hatte unterdessen China attackiert. Und was tat der Völkerbund? Gar nichts. Er war machtlos.

Trotz all dieser Belastungsproben hielt die *Vossische Zeitung* den Glauben an den Völkerbund aufrecht. Bernhard begleitete deutsche Staatsmänner weiterhin nach Genf. Als Pressevertreter mit großem Einfluss auf die Regierung galt seine Stimme beinahe genauso viel wie die der Politiker.

So viel die demokratische Presse in diesen Jahren an Einfluss auf die Außenpolitik gewann, so groß war zugleich der Vertrauensverlust bei der deutschen Bevölkerung. Zu einem Zeitpunkt, wo alles drunter und drüber ging und der Radikalismus von rechts und links von den elenden Lebensbedingungen profitieren konnte, befand sich der Mann der Mitte in einer schwierigen Position.

Wieder erwies sich Walter Rathenau als wahrer Patriot. Mit Hinweis auf die wankende Währung und die schwache Kaufkraft der Deutschen riet er den Siegermächten, ihre Forderungen zu mäßigen. Nichts könne mehr im Ausland eingekauft werden. »Wenn uns niemand zur Hilfe eilt«, sagte er, »werden die Häuser zusammenbrechen, Frauen die Vorhänge von den Wänden reißen, um sich daraus Kleider zu nähen. Deutschland muss geholfen werden.« Der Hilferuf verhallte jedoch ungehört, und das schreckliche Resultat ist heute nur allzu spürbar. Hitler und das Chaos, das er in Europa ausgelöst hat, sind eine logische Folge jenes Klimas, das Frankreich im besiegten Deutschland nach 1918 erzeugt hat.

Zunächst blieben die Konsequenzen auf Deutschland beschränkt, wo die gemäßigten Kräfte inklusive der Presse den größten Schaden erlitten. Die Presse hatte bereits ihren Einfluss auf die große Masse eingebüßt, und obwohl die gemäßigten Parteien über die größte Publizität verfügten und die extremistischen Blätter kaum gelesen wurden, verbreitete sich der Radikalismus in einem rasenden Tempo.

Erheblichen Anteil daran hatten – fürchte ich – die Frauen.

Wie sich zeigte, hatte die Einführung des Frauenwahlrechts in der Tat die Reihen der Extremisten gestärkt, denn die Emotionalität von politisch unerfahrenen Frauen machte sie zur leichten Beute für stupide demagogische Phrasen. Lag ihnen denn nicht das Wohl der Nation am Herzen? Also wählten sie Parteien, die die Nation im Namen führten. In rauen Mengen liefen die Frauen zu den Deutschnationalen über, und sie schluckten auch die heuchlerische Legende, es sei ein Verrat gewesen, der die unbesiegbare kaiserliche Armee hinterrücks zu Fall gebracht habe. Davon, dass die Armee ihre Reserven aufgebraucht hatte, dass die Schlacht an der Somme am 8. Oktober mit eine katastrophalen Niederlage für die Deutschen geendet hatte und dass das Oberkommando der Wehrmacht unter Hindenburg die Regierung in Berlin angefleht hatte, innerhalb von 48 Stunden Friedensverhandlungen aufzunehmen, weil die Armee kampfuntauglich geworden sei oder dass der Kanzler, Prinz Max von Baden, dringend darum gebeten hatte, die Frontlinien zu halten, um günstigere Bedingungen für einen Waffenstillstand zu erwirken – von alledem wollten sie nichts wissen. Und sie ignorierten auch, was Ludendorff darauf geantwortet hatte, nämlich dass auch nur ein einziger Tag des Zögerns die gesamte Armee dem Untergang preisgebe, und dass Ludendorff desertiert war und sich nach Schweden abgesetzt hatte. Diese Frauen verschlossen die Augen vor den offen zutage liegenden Tatsachen mit dem Resultat, dass sie sich den Scheinargumenten der Demagogen ergaben und sich von ihnen einspannen ließen.

Unter der Wählerschaft waren die Frauen die radikalsten. Während ein Mann dazu tendiert, verstandesmäßig zu reagieren, lassen sich Frauen leichter von ihren Emotionen hinreißen. Sie waren bereit zu glauben, dass die Kommunisten und Sozialisten für Deutschlands Unglück verantwortlich seien – geradeso wie sie nachher unter Hitler nur allzu bereit waren, die Juden als Sündenbock zu akzeptieren.

Großen Auftrieb verlieh den Deutschnationalen auch der Streit um die Flagge. Die Regierung hatte es nämlich gewagt, die Flagge zu ändern! Die ruhmreiche Flagge des Kaiserreichs, das Schwarz-Weiß-Rot, war in Schwarz-Rot-Gold gewechselt worden. Verächtlich sprach man von den neuen Farben als Judenflagge. Als hätte man noch niemals zuvor in der Geschichte eine Flagge gewechselt! Jahrelang entzweite sich die Nation über dieser Frage, bis schließlich Hitler mit seinem Hakenkreuz kam und die Sache entschied.

Indessen war in Weimar die neue Verfassung verabschiedet worden. Hier beging die Presse einen gravierenden Fehler: Sie unterließ es, die Reden im Wortlaut abzudrucken, die im Reichstag gehalten wurden. Ich war von der Notwendigkeit überzeugt, den Deutschen das neue Parlament näherzubringen, und wandte mich diesbezüglich an Bernhard: »Zu Kaiserzeiten haben wir, obwohl das Parlament unter der autokratischen Machtausübung von Wilhelm II. keine Rolle spielte, dem Abdruck der Reden vier ganze Seiten eingeräumt. Und jetzt, wo das Parlament eine reale Macht repräsentiert, schweigen wir es tot. Das Parlament wird aber nur so lange Einfluss haben, wie seine Reden auch abgedruckt werden. Man verleugnet seine Bedeutung, wenn alles hinter verschlossenen Türen verhandelt wird.« Bernhard war mit mir einer Meinung und versprach, das dazu nötige zusätzliche Papier zu beantragen.

Bei der nun einberufenen Redaktionskonferenz sahen wir uns allerdings mit dem Widerstand absolut gleichgültiger Leute konfrontiert. Der Konzern war wohl zu groß geworden – zu viele Köche verdarben den Brei. Zu viele Leute mit zu wenig politischem Sachverstand hatten zu viel zu sagen. Richard Müller zum Beispiel, der Leiter der Tageszeitungen, zuckte mit den Schultern und behauptete, dass die Unkosten zu hoch seien, so viele Reden abzudrucken. Natürlich war ich mir völlig im Klaren darüber, dass die Unkosten hoch sein würden, deswegen war der Abdruck der Parlamentsreden auch lediglich in der *Vossischen Zeitung* vorgesehen, deren kleine Auflage die Kosten überschaubar hielt. In Ullsteins »Völkerbund« gab es jedoch zu viele politisch Desinteressierte, die unseren Vorstoß abschmetterten.

Hans Domizlaff, Partner des Zigarettenkönigs Reemtsma, schrieb damals eine Streitschrift, die mein Interesse weckte, weil ich ähnliche Gedanken hegte. Domizlaff brachte zur Sprache, dass versäumt worden sei, für den neuen Staat zu werben. Er fragte, warum sich niemand dazu bereitfinde, die neue Staatsform populär zu machen. Domizlaff und ich waren uns in diesem Punkt völlig einig.

In einer Rezension seiner Streitschrift in der *Vossischen Zeitung* bedauerte ich, dass nichts getan wurde, um die Menschen für die neue Republik einzunehmen. Ich wies darauf hin, dass die Armee zu einem Schattendasein verurteilt war, anstatt sich mit Musik und Flaggen auf den Straßen zu zeigen. Dass eine Militärkapelle auf den Straßen unvermeidlich Aufsehen und Emotionen erregt, ist unbestreitbar. In der Kaiserzeit hatte sie noch zum öffentlichen Leben der Städte gehört. Warum sollte die Republik nicht zeigen, dass auch sie Soldaten besaß? Oder warum sollte unser Reichspräsident weniger glanzvoll auftreten als der Präsident der Franzosen? Wenn in Longchamp der Wettkampf um den Grand Prix stattfand, fährt jener in einer Staatskarosse vor, flankiert von Kürassieren zu Pferde. Überdies sollte der Geburtstag der Republik zum öffentlichen Feiertag erklärt und alljährlich mit einer Truppenparade unter Anwesenheit der Regierungsspitze begangen werden. Präsident Ebert konnte sich im Festgewand blicken lassen – er war durchaus in der Lage, Repräsentationspflichten zu erfüllen. Ebert war von seinem Wesen her allerdings zu bescheiden, um spektakuläre Auftritte hinzulegen. Seiner Meinung nach war die Zeit dafür nicht reif, weil zu viele Probleme noch ungelöst waren. Das mag in den Anfangsjahren seine Richtigkeit gehabt haben, aber Ebert blieb bis 1925 Reichspräsident. Er starb, nachdem Deutschland das Schlimmste hinter sich gebracht hatte, aber seine bescheidene Haltung behielt er bis zum Tode bei.

Die Bedeutung der Propaganda sollte niemals unterschätzt werden. Domizlaff, Miteigentümer der Firma Reemtsma, wusste sehr genau, was die Firma ihrer cleveren Reklame verdankte, in die er, genauso wie Chesterfield und Camel in Amerika, Millionen investierte. Jeder, der keine Werbung betreibt, macht seinem Feind das Bett – das gilt für die Politik wie fürs Geschäft!

Domizlaffs Mahnung blieb vergeblich. Selbst als Hindenburg an Eberts Stelle trat, änderte sich nicht viel. Obwohl er daran gewöhnt war, Truppenparaden abzuhalten, fielen ihm die öffentlichen Auftritte zunehmend schwer, seines hohen Alters wegen. Zweifellos ist einer der Gründe für die Unbeliebtheit der Republik der Mangel an wirksamer Publizität.

Viel schwerer wog freilich die Tatsache, dass die Regierung in den ersten Jahren nicht in der Lage war, für Ruhe und Ordnung zu sorgen. Es wurde auf offener Straße geschossen. Die Luft roch nach Schießpulver. Es herrschte der permanente Ausnahmezustand. Um wenigstens für ein bisschen Nachtruhe zu sorgen, patrouillierte die Bürgerwehr mit weißen Armbinden des Nachts durch die Straßen. Die Kommunisten – sie nannten sich »Spartakisten« in Erinnerung an Spartakus, der 2000 Jahre zuvor den Staat bekämpft hatte, um die Sklaven zu befreien – drohten ständig mit Bürgerkrieg. 1919, ein paar Monate nach Unterzeichnung des Waffenstillstands, wüteten sie besonders wild und machten sich daran, die ganze Stadt lahmzulegen. Über den Ernst der Lage rechtzeitig in Kenntnis gesetzt, hatten wir Vorkehrungen getroffen. Wir hatten die Eisentore geschlossen und für jedes Tor einen Trupp von 30 Soldaten zum Schutz des Firmengeländes angefordert. Die ganze Streitkraft wurde von einem Matrosen aus Kiel angeführt. Als ich mit meinem Bruder Rudolf einen Kontrollgang im Hof machte, wurde uns von dem Matrosen versichert: »Hier kommt keiner durch, darauf können Sie sich verlassen!«

Die Spartakisten fühlten sich allerdings nicht eingeschüchtert von unseren Sicherheitsmaßnahmen. Wenig später tauchte an unserem Hauptgatter eine Gruppe von verlottert aussehenden jungen Männern auf, um mit dem Chef unserer Schutzwache zu verhandeln. Bevor wir ein einziges Wort hervorbringen konnten, wurde das Tor aufgeschlossen. Auf unsere Frage, warum er das Gegenteil von dem tat, was er kurz vorher versprochen hatte, antwortete der Matrose: »Besser als unnötiges Blutvergießen.«

Nun war alles zu spät. Der Trupp betrat unseren Hof. Da kam eine Botin zu uns herausgerannt, um meinem Bruder mitzuteilen, dass er am Telefon verlangt wurde. Der Anruf war belanglos, aber der Anführer der Kommunisten hatte meinen Bruder im Verdacht, die Gelegenheit nutzen zu wollen, um Hilfe von der Reichswehr anzufordern, und stellte ihm zwei Männer zur Seite. Dann erklärte er die ganze Firma für geschlossen. Kurz darauf traf Verstärkung für die Kommunisten ein: Gut zweihundert Männer mit Maschinengewehren begannen, unser Verlagshaus zu besetzen.

Eine Woche lang erschien keine Zeitung. Wir hatten auch nicht die leiseste Ahnung, was innerhalb der Mauern unseres Verlagshauses vor sich ging. Ungeheure Gerüchte machten die Runde:

»Alle Maschinen sind zerstört.«

»Das gesamte Mobiliar ist zerschmissen.«

»Alle Dokumente sind beschlagnahmt und verbrannt.«

Wie üblich, wenn keine reguläre Zeitung erscheint, nahmen die Gerüchte überhand. Jede auch nur denkbare Gewalttat wurde begangen. Man sprach davon, dass Ebert nach Stuttgart geflohen sei. Am siebten Tag hörte man Artilleriefeuer aus der Richtung Hallesches Tor. Einige Stunden später waren Regierungstruppen in die Innenstadt vorgedrungen und eröffneten das Feuer auf die Ullsteingebäude. Den ganzen Tag und die ganze Nacht hielt das Geschützfeuer an. In die Wände wurden Löcher geschossen, Fenster zerbrachen im Kugelhagel, bis endlich am Morgen des achten Tages die Kommunisten die Flucht ergriffen. Unter Mitnahme zahlreicher Schreibmaschinen flohen sie über die Dächer. Als Regierungstruppen schließlich die Tore aufbrachen, war das Verlagshaus verwaist, und nichts und niemand hinderte uns an der Rückkehr. Mit Ausnahme der Schreibmaschinen war alles an seinem Platz – obgleich sehr schmutzig. Die gesamte Putzkolonne von 270 Frauen brauchte zwei volle Tage, um die Büros bewohnbar zu machen. Als die Nachrichten wieder hereinzufließen begannen, erfuhren wir als Erstes, dass weder Ebert noch sein Kabinett die Hauptstadt je verlassen hatten.

Nach dem überstandenen Spartakusaufstand stieß das deutsche Volk einen Seufzer der Erleichterung aus und las wieder seine Zeitungen. Nichts beeinträchtigt den Geist eines Volkes mehr als der Verlust der gewohnten Nachrichtenversorgung. Nichts ist gespenstischer als geflüsterte Gerüchte, die noch durch die kleinsten Risse im Mauerwerk dringen. Erst wenn mit dem Tageslicht die Morgenzeitung kommt, von nachweisbaren Tatsachen berichtend, verflüchtigt sich der üble Dunstkreis der Gerüchte.

Trotz allem ließen Ruhe und Ordnung auf sich warten. Denn bald schon versuchten sich einige ehemalige Reichswehrangehörige an einem Putsch gegen die Regierung. Eines schönen Tages im März des folgenden Jahres (1920) wachten die Deutschen mit der Schreckensnachricht auf, dass Truppen unter dem Banner des alten Kaiserreichs durchs Brandenburger Tor marschierten. Einer unserer Laufburschen sah den Zug in die Wilhelmstraße einbiegen, stürzte ins nächstbeste Telefonhäuschen und rief in höchster Aufregung unser Redaktionsbüro an: »Soldaten mit schwarz-weiß-roten Flaggen marschieren gegen die Republik!«

Hals über Kopf stürzten vier oder fünf Reporter das Treppenhaus herunter, sprangen ins Taxi und waren in fünf Minuten an der Wilhelmstraße. Weiter kamen sie nicht. Die Straße war abgesperrt, und es hieß: »Halt! Wer weitergeht, wird erschossen!« An der Spitze der Putschisten standen General von Lüttwitz und Wolfgang Kapp. Sie besetzten die Regierungsgebäude, das Telegraphenamt und die Zeitungsverlage. Wieder wurden unsere Redaktionsräume in Beschlag genommen, nur diesmal von der Gegenseite.

Reichspräsident Ebert appellierte an die Arbeiter: »Streikt! Legt die Arbeit nieder und wehrt euch gegen die Putschisten. Kämpft mit allen Mitteln für den Erhalt der Republik. Es gibt nur ein Mittel, die Rückkehr von Kaiser Wilhelm zu verhindern. Legt die Wirtschaft lahm! Keine Hand soll sich rühren, kein Arbeiter den Diktatoren helfen. Generalstreik auf der ganzen Linie! Arbeiter, vereinigt euch!«

Der öffentliche Verkehr brach zusammen. Zu Beginn des

Streiks gab es auch kein Licht und kein Wasser, es wurde kein Brot gebacken, und die Metzgereien waren geschlossen. Für eine Mark konnte man improvisierte Pferdedroschken mieten, die einen ins Stadtzentrum brachten, aber die meisten waren dazu gezwungen, stundenlang zu Fuß zu ihrer Arbeitsstelle zu laufen, nur um dort vor verschlossener Tür zu stehen. Keine Zeitung durfte erscheinen. Der Ullstein Verlag entschloss sich daraufhin, in den Schaukästen seiner Filialen das Lesepublikum über den Verlauf des Streiks auf dem Laufenden zu halten. Zwei Tage später erschien allerdings ein Bote aus der Reichskanzlei mit einem Brief vom Kanzler Kapp: »Ich befehle der Firma Ullstein die sofortige Einstellung von Verlautbarungen falschen Inhalts und die umgehende Ersetzung durch andere wahren Inhalts. Sollte die Firma Ullstein der Aufforderung nicht Folge leisten, wird das gesamte Unternehmen für zwei Wochen geschlossen. gez. Kapp, Kanzler.«

General von Lüttwitz schlug noch schärfere Töne an. Er drohte mit »härtesten Strafen«, sollten die Bulletins weiterhin gedruckt werden. Auf die Frage, was er sich darunter vorstelle, erhielten wir die Antwort: »Standrechtliche Erschießung von Chefredakteur Georg Bernhard und allen fünf Ullstein-Brüdern.«

Tatsache ist, dass der Streik vorüberging, ohne ernsthafte Schäden zu verursachen. Die Versorgung mit Gas, Wasser und Lebensmitteln war bald wieder sichergestellt. Die ganze schauervolle Veranstaltung dauerte nicht länger als ein paar Tage. Dann brach der Putsch in sich zusammen, und die legitime Regierung wurde wieder eingesetzt.

Aber ach! Die Ruhe hielt nicht lange an. 48 Stunden später brach im Ruhrgebiet ein kommunistischer Aufstand aus. Der Friedensvertrag beschränkte das deutsche Heer auf 100 000

Mann. Die Regierung erbat von den Siegernationen eine Verstärkung der Streitkräfte, um besser mit solchen Turbulenzen fertig zu werden. Die Anfrage wurde abgewiesen.

Wenn man es genau betrachtet, war damals die ganze Welt mit Kampfhandlungen überzogen. In Palästina wurde bei einem Angriff auf jüdische Stellungen unser Korrespondent Wolfgang Weisl von einem Araber mit einem Messer angegriffen. Im selben Zeitraum kämpften Griechen gegen Türken. Die Iren rebellierten gegen die Engländer, und die Russen schlugen auf die Polen ein. Es sah nicht danach aus, als ob die Welt jemals Frieden finden sollte. Obendrein wurde Deutschland, das mit seinen Reparationszahlungen nicht fertig wurde, mit Sanktionen belegt. Der Wert der Mark begann zu fallen: Am 21. November 1921 kostete das Pfund Sterling bereits 820 Mark (früher: 20), sechs Monate später 1535 und dann in rascher Abfolge 3775, 130 000 und schließlich 500 000 Mark. Als sich trotz aller Gegenmaßnahmen der Regierung der Kursverfall fortsetzte, begann eine der schwierigsten Perioden in der Geschichte der Firma Ullstein. Bevor ich davon berichte, möchte ich aber eine andere wichtige Entwicklung erwähnen.

Als die britische Regierung Lord Reading – ehemals Rufus Isaacs – zum Generalgouverneur und Vizekönig von Indien ernannte, widmete ihm der Wirtschaftsteil der *Vossischen Zeitung* einen langen Artikel, in dem daran erinnert wurde, dass auch Lord Beaconsfield, mit bürgerlichem Namen Disraeli, der unter Kaiserin Victoria dem britischen Weltreich als Premierminister so außerordentlich wertvolle Dienste erwiesen hatte, jüdischer Herkunft war. Auch in der Weimarer Republik war es für Menschen jüdischen Glaubens möglich, hohe Regierungsämter zu bekleiden. Zu dieser Zeit war kein Geringerer als Walter Rathenau deutscher Außenminister. Er war der Sohn des Gründers der AEG. Groß, gut aussehend, stets gut gekleidet, niemals verlegen um eine witzige Antwort, war er der Stolz des Kabinetts. Alle waren von seiner hohen Intelligenz und Beredsamkeit überwältigt, die er auch als Autor philosophischer Werke unter Beweis stellte.

Ich begegnete ihm einmal auf einer von Georg Bernhards Partys. Wir kamen auf mein Lieblingsthema zu sprechen: den Mangel an Propaganda für die Republik. Obwohl Rathenau doch nebenbei Chef eines gewaltigen Unternehmens war, zeigte er dafür wenig Interesse. Er betrachtete alles unter dem Blickwinkel der Energie und empfand den Aufwand, den man für die Werbung betreiben müsste, als Verschwendung. »Nehmen Sie mal die Tabakläden«, entgegnete er. »Man sieht sie an jeder Ecke. Junge Männer stehen auf Kunden wartend blödsinnig hinterm Kontor. Wie viel klüger wäre es, den Tabakverkauf auf einen einzigen Laden im Zentrum zu konzentrieren und auf diese Weise die Energie von Tausenden für bessere Zwecke freizusetzen.«

Ich protestierte mit dem Hinweis darauf, dass eine Firma, die hundert Filialen unterhielt, aufgrund der besseren Sichtbarkeit auch einen viel größeren Umsatz machen würde. Ohne Publizität könne weder ein Unternehmen noch eine Regierung einen nennenswerten Grad an Popularität erringen. Immer wieder versuchte ich, einflussreiche Leute von diesem Gedanken zu überzeugen. Aber es blieb den Nazis vorbehalten, den Wert der Propaganda zu erkennen – und sie zu missbrauchen.

Die Frage, ob es Rathenaus Reichtum oder seine hohe gesellschaftliche Stellung war, die einen solchen Hass hervorrief, ist schwer zu beantworten. Wahrscheinlich war es die Kombination von beidem, die vor allem bei der jüngeren Generation Anstoß erregte. Wie auch immer: Eines schönen

Tages im Juni lauerten ihm Attentäter auf. Ihr Wagen war dort geparkt, wo die Königsallee eine scharfe Kurve in den Grunewald macht. Wie üblich, wurde Rathenau im offenen Wagen chauffiert. Seine große Gestalt war schon von Weitem zu erkennen, wie er einstieg, um pünktlich Schlag neun im Ministerium zu sein. Durch die Kurve versteckt, überließen die Mörder so wenig wie möglich dem Zufall. Den Revolver im Anschlag lagen sie im Hinterhalt und machten die Hälse lang, um die ganze Länge der Straße überblicken zu können. Da kam auf die Minute genau das blinkende Fahrzeug näher. In der Kurve verlangsamte der Chauffeur die Fahrt, und fünf Schüsse fielen aus dem Hinterhalt. Die Kugeln verfehlten ihr Ziel. Rathenau duckte sich, der Chauffeur stieg aufs Gaspedal. Die Attentäter sprangen in ihr Auto und nahmen die Verfolgung auf. Aus der Nähe und in stehender Position feuerten sie noch einmal, und diesmal traf eine Kugel ihr Ziel. Rathenau brach zusammen.

Ein Barbier, der gerade die Straße entlangging und die Szene beobachtet hatte, eilte ins erstbeste Haus, um die *B.Z. am Mittag* anzurufen. Zu dem Zeitpunkt hatten wir eine Vorstandskonferenz, und ich werde nie vergessen – gerade wurde ein Bericht verlesen –, wie die Tür aufflog, Bernhard in den Raum stürzte und schrie: »Rathenau ist ermordet worden!« Wir saßen da wie vom Donner gerührt. Ich glaube, niemand zweifelte in diesem Moment daran, dass dieser politische Mord weitreichende Konsequenzen nach sich ziehen würde.

Die Mörder hießen Erwin Kern und Hermann Fischer – zwei engstirnige Rechtsextreme, die unter dem Einfluss eines gleichgesinnten Mannes namens Karl Tillessen gehandelt hatten. Ihre Ressentiments waren die einer ehemals privilegierten und jetzt weitgehend entmachteten gesellschaftlichen Elite. Dass der Krieg einen so ungünstigen Ausgang genommen hatte und es ihnen nun schlechter ging als vor dem Krieg, legten sie »den Juden und den Radfahrern« zur Last. (Frage: »Warum den Radfahrern?« Antwort: »Warum den Juden?«)

Tatsache ist, dass die Juden weder für den Ausbruch des Krieges noch für sein böses Ende verantwortlich waren – schon aus dem einfachen Grund, dass sie zu hohen militärischen Ämtern überhaupt keinen Zutritt hatten. Die ehemalige Elite des Kaiserreichs brauchte jedoch einen Sündenbock. Und darin lag der Unterschied zu England: Ein Jude als Vizekönig von Indien oder Premierminister erregte dort weder Hass noch Neid. Im Deutschland der Weimarer Republik dagegen wurden Juden, die in hohe Positionen aufstiegen, mit tödlichem Hass verfolgt – selbst wenn sie ihrem Land noch so gute Dienste erwiesen hatten.

In der zweiten Hälfte des Jahres 1922 stand die Welt Kopf. Selbst wir Zeitungsmacher fühlten uns zeitweise überfordert. In Italien machte sich der ehemalige Herausgeber der sozialistischen Zeitschrift *Avanti* Benito Mussolini daran, ein Söldnerheer aufzustellen, das an die Condottieri der Renaissance erinnerte. Mussolini verließ die Sozialisten und gründete eine Partei, die er »Fasci italiani di combattimento« nannte. Ihr Ziel war es, den Streiks ein Ende zu bereiten, von denen Italien erschüttert wurde. Nach einer aufsehenerregenden Kampagne floss vonseiten der Industrie Geld in Mussolinis Parteikasse, mit dem er eine Armee rekrutierte, ausbildete und unterhielt. In kurzer Zeit konnten es diese Männer mit den regulären Soldaten aufnehmen. Um sich von ihnen zu unterscheiden, trugen sie schwarze Hemden. Sie beschatteten öffentliche Personen, schlichteten Auseinandersetzungen und sorgten ganz allgemein für ein gottesfürchtiges

Leben. Regierung und Heer stellten sich derweil schlafend. Niemand nahm das beängstigende Wachstum von Mussolinis Partei zur Kenntnis. Bald war die Armee der Schwarzhemden größer als die Regierungsarmee, und im Jahr 1922 rief Mussolini zum faschistischen Kongress in Neapel auf.

Unverzüglich eilte Mario Passarge, der Rom-Korrespondent der *Vossischen Zeitung*, nach Neapel, wo er ein komplettes Armeelager vorfand, zum Staatsstreich bereit. Passarge bombardierte unsere Redaktionen mit Telegrammen, die uns davon in Kenntnis setzten, dass etwas ganz Außerordentliches im Gange war.

In Rom erlitt unterdessen der König von Italien Panikattacken bei dem Gedanken, abgesetzt zu werden. Seine Sorgen waren nicht ganz unbegründet. Mussolini forderte ihn per Telegramm aus Neapel dazu auf, ihn mit sämtlichen Vollmachten auszustatten; andernfalls werde er mit hunderttausend Schwarzhemden auf Rom marschieren. Auf die tapfere Ablehnung des Königs hin setzte sich Mussolinis Armee in Bewegung. Ausgestattet mit Panzern und schwerer Artillerie erschien sie vor den Toren Roms. Kein Widerstand rührte sich, keine Gegenwehr. Weder Armee noch Polizei traten in Aktion. Dann geschah etwas Unerwartetes: Anstatt den König abzusetzen, kniete Mussolini vor ihm nieder und erhielt von ihm den Auftrag, ein neues, faschistisches Kabinett zu bilden.

Die politischen Experten der *Vossischen Zeitung* fragten, wie auf Erden so etwas möglich war. Mit wie viel mehr Berechtigung hätte man diese Frage zehn Jahre später stellen können, als man Adolf Hitler erlaubte, auf ganz ähnliche Weise die Macht an sich zu reißen. Wer die Ereignisse in Italien verfolgt hatte, hätte doch versuchen müssen, die gleiche Katastrophe in Deutschland zu vermeiden. War denn alle Welt eingeschlafen – die Regierung, die Presse, das Parlament, die Armee? Nun, selbst wenn einige wenige die Augen offen gehalten haben, dann ließen sie den Rest jedenfalls weiterschlummern.

Auch die Staatsmänner anderer Länder nahmen die Gefahr nicht wahr. In England waren die Zeitungen voll mit sonstigen Nachrichten. In Ägypten hatten sie die Grabstätte eines antiken Herrschers ausgegraben und den intakten Leichnam eines Mannes zutage gefördert, der vor 3000 Jahren gelebt hatte. Tutanchamuns Name wurde mit so großen Schlagzeilen in die Welt hinausgeschrien, dass Mussolinis Staatsstreich beinahe ungehört vonstattenging. Die Nachrichten aus Ägypten waren eben verlockender: Im Grab des Königs hatte man einen goldenen Thron gefunden, einen phantastischen Spazierstock aus Elfenbein, Instrumente für die Maniküre, Spielzeugsoldaten und versteinertes Brot. Die Nachricht, dass sich Mussolini unterdessen ein ganzes Land unter den Nagel riss, konnte mit den sensationellen Funden im Land des Nils nicht mithalten.

Auch die Ermordung Rathenaus machte keinen größeren Eindruck auf die Weltöffentlichkeit. In Deutschland war die Währung ins Bodenlose gefallen, das Pfund war nun 200 000 Mark wert. Und als ob dies alles nicht gereicht hätte, begann der Kampf an der Ruhr.

Im April 1921 hatte die Reparationskommission festgelegt, dass Deutschlands Schulden sich auf 132 Milliarden Goldmark beliefen. Eine schwer vorstellbare Summe. Als 1871 Frankreich von Deutschland geschlagen und Napoleon gefangengenommen wurde, musste es fünf Milliarden zahlen. Nun wurde Deutschland gebeten, 132 Milliarden Mark zu zahlen. Vor dem Ersten Weltkrieg belief sich der deutsche Staatshaushalt auf 20 Milliarden Mark pro Jahr. Wie viele

Jahre würde es also dauern, um einen Überschuss von 132 Milliarden zu erwirtschaften? Die Zahl war astronomisch, und der Tag, an dem die komplette Summe gezahlt sein würde, nicht abzusehen.

Nichtsdestotrotz leistete Deutschland seine Zahlungen, so gut es konnte. Wegen einer Bagatelle fiel es aber in Rückstand: Bei einer der vereinbarten Zahlungen fehlte eine bestimmte Menge an Zinn.

Darauf hatte Frankreich nur gewartet. Ein paar Monate zuvor hatte der scharfzüngige Poincaré in Bar-le-Duc eine flammende, mit Drohungen gespickte Rede gehalten. Er forderte produktive Garantien, worunter er die Besetzung und Konfiszierung von deutschen Kohlebergwerken der chemischen Industrie verstand.

Ich habe nicht die Absicht, mich über diese allgemein bekannten Tatsachen länger auszulassen. Sie sind für mich jetzt nur insofern von Interesse, als sie mit den Belangen unseres Verlags, unserer Zeitungen und Zeitschriften verknüpft sind. Darum halte ich mich zurück bei der Beschreibung des sensationellen Tages, an dem die Franzosen mit schwerer Artillerie und großem Gebrüll über den Rhein setzten und ins Ruhrgebiet vordrangen, um sich das Herzstück der deutschen Industrie – 80 Prozent der Kohle wurden dort gefördert und ebenso viel Stahl hergestellt – anzueignen. Niemand, der die katastrophalen Folgen in Deutschland erlebt hat, wird dies je vergessen können.

Es herrschte das reinste Chaos. Waren, die am Morgen noch 1000 Mark gekostet hatten, waren am Nachmittag nur noch für 60000 Mark zu haben – und am nächsten Morgen für 150000 Mark. An einem Tag konnte man für einen Hering 1000 Millionen Mark ausgeben und am nächsten dreißigmal so viel. 30 Milliarden! Aus Sorge, dass sie abends für ihr Geld nichts mehr bekamen, verschwanden unsere Angestellten schon mittags aus den Büros, um einkaufen zu gehen. Anstatt wie früher einmal im Monat mussten wir den Lohn jetzt tagtäglich auszahlen.

In unserer Druckerei wurden nicht mehr Zeitungen, sondern Geldnoten gedruckt. Alle Zugänge mussten verschlossen werden, und Beamte der Reichsbank standen Wache. Um die Maschinen herum saßen ältere Frauen und starrten fasziniert auf die Stelle, wo die fertigen Scheine herausflossen. Es war ihre Aufgabe, dafür zu sorgen, sie in den dafür vorgesehenen Körben zu sammeln und den Beamten auszuhändigen.

Obgleich wir das Geld selbst druckten, waren unsere Banksafes immer leer. Allein das Alltagsgeschäft am Laufen zu halten stellte keine kleine Herausforderung dar. Von der *Berliner Illustrirten* beispielsweise verkauften sich anstelle von zwei Millionen Exemplaren nur noch 300 000. Wer um Himmels willen sollte auch Lust haben, sich Fotostrecken anzuschauen, wenn gleichzeitig die Welt aus den Fugen geriete und die eigenen Ersparnisse auf den Gegenwert eines Brotlaibes zusammenschrumpften? Freilich, es gab noch immer 300 000 Leser, die die *Illustrirte* kauften, aber wie sollten wir dafür Sorge tragen, dass der Preis, der heute auf die Titelseite gedruckt wurde, auch morgen noch stimmte? Die *Berliner Illustrirte* wurde montags gedruckt und erreichte die Zeitungskioske nicht vor Donnerstag – auch 300 000 Exemplare brauchten ihre Zeit für Herstellung und Vertrieb. Schließlich blieb uns nichts übrig, als den angemessenen Preis am Erscheinungstag zu schätzen. Bis dahin hatte immer auf der Titelseite gestanden: 10 Pfennig. Nun waren es 250 Milliarden, nächste Woche 600, 700, 800 oder 900 Milliarden. Am Verkaufstag wurde unsere Annahme regelmäßig enttäuscht: Der aufgedruckte Preis entsprach nicht mehr 10 Goldpfennig, sondern nur einem einzigen. Die Verluste waren exorbitant, denn ein Verlust von 9 Pfennig pro Exemplar summiert sich im Laufe eines Jahres auf Millionen.

Da nun die Mark ihren Wert verloren hatte, kamen wir zu dem Schluss, dass der einzige Weg, zu Geld zu kommen, die Einnahme von ausländischer Währung war: Schweizer Franken, Schwedische Kronen, Polnische Zloty oder Englische Pfund. Aber wie? Unsere gesamte Produktion war an den deutschen Sprachraum gebunden. Es lag auf der Hand, dass die Tageszeitungen in diesem Fall nicht hilfreich sein konnten. Ihre Reichweite beschränkte sich auf Berlin und Umgebung. Nur der Vertrieb der *B.Z. am Mittag* reichte weiter. Aber auch sie kam nirgends über die Landesgrenzen hinaus. Selbst die illustrierten Zeitschriften konnten sich im Ausland nicht durchsetzen. Als letzte Möglichkeit boten sich die Ullstein-Schnittmuster an. Wäre es nicht möglich, sie im Ausland zu vertreiben?

Für diesen Einfall musste die Firma vor allem zwei Mitarbeitern dankbar sein: Heinz Löwenthal und Rudolf Gutmann. Letzterer hatte den Job von Francis Hutter als Direktor der Zeitschriftenabteilung übernommen und lebt heute ebenfalls in Amerika, wo er als Verleger preiswerter Kinderbücher sehr erfolgreich ist. Der Plan dieser beiden brillanten jungen Männer betraf den Teil der Firma, der mir unterstand. Also machten wir drei uns unverzüglich daran, Kataloge und Zeitschriften in zwölf Sprachen übersetzen zu lassen: Französisch, Englisch, Schwedisch, Dänisch, Polnisch, Finnisch, Ungarisch, Jugoslawisch, Spanisch, Italienisch, Holländisch und Rumänisch. Wir vertrieben sie sogar in Ländern außerhalb unseres Kontinents. Von nun an konnte man Ullstein-Schnittmuster auch in Brasilien und Argentinien, in Batavia, Surabaya und Australien erwerben.

Wir waren gerettet. Endlich floss wieder Geld herein, dank der ausländischen Devisen. Die gesamte Firma atmete auf, wenn der Eingang von 10 000 Schwedischen Kronen oder Schweizer Franken in der zentralen Buchhaltung gemeldet wurde.

Mit diesem Geld waren wir auch in der Lage, die ausländischen Korrespondenten zu entlohnen, deren Gehälter in heimischer Währung bezahlt werden mussten. Das ganze Unternehmen konnte so vor dem Bankrott bewahrt und sicher durch die Stürme der entsetzlichen Inflation gesteuert werden.

Der Sommer unseres Missvergnügens ging im November 1923 zu Ende. Die letzte Novemberausgabe der *Berliner Illustrirten* vor dem endgültigen Zusammenbruch der Währung kostete eine Milliarde Mark. Auf der Titelseite der nächsten Ausgabe stand der neue Preis: 20 Pfennig. Es war uns beinahe zumute, als kehrten wir über Nacht zu den guten alten Zeiten zurück – ich sage: beinahe. Denn da wir der Kaufkraft der neuen Währung (Rentenmark) nicht über den Weg trauten, verdoppelten wir den ursprünglichen Preis von 10 Pfennig. Im Übrigen war der Anzeigenteil so enorm angewachsen, dass wir auch den redaktionellen Teil entsprechend vergrößern mussten, damit kein Ungleichgewicht entstand. Das alles wurde durch die Anhebung des Preises ermöglicht, der nach der Inflation ohnehin unendlich klein wirkte. Unsere Preispolitik ging auf. Wir hatten das Unternehmen erfolgreich durch die Stürme des Spartakusaufstandes, des Kapp-Putschs und der schrecklichsten Inflation gesteuert – durch die Stürme zu den Sternen.

Der Mann, der für die Wiedergeburt Deutschlands verantwortlich war, hieß Charles Gates Dawes und war Amerikaner. Der passive Widerstand der Deutschen gegen die Franzosen hatte für sich genommen nichts bewirkt. Im Gegenteil: Als die Währung zusammenbrach, brach auch der Widerstand zusammen. Frankreich hatte mit seiner Machtpolitik aber auch nichts erreicht, denn mit der Inflation war Deutschland zahlungsunfähig geworden. In der Folge wurde unter Vorsitz von Charles Gates Dawes eine Kommission einberufen, in der das Prinzip der Rache durch ökonomischen Sachverstand ersetzt wurde. Das Ergebnis konnte sich sehen lassen: Amerika finanzierte die deutschen Reparationen, und Deutschland brauchte pro Jahr nur noch eine Milliarde zu zahlen. In den Jahren 1928 und 1929 sollte diese Summe auf zweieinhalb Milliarden angehoben werden. Eine internationale Anleihe verschaffte Deutschland die notwendige Liquidität.

Bis 1929 wurden alle Zahlungen korrekt ausgeführt. Noch einmal blühte Deutschland fünf Jahre lang auf. Diese neue Lebenspracht war ein Segen fürs Geschäft und kurbelte auch unsere Unternehmungslust an. Selbst wenn uns die *Vossische Zeitung* mit ihrem hohen Anspruch unverschämt viel Geld kostete, trieb uns der Ehrgeiz zu immer verwegeneren Unternehmungen. Wir entdeckten immer wieder Neuland.

Unser erstes Projekt wurde unter dem Namen *Grüne Post* bekannt. Die Idee dazu hatte mein Bruder Franz. Die Zeitschrift war für die ländliche Bevölkerung gedacht – und ihr Erfolg war erstaunlich: Ende des Jahres hatte sie bereits eine Million Leser. Bei genauerer Betrachtung stellte sich allerdings heraus, dass die Leserschaft nicht so sehr aus Landwirten bestand, sondern aus den vom Landleben begeisterten Kleinstädtern, die alles über Weizen, Roggen, Schweine- und Geflügelzucht, Fischfang, Blumen und Küchenkräuter wissen wollten – verhinderte Landwirte, die das Schicksal zwischen städtischen Mauern gefangen hielt und die davon träumten, mit dem geschulterten Gewehr auf Hasenpirsch zu gehen. Denn in der Brust eines jeden Kleinstädters schlägt ein Herz, das sich nach dem Ententeich sehnt. Wenn seine Leidenschaft für Feld, Wald und Wiese schon nicht in der Wirklichkeit befriedigt wird, so möchte er zumindest darüber fachsimpeln können.

Der Erfolg der *Grünen Post* bei den Kleinstädtern überraschte uns. Er trug sehr zu unserem Ansehen und Einkommen bei, was wiederum den Nazis Kopfschmerzen bereitete, denen es ungelegen kam, dass die Ullsteins in ihr ureigenstes Territorium einbrachen. Die Nazis imitierten uns. Sie brachten eine Zeitschrift heraus, die sich *Braune Post* nannte – eine wenig inspirierte Unternehmung, deren einziger Sinn darin bestand, einen Teil unserer Leser abzugreifen.

Obgleich sich die beunruhigenden Zeichen mehrten und die Nazis immer unverschämtere und bedrohlichere Töne anschlugen, galt Hitler noch lange nicht als der »kommende Mann«. Die Parlamentswahlen von 1928 ergaben eine glatte Niederlage für die Nazis. Bei den öffentlichen Veranstaltungen traten sie allerdings zusehends aggressiver auf. Sie fanden in überfüllten Sälen statt und wurden von donnerndem Applaus begleitet. Keine andere Partei konnte solche Beifallsstürme entfachen. Die Nazis wussten sich am besten in Szene zu setzen. Fahnen wurden feierlich entrollt, und Trompeten kündigten den Auftritt des »Führers« an. Es wurde gesungen, und die SA skandierte ihre Parolen in den Straßen:

»Wenn der Sturmsoldat ins Feuer geht
Ei, da hat er frohen Mut!
Und wenn das Judenblut vom Messer spritzt
Dann geht's noch mal so gut!«

Solche Vorkommnisse waren unseren Redakteuren sehr wohl bekannt, aber sie schenkten ihnen nicht genügend Aufmerksamkeit. Als Goebbels einmal jemanden aus unserer Firma fragte, was die Juden von seiner antisemitischen Hetze hielten, bekam er zur Antwort: »Sie werden hier nicht so ernst genommen!«

Das entsprach der Wahrheit – und führte zur deutschen Tragödie. Während das Land aufzublühen schien, machte Hitler sich daran, sämtliche Strukturen zu unterminieren. Obwohl er während dieser ersten Jahre brüllte wie ein Verrückter, war er nicht in der Lage, eine wahre Revolution zu veranstalten. Erst als die Arbeitslosigkeit ihm den nötigen Explosivstoff lieferte, konnte er reüssieren. Bis dahin predigte er tauben Ohren. Nur die, die ihn in persona erlebten, verfielen ihm. Denn was die Rhetorik betraf, war er zweifellos ein wahrer Demosthenes und im Besitz einer Gabe, die sonst nur den Religionsstiftern zuteilward: Er konnte seine Zuhörerschaft wahrhaft mitreißen. In der Firma war er öfters Thema. Ich kann mich gut entsinnen, wie einige von uns bei einer Diskussion über Hitler sehr schnell in Streit gerieten. Eine Redakteurin, die beteuerte, dass man kein Recht habe, über Hitler zu urteilen, bevor man ihn nicht bei einer Massenkundgebung erlebt habe, entfachte die Diskussion. »Sogar inhaltlich scheint er in mancher Hinsicht gar nicht so falsch zu liegen. Zweifellos sind die Löhne nach der Stabilisierung der Mark zu tief angesetzt worden.«

Ein anderer Redakteur wandte ein: »Erzählt er nicht den Industriellen das genaue Gegenteil? Denen sagt er, dass er sie von den permanenten Streiks und Lohnkämpfen befreien will. Er schiebt alle Schuld auf die Kommunisten und fordert ihre Ausrottung – mit Stumpf und Stiel.«

Jetzt mischte sich Diplomaticus ein. »Gestern hatte ich ein

Mittagessen mit Staatssekretär Rohwaldt, der mir sagte, dass Hitler den Hohenzollern die Wiedereinführung der Monarchie versprochen hat!«

»Voilà«, rief Graf Montgelas. »Er verspricht allen alles. Anderntags sagte Pacelli, der päpstliche Nuntius, zu mir, Hitler habe sich zum Katholizismus bekannt und sei jederzeit bereit, ihn zu verteidigen. Worauf es hinausläuft, ist, dass Hitlers einziges ernstgemeintes Anliegen die Verurteilung der Juden ist. Ich bin sicher, dass er sein Versprechen, das er dem Kleinbürgertum gegeben hat, wahr machen will – die Seuche der jüdischen Warenhäuser abzuschaffen.«

»Aber wie um alles in der Welt will er das machen, ohne die Preise in die Höhe zu treiben?«, wandte ich ein. »Was immer man gegen die Kaufhäuser und Warenhausketten sagen kann, ihre enormen Umsätze haben dazu beigetragen, die Lebenshaltungskosten zu senken.«

In diesem Moment mischte sich Georg Bernhard in die Diskussion ein: Seiner Meinung nach könne man das Rätsel von Hitlers Charakter relativ leicht lösen, indem man sein Buch *Mein Kampf* lese. »Er widerspricht sich selbst am laufenden Band. Auf einer Seite wettert er gegen die Kultur, auf der anderen bezeichnet er sich selbst als Protagonisten einer *höheren* Kultur. In einer anderen Passage besteht er dann darauf, dass der Wert oder Unwert einer Nation sich nicht an ihrem kulturellen Niveau bemessen lässt. Einmal führt er Gott im Munde, ein anderes Mal behauptet er, das Christentum habe spirituellen Terror in die freie Welt der Antike getragen. Niemand könne verleugnen, sagt er, dass seit Christi Geburt Terror die Welt regiere. Wie auch immer: Ich sehe es als jedermanns Pflicht an, das Buch zu lesen, insbesondere all den Schund über die Zinsknechtschaft. Hitler ist der Inbegriff der Ignoranz, und deswegen müssen wir uns vor ihm in Acht nehmen. Es sind die Ignoranten, die unsere Welt mit ihren falschen Parolen in Ketten legen – sie sind die allergefährlichsten Leute.«

Nun, da er einmal angefangen hatte, würde Bernhard seine Reflexionen über den Mann der Stunde gewiss ausgedehnt haben, hätte nicht jemand die Tür aufgerissen und seinen Namen gerufen: »Herr Bernhard! Wien ist am Telefon!« Diesmal wurde er von der *Neuen Freien Presse* verlangt. Sie baten um unverzügliche Bestätigung einer Nachricht, derzufolge Trotzki nach Turkestan verbannt worden sei. Ja, die Nachricht sei zutreffend, sie sei soeben von einem Radiosender bestätigt worden. Und die *New York Times* forderte per Telegramm 3000 Wörter über die Einzelheiten des Vorfalls.

Einige Minuten später wurde er wieder ans Telefon gerufen. »Herr Bernhard! Herr Bernhard! Amsterdam ist in der Leitung für Sie!«

»Herr Bernhard wird zurückrufen. Er ist am Telefon mit Rom«, war die Antwort einer Sekretärin.

Als Chefredakteur der *Vossischen Zeitung* war Bernhard in ständigem Kontakt mit allen Hauptstädten Europas und hatte keine ruhige Minute. Unser Nachrichtendienst war niemals aktiver als in diesen Tagen. Er bediente nicht nur die Mehrheit der deutschen Presse, sondern auch einen guten Teil der ausländischen. Unsere Filiale in Wien, vorzüglich geführt durch Karl Lahm, versorgte den ganzen Balkan mit Nachrichten. Als Dienstleister war er noch bedeutender als Wolffs Telegraphisches Büro. Als ich 1928 das erste Mal nach New York kam, fragte mich Adolph Ochs, der Inhaber der *New York Times*, ob wir ihm 100 000 weitere Wörter wöchentlich zukommen lassen könnten.

Ja, konnten wir. Und wir taten es.

Zu keinem Zeitpunkt in der Geschichte unseres Unternehmens entwickelten sich die Dinge günstiger als jetzt. Es vergrößerte sich in alle Richtungen und ließ sich von dem Grummeln unter der Oberfläche nicht einschüchtern. Ganz besonders galt das für unseren Buchverlag. Er preschte geradezu nach vorn. Der Programmverantwortliche war Dr. Emil Herz, ein wahres Genie im Erfinden von neuen Buchprojekten, der auch den früheren Kanzler Fürst Bülow als Autor gewann. Seit geraumer Zeit war es sein Ehrgeiz, seine Memoiren zu veröffentlichen, teils um die politischen Weichenstellungen während seiner Amtszeit zu rechtfertigen, teils um der Polemik willen. Mehrere Jahre saß er an der Abfassung von fünf dicken Bänden. Es wurde uns allerdings verboten, diese Memoiren vor seinem Tod zu veröffentlichen, denn Bülow hatte kein Verlangen danach, die möglicherweise ablehnenden Reaktionen erleben zu müssen. In der Tat behandelte er einige Leute ziemlich schroff, wohingegen er anderen übergroße Nachsicht angedeihen ließ. Auf alle Fälle hatte er keine Lust, sich dafür kritisieren zu lassen. Im fortgeschrittenen Alter hatte er ein großes Vermögen geerbt. Wie viele andere verlor er es jedoch in der Inflationszeit, sodass er in diesen schlechten Jahren auf unsere Vorschüsse angewiesen war.

Bülow war ein stets willkommener Gast im Haus meines Bruders Franz, und wir ließen keine Chance aus, ihn in seiner Villa Malta in Rom zu besuchen. Immer anregend und intelligent, war er dennoch so einfach geblieben, dass sogar sein Kammerdiener Joseph, der das schmale Budget des Fürsten verwaltete, Überlegenheitsgefühle entwickelte. Wenn ein Besucher größer war als er, dann ließ Bülow ihn eine Weile lang stehen, damit dieser seine Überlegenheit genießen konnte. Wenn er dagegen kleiner war, dann wurde er sofort gebeten, sich zu setzen.

Es gab nichts, was Bülow mehr Spaß machte, als Leute auf den Arm zu nehmen – ein Vergnügen, das er sich im Reichstag allzu selten hatte leisten können. Seine ernsten Gedanken galten aber immerzu der Zukunft Deutschlands. Und er war sich keineswegs im Unklaren über die Gefahren, die dem Land bevorstanden. »Ihr könnt diesen Hitler nicht ernst genug nehmen. Es mag der Tag kommen, an dem er euer ganzes Gebäude niederreißen wird.«

Ein andermal sagte er mir während eines Rombesuchs vorausschauend: »Für vieles, was wir uns in der Vergangenheit geleistet haben, werden wir in Zukunft noch zahlen müssen. Der Zusammenbruch des österreichisch-ungarischen Kaiserreichs und die Gründung so vieler neuer kleiner Staaten mögen sich als Europas Unglück erweisen. Angenommen, irgendeine Großmacht greift sie an, wer kommt ihnen zu Hilfe?«

Fürst Bülow starb im Oktober 1929. Es war ihm nicht vergönnt, den Zusammenhang seiner beiden Prophezeiungen zu erkennen. Umso mehr blieben mir seine Worte in Erinnerung.

Wir kamen auf den Gedanken, Bülows Memoiren diejenigen von Gustav Stresemann folgen zu lassen. Stresemann aber blieb im Amt bis zu seinem Ende und hatte keine Zeit, seine Erinnerungen fertigzustellen. Einmal ging ich ins Auswärtige Amt, um ihn daran zu erinnern, und sah schon die Zeichen seines nahenden Todes. Er sah krank aus, als er mit einer müden Geste die Anfänge seines Manuskriptes aus der Schublade zog. »Ich habe nicht mehr als 100 Seiten zustande gebracht«, sagte er. »Kabinettsmitglied zu sein und gleichzeitig ein Buch zu schreiben ging über meine Kraft.« Er hätte es gerne beendet, und wenn auch nur für seine nächsten Angehörigen, für Frau und Söhne, aber leider starb er zuvor.

Abgerundet wurde unser Buchgeschäft durch den Erwerb einer fabelhaften Sammlung, die der Münchner Verleger Georg Müller bereits zur Veröffentlichung vorbereitet hatte. Um einen finanziellen Engpass zu überwinden, erlaubte er uns, einen Teil dieser Sammlung in unser Verlagsprogramm zu übernehmen. Unter anderem gehörten dazu eine wundervolle Goethe-Ausgabe in 45 Bänden, eine 30-bändige Schiller-Ausgabe und 20 Bände von Autoren der klassischen Antike. Zugleich erwarben wir einen Verlag für Luxusausgaben, der später als Propyläen Verlag bekannt wurde. Emil Herz, der mit seinen billigen Ausgaben so viel Erfolg gehabt hatte, widmete sich auch dieser Aufgabe hingebungsvoll.

Ende 1928 stand das Unternehmen auf sicheren Füßen. Doch diese Phase währte nur kurz. Kaum ein Jahr darauf wurde die ganze Welt von einer schrecklichen Wirtschaftskrise heimgesucht. In der Folge würde Deutschland der Demagogie zum Opfer fallen, und innerhalb weniger Jahre sollte unser Lebenswerk in den Abgrund gerissen werden.

Fassade des Ullstein-Verlagshauses an der Ecke Kochstraße/Charlottenstraße, in den 20er Jahren

ACHTES KAPITEL

Hitler ante portas

ES WAR NAPOLEON, der gesagt hat: »Vier feindliche Zeitungsartikel können mehr Schaden anrichten als 100000 Männer in offener Schlacht.« Napoleon betrachtete die Presse als die sechste Großmacht. Unglücklicherweise verhielt es sich in Deutschland anders.

Obgleich die nazifeindlichen Zeitungen weitaus mehr Leser erreichten – allein jeder siebte Deutsche las ein Produkt der Ullstein-Presse –, konnten sie den Siegeszug der Nazibewegung nicht aufhalten. Es mag zwar sein, dass sich die Opposition nicht deutlich genug ausdrückte und dass Hitler zunächst nicht ernstgenommen wurde, dennoch bleibt es ein Rätsel, wie ein Mann ohne die Unterstützung der Presse derart mächtig werden konnte.

Tatsache ist: Die Presse hat versagt. Der Autor selbst schließt sich hier mit ein und nimmt seinen Teil der Schuld auf sich. Es ist allerdings fraglich, ob eine heftigere Gegenwehr viel geändert hätte. Zu viele Faktoren kamen Hitler entgegen: eine unglückliche Wirtschaftspolitik, die Verarmung des Volkes, ein seniles Staatsoberhaupt, die Angst vor dem Kommunismus, Rassenhass und der politisch verordnete Abscheu vor dem Erbfeind im Westen.

Hitlers Verdienste waren krimineller Art. Lügen und Halbwahrheiten füllten sein Pulverfass, das in alle Richtungen explodierte. Dass es überhaupt Feuer fing, war sein Glück – und die Folge seiner Skrupellosigkeit, List und Tücke. Diese Eigenschaften erklären jedoch nicht, wie ein zweifellos talentierter Mann als Abschaum der Erde in die Geschichte eingehen wird. Seine Herkunft ist wohlbekannt. Es ist wohl kaum nötig, zu wiederholen, wie er unbehelligt durch deutsche Behörden vom österreichischen Kunstmaler Adolf Schicklgruber zum deutschen Staatsbürger Adolf Hitler wurde – eine Voraussetzung dafür, dass er Kanzler und dann »Führer« der deutschen Nation wurde.[4] Ich möchte lediglich ansprechen, welche Rolle die Presse bei seinem Aufstieg gespielt hat. Wie ihr Zustand war, bevor er eintraf. Wie wenig ihn die Presse zunächst zur Kenntnis nahm. Wie er sie späterhin lahmlegte und aufspaltete. Wie er sie nach seiner Machtergreifung missbrauchte. Und wie es ihm schließlich gelang, die Presse zu unterminieren.

Bereits Jahre vor seinem Machtantritt saßen Hitlers Parteigänger unerkannt in den Redaktionen seiner Feinde. Zu spät entdeckten wir, dass unter den Leuten, denen wir unser Vertrauen schenkten, eine ganze Reihe von Verrätern saßen. Jahrelang versteckten sie ihr Parteiabzeichen unter dem Revers und stellten ihre Ergebenheit demonstrativ zur Schau.

Es gab aber auch einige Redakteure bei uns, die seine verrückten Ideen ganz ernsthaft diskutierten: »Es waren die Finanzmagnaten und die Börsianer, jene jüdischen Schwindler, die uns die Inflation gebracht haben, um sich die eigenen Taschen zu füllen.« Noch heute sehe ich den Redakteur vor mir, der mich tatsächlich von diesem Schwachsinn überzeugen wollte – leider gibt es auf der Welt keinen Unfug, der nicht von dummen Menschen irgendwann geschluckt wird.

»Demokratie ist das Werk des Teufels. Diktatur der Wille Gottes«, sagte Hitler auf einer Kundgebung. Ein kleines Zögern am Ende der provokanten Passage, ein suchender Blick ins Publikum aus ehrlichen, blauen Augen, und die Menge schrie auf vor Begeisterung. »Jede Propaganda«, schrieb Hitler in *Mein Kampf*, »hat volkstümlich zu sein und ihr geistiges Niveau einzustellen nach der Aufnahmefähigkeit des

Beschränktesten unter denen, an die sie sich zu richten gedenkt. – Je bescheidener dann ihr wissenschaftlicher Ballast ist, und je mehr sie ausschließlich auf das Fühlen der Masse Rücksicht nimmt, um so durchschlagender der Erfolg. Dieser aber ist der beste Beweis für die Richtigkeit oder Unrichtigkeit einer Propaganda und nicht die gelungene Befriedigung einiger Gelehrter oder ästhetischer Jünglinge.«[5]

Mit Begeisterung stimmte man ihm zu, dass für den Menschen Sklaventum besser sei als freie persönliche Meinungsäußerung. Jeder denkende Mensch muss vor Verwunderung den Kopf darüber schütteln, dass es Leute gab, die ernsthaft glauben konnten, durch den Verzicht auf fundamentale Menschenrechte irgendeinen Vorteil zu gewinnen.

Am 5. Januar 1929 erklärte sich König Alexander I. von Jugoslawien zum Diktator. Er folgte damit dem Beispiel Mussolinis, indem er sich der Verfassung entledigte, die ihn daran hinderte, dem kroatischen Teil seiner Untertanen die Daumenschrauben anzulegen. »Heil!«, brüllten die Deutschen auf der Massenkundgebung, da sie auch die Diktatur unter ihrem geliebten Führer näher kommen sahen.

Nur fünf Wochen später wurde in Paris mit Owen D. Young als Vorsitzendem ein Komitee gebildet, um die deutschen Kriegsreparationen endgültig zu regeln. Der Hauptgrund dafür war, dass der Dawes-Plan es immer vermieden hatte, deren Gesamtsumme festzulegen und die Dauer, für die Deutschland hätte zahlen sollen. Der Dawes-Plan blieb während der gesamten Zeit von 1924 bis 1929 in Kraft. Deutschland hatte seine Verpflichtungen stets erfüllt und bereits die Gesamtsumme von 49,6 Milliarden Mark gezahlt. Der Young-Plan legte nun die verbleibende Kriegsschuld auf 114 Milliarden fest. Dafür sollten die Zinsen auf die Kriegsschuld gestundet und die Kontrolle der deutschen Wirtschaft durch den Dawes-Plan beendet werden. Zahlungen wären fällig bis ins Jahr 1988. Es ist nicht notwendig, weiter ins Detail zu gehen, denn die Weltwirtschaftskrise von 1929 und 1930 machte alle Kalkulationen zunichte. Jedenfalls waren die deutschen Unterhändler – unter ihnen der Reichsbankpräsident Hjalmar Schacht – bereit, alles zu akzeptieren, da der Young-Plan größere Konzessionen und günstigere Zahlungskonditionen bedeutete. Der Hintergedanke war freilich, dass bis 1988 viel Wasser unter den Brücken Europas und Amerikas hindurchgeflossen sein würde und man darauf vertraute, dass es in Zukunft die Gelegenheit zur Revision geben würde.

Hitler dachte anders und rief: »Ha! Sie unterschreiben Verträge ohne die Absicht, ihre Versprechungen einzuhalten. Das ist infam! Ein Mann muss zu seinem Wort stehen. Wenn ich etwas unterschreibe, dann meine ich es auch so.« Und sein Sprachrohr Joseph Goebbels bellte es in seinem Parteiorgan *Der Angriff* in die Welt hinaus: »Niemals würde Hitler einen Vertrag unterschreiben, zu dem er nicht steht.« Heute weiß die Welt, was davon zu halten ist. Niemals in der Geschichte gab es etwas Unzuverlässigeres und Betrügerischeres als Hitlers Ehrenwort, gleich ob in gesprochener oder geschriebener Sprache.

Mitte 1928 sah freilich alles noch rosig aus. Der amerikanische Handelsminister Herbert Hoover ließ am 30. November verlauten, dass die Produktivität in allen Sektoren rekordverdächtig und der Lebensstandard der großen Mehrheit so hoch sei wie nie.

Weniger als ein Jahr danach brach die Weltwirtschaftskrise aus. In der Wall Street wurden auf einen Schlag 19 Millionen Aktien auf den Markt geworfen – der Anfang vom Ende. Von New York aus telegraphierte unser Korrespondent Schulze:

»Ein schwarzer Tag. Gigantischer Kurseinbruch. Es herrscht Panikstimmung.«

Aber die Börsianer traf es nur zuerst, bald wurde die gesamte Weltwirtschaft von einer tiefen Rezession ergriffen. Der deutsche Export sank auf die Hälfte. Die Preise taumelten. Massenentlassungen ließen ein Heer von Arbeitslosen entstehen. Die Menschen standen in Gruppen auf den Straßen und starrten lethargisch ins Leere. Schließlich wurden auch die Gehälter der leitenden Angestellten in höheren Berufen beschnitten. Einige Jahre zuvor hatte Minister Köhler, ein Mann von der katholischen Zentrumspartei, die Gehälter zu hoch angesetzt. Der Staat war nicht mehr in der Lage, die Kosten zu tragen, und nun mussten die Gehälter gekürzt werden.

Für die Arbeitslosen gab es eine Unterstützung, gerade genug, damit sie nicht verhungerten, aber mehr noch als der Körper litt die Seele. Wenn man wenigstens eine Teilzeitarbeit für diese Menschen gefunden hätte! Es liegt nicht in der Natur des Menschen, untätig zu sein. Die Menschen wollen arbeiten. Andererseits hätten Löhne für Arbeitsbeschaffungsmaßnahmen unendlich viel mehr gekostet als das Arbeitslosengeld. Der Staat hätte die finanzielle Belastung nicht tragen können. Kanzler Brüning setzte auf eine rigide Sparpolitik, und als er dafür keine Mehrheit im Reichstag fand, regierte er mittels Notverordnungen. Schließlich sah sich Hindenburg, der Brüning im Amt halten wollte, gezwungen, den Reichstag aufzulösen. Bei den Neuwahlen 1930 gab es eine Riesenüberraschung: Die Nationalsozialisten steigerten die Anzahl ihrer Mandate von 12 auf 107 Sitze.

Hierauf bat ich den preußischen Ministerpräsidenten Otto Braun um einen Gesprächstermin. »Wir haben uns auch schon gefragt«, sagte er, »was dieser Wahlerfolg Hitler gekostet haben muss und wo all das Geld – es muss sich um etwa 20 Millionen Mark handeln – hergekommen sein kann.«

»Ist jemals zuvor eine solche Summe für eine Wahlkampagne investiert worden?«, fragte ich.

»Nein«, war die Antwort. »Im Übrigen kann höchstens eine Million aus Industriekreisen gekommen sein. Und eine weitere Million aus privaten Spenden.«

»Und die restlichen 18 Millionen?«, fragte ich.

»Solch eine Summe kann nur von einem ausländischen Staat stammen«, sagte Braun. »Wir haben Gründe anzunehmen, dass dieses Land Italien ist. Göring und Philipp von Hessen reisen ständig nach Italien. Nach ihrer Rückkehr erscheinen riesige Summen auf einem Münchner Bankkonto, das auf den Namen eines gewissen Armin Huber lautet. Und selbst wenn es Zuwendungen aus den Geheimkonten der Reichswehr gab, hatten die italienischen Freunde sicher auch ihre Finger im Spiel.«

»Haben Sie auch die Deutsche Reichsbahn im Verdacht?«, fragte ich, und als er verneinte, erzählte ich ihm, was ich darüber wusste. »Die Deutsche Reichsbahn ist sehr wohl in der Lage, große Gelder aufzubringen. Sie haben einen Umsatz von 4 Milliarden Reichsmark. Ihr Chef – Julius Dorpmüller – ist ein Gegner der Republik. In ihrem Finanzhaushalt existiert ein geheimes Konto unter dem Buchstaben P. Von dort aus wird die antidemokratische *Deutsche Allgemeine Zeitung* unterstützt.«

Braun wusste darüber nichts, er wollte der Sache jedoch nachgehen. Ich brachte die Rede wieder auf Armin Huber und wollte von Braun erfahren, warum der Staat das Geld von dem Geheimkonto nicht konfisziert habe.

»Konfiszieren? Wie denn? Mit welchem Recht?«, rief Braun aus.

Mit welchem Recht. Die Tatsache allein, dass er diese Frage stellte, war bezeichnend genug. Es war nicht zuletzt diese – von Anstand und Toleranz geprägte – Haltung, an der die Republik zerbrochen ist. Indem Demokratien das Recht und die Freiheit ihrer Bürger schützen, selbst wenn diese gegen die Regierung aufbegehren, schwächen sie sich selber. Warum sollte sich eine Demokratie nicht wirkungsvoll gegen ihre Feinde schützen können? Es ist absurd, dass die Feinde der Demokratie in den Genuss der Freiheiten kommen, die sie ihren Mitbürgern rauben wollen!

Walter Rathenau nahm eine vernünftigere Position ein, als man ihm vorwarf, die Verfassung verletzt zu haben. »Mit welchem Recht verabschiedeten Sie dieses Dekret?«, wurde er am Telefon von einem Journalisten gefragt. »Darüber werde ich ein anderes Mal nachdenken«, war die Antwort.

Es liegt mir fern, Braun dafür zu tadeln, dass er so gewissenhaft an den demokratischen Grundsätzen festhielt, aber es war dennoch ein schwerwiegender Irrtum, einen Mann wie Hitler, einen Verbrecher, zu schützen. Ich zögere nicht, der deutschen Republik übergroße Toleranz vorzuwerfen.

Ich klage die Gerichtsbarkeit an, keine Vorkehrungen getroffen zu haben, um den Hochverrat effektiver zu ahnden. Ich klage die deutsche Presse mangelnder Wachsamkeit an; sie hätte vor der nahenden Katastrophe lauter warnen müssen. Ich klage die Führungsspitze der Armee an, die mit dem Geld, das für die Landesverteidigung bestimmt war, denen geholfen hat, die den Staat zerstören wollten.

Wie Émile Zola will ich das öffentliche Bewusstsein aufrütteln und am Beispiel Deutschlands zeigen, wohin es führt, wenn durch eine missverstandene Vorstellung von Demokratie den Feinden der freien Meinungsäußerung und den Befürwortern roher Gewalt mit Großmut begegnet wird.

Was haben wir nicht alles hinnehmen müssen! Einem Österreicher, der nichts mit dem Deutschen Reich zu schaffen hatte, wurde unter der Protektion des bereits senilen Präsidenten Hindenburg erlaubt, eine illegale, paramilitärische Organisation ins Leben zu rufen. Hindenburg verschloss die Augen vor den verräterischen Zielen, denen diese Armee dienen sollte, und hob das Verbot seines eigenen Reichswehrministers auf.

Um ihm Gerechtigkeit widerfahren zu lassen, muss ich zugeben, dass ich selbst den Warnungen nicht genug Aufmerksamkeit schenkte. Ein Freund unseres Unternehmens, Chef eines bedeutenden Industriekonzerns, lud mich eines Tages zu sich ein, um »eine interessante Persönlichkeit« zu treffen. Mein Freund bat mich, nicht zu zögern, denn es ginge um das allgemeine Wohl. Ich kam und sah mich einem Herrn gegenüber, dessen Identität ich selbst heute nicht preisgeben darf. Deshalb nenne ich ihn einmal Major Schmidt. Er war ein Mann, der nach dem Krieg seine ganze Energie darauf verwendet hatte, eine Freiwilligenarmee aufzustellen und der sich immer als Feind der Republik begriffen hat. Ich konnte meine Überraschung darüber nicht verbergen, dass er ausgerechnet mich ins Vertrauen zog – wo wir doch politisch offenkundig auf unterschiedlichen Seiten standen.

»Das ist wahrscheinlich richtig«, sagte er. »Aber wir haben doch einen gemeinsamen Feind: den Nationalsozialismus. Wir müssen uns gegen ihn vereinigen.« Er lehnte sich auf seinem Sitz zurück, um zu beobachten, welchen Effekt diese Worte auf mich hatten. »Hitler wird gemeinhin unterschätzt. Der Nationalsozialismus ist eine große Gefahr, schon wegen der Leute, die hinter ihm stehen und vor nichts zurückschrecken. Wenn wir uns nicht zur Wehr setzen, dann ist nichts und niemand mehr vor ihnen sicher – weder Konservative noch Liberale, weder Staats- noch Privateigentum. Sie werden alles zerstören, was uns heilig ist. Unsere alten Feindschaften müssen jetzt begraben werden. Heute stehen Dinge auf dem Spiel, die weit wichtiger sind als all unsere früheren Zerwürfnisse. Die ideologischen Gegensätze, die uns trennen, erscheinen jetzt geringfügig im Verhältnis zu dem Abgrund, der sich vor uns auftut. Einem Drachen, der unser Land bedroht, kann man nicht mit Paragraphen zu Leibe rücken. Dafür braucht es militärische Macht.«

Ich war beeindruckt von seiner Ernsthaftigkeit.

»Ich habe Einfluss auf den Stahlhelm«, fuhr er fort. »Und um Hitler mit Hilfe des Stahlhelms auszuradieren, brauche ich zwei Millionen Reichsmark. Wir können uns kein weiteres Zaudern leisten. Köpfe müssen rollen. Gewalt muss mit Gewalt begegnet werden. Ich appelliere an Ihre Vernunft und fordere Sie auf, Ihren Einfluss geltend zu machen, um die zwei Millionen zusammenzubringen. Ich kann Ihnen keine Rechenschaft darüber abliefern, wie das Geld eingesetzt wird. Ich verlange Vertrauen. Aber ich bin kein unbekannter Mann. Ich habe schon einiges ins Werk gesetzt, und ich halte mein Wort. Jedes Versprechen, das ich Ihnen gebe, wird gehalten.«

Nun war unser Gastgeber dran: »Ich gebe Major Schmidt recht. Wir verlassen uns viel zu sehr auf die abstrakten Kräfte des Rechts. Eine Verfassung bietet aber keinen Schutz gegen Räuber und Mörder. Wir brauchen Waffen. Sie allein können uns noch helfen.«

Ich versprach, die Angelegenheit ernsthaft aufzugreifen und mit meinen Brüdern darüber zu beraten. Auf einer Vorstandssitzung sprach ich das Thema an. Einige unserer Direktoren brachten Verständnis für mein Anliegen auf, andere lächelten nur und fanden, dass Hitler viel zu ernst genommen und sich die Aufregung bald legen werde. Zweifellos war aber keiner von ihnen bereit, einen so reaktionären Mann wie Major Schmidt zu unterstützen.

Ich muss zugeben, dass ich selber zu diesem Zeitpunkt noch nicht überzeugt davon war, dass die Gefahr so groß war. Diese Gelegenheit sich zu wehren verstrich jedenfalls ungenutzt, und ich nahm mir vor, in Zukunft vor allem jene Waffe zu gebrauchen, die mir als Verleger zu Gebote stand: das Wort. Erst nach den schockierenden Ergebnissen der Reichstagswahlen von 1930 und nach meiner Unterredung mit Ministerpräsident Braun wurde mir klar, wie recht Major Schmidt gehabt hatte.

Ich beschloss, etwas zu unternehmen. Mir war klar, dass der Großteil der bürgerlichen Presse politisch indifferent war. Die Herausgeber gefielen sich darin, Leser jeder politischer Couleur zu haben. Und sie zeigten wenig Lust, ihre Leser mit einer möglicherweise unbequemen politischen Haltung zu brüskieren und damit zu verlieren. Eben dieses Segment der Presse verfügte aber über die weiteste Verbreitung und die größten Auflagen. Dazu gehörte etwa eine Anzahl von Zeitungen, die unter dem Sammelbegriff *General-Anzeiger* liefen. Allein zwölf davon gehörten einem Mann namens Wolfgang Huck. Dieser hatte nicht das geringste Interesse an Politik und kannte lediglich kommerzielle Erwägungen. Er machte Millionen. Trotzdem dachte ich darüber nach, wie es mir gelingen könnte, einen Mann wie ihn im Kampf gegen Hitler – dem die Massen bereits wie dem Rattenfänger von Hameln folgten – ins Boot zu holen. Mir selber gehörte die *Neue Leipziger Zeitung*, die schon seit einiger Zeit ihren Kampf auf eigene Faust geführt hatte. Ihr Chefredakteur Richard Lehmann, Professor an der Leipziger Universität, schrieb geharnischte Artikel gegen Hitler. Fritz Eichenberg tat sich mit brillanten Karikaturen und Ideen hervor. Ich dachte daran, Zeitungsverleger aus unterschiedlichen Regionen an einen Tisch zu bringen, um gemeinsam eine Front zu bilden. Vielleicht konnte es so gelingen, eine Organisation zu schaffen, mit deren Hilfe die öffentliche Meinung in Deutschland umgestimmt werden könnte.

Zu meinem Entzücken erklärte sich der *General-Anzeiger* bereit mitzumachen. Ich sandte Einladungen an zwanzig große Verlagshäuser, die politisch auf der Linie der gemäßigten Parteien lagen. Bei unserem ersten Treffen im Wirtschaftsrat des Reichstags sah alles noch recht vielversprechend aus. Repräsentanten aus allen Regionen Deutschlands, aus Hamburg, Frankfurt, München, Stuttgart, Düsseldorf, Hannover, Mannheim, Dresden, Breslau, Bremen und Stettin, waren anwesend.

Die Furcht vor Hitler saß allen tief in den Knochen. Aber die Sorge, ihre Leser zu verlieren, war größer. Ein Verleger aus Hannover rechnete uns vor, dass mehr als die Hälfte seiner Leser bereits vom Hitlerismus infiziert seien. Er folgerte daraus, dass er auf jede politische Stellungnahme verzichten müsse. »Jeder von uns muss wissen, was er seinen Lesern zutrauen kann.«

»Sind wir denn Sklaven der öffentlichen Meinung? Oder wollen wir Meinung bilden?«, erwiderte jemand. Daraufhin schwieg der kleinmütige Mann. Seine Zeitung hatte die größere Leserschaft, und kommerzielles Erfolgsdenken ist dem Widerspruch abgeneigt.

Auch der Zeitungskönig des *General-Anzeigers* hatte seine Zweifel. Die Sitzung wurde vertagt. Auf der zweiten Sitzung schritt die Polarisierung der Meinungen fort, und nach drei weiteren Sitzungen wurde die Unternehmung abgebrochen. Die Idee war gescheitert. Mein ehemals stärkster Mitstreiter ist heute übrigens einer von Hitlers glühendsten Verehrern. Es setzt dem Hohn die Krone auf, dass er von Hitler persönlich zum Chef des Verlagshauses ernannt wurde, das einmal Ullstein war. Das Motiv für den Gesinnungswechsel mag sehr wohl finanzieller Art gewesen sein.

Nach diesem gescheiterten Versuch, eine Front gegen Hitler ins Leben zu rufen, ließen meine Kräfte nach. Das Leben um mich herum ging weiter, als ob nichts wäre. Ich begann zu glauben, dass mein Pessimismus übertrieben sei. Die Künste und die Literatur blühten auf. Theater und Film waren in Deutschland besser als irgendwo sonst in Europa.

Plötzlich, im November 1931, gab es ein böses Erwachen. In der hessischen Kleinstadt Boxheim war ein geheimes Dokument aufgetaucht, das die eigentlichen Absichten Hitlers enthüllen sollte. Ich war in Leipzig, als die Nachricht herauskam. Mit wachsendem Schrecken lasen wir davon, wie der Privatbesitz und die Lebensmittel konfisziert und die Polizei den SA-Truppen einverleibt werden sollten. Ankauf und Vertrieb von Waren sollten verboten werden – sie sollten vom Hersteller unentgeltlich abgegeben und von der Regierung verteilt werden. Wer sich weigerte, dem Staat zu dienen, musste verhungern. Für Juden gab es spezielle Bestimmungen. Jederzeit konnte das Standrecht verhängt werden, und jeder, der sich den Anordnungen der SA widersetzte, war des Todes. Leute, die Waffen bei sich trugen, konnten auf offener Straße erschossen werden.

Als Autor dieser Boxheimer Dokumente zeichnete ein Dr. Werner Best verantwortlich, der im Beitext den nahen Zusammenbruch Deutschlands und einen Kampf zwischen Kommunisten und Nationalsozialisten prophezeite. Der Plan sollte nach dem Sieg der Nazis umgesetzt werden.

Wir dachten viel darüber nach. Was war eigentlich der Unterschied zwischen Kommunisten und Nationalsozialisten? Konnte irgendetwas kommunistischer klingen als der Inhalt dieses Manifestes? Konnte es einen deutlicheren Beweis für einen geplanten Staatsstreich geben? Unser Chefredakteur Lehmann schrieb einen Leitartikel, in dem er das Reichsgericht aufforderte, sich mit diesem Fall von Hochverrat zu befassen. Es kam heraus, dass der Chefankläger ein Anhänger Hitlers war, gegen den vorzugehen er sich schlicht weigerte. Als Hitler abstritt, irgendetwas mit den Dokumenten zu tun zu haben, war der Chefankläger zufrieden. »Wie kann ich für etwas verantwortlich gemacht werden, das sich irgendwelche untergeordneten Subjekte ausdenken!«, geiferte Hitler.

Meine *Neue Leipziger Zeitung* ließ nicht locker. Sie verlangte die Verhaftung von Werner Best und eine Untersuchung, die sich mit der Beteiligung Hitlers befasste. Der Oberstaatsanwalt schwieg dazu.

Die *Neue Leipziger Zeitung* griff ihn persönlich an und warf ihm unterlassene Pflichterfüllung vor. Der oberste Staatsanwalt schwieg weiterhin.

Die *Neue Leipziger Zeitung* wandte sich an die übrige Presse und fragte, was sie zu diesem Fall von Hochverrat zu sagen hätte. Die meisten Zeitungen stellten sich taub. Sie hatten bereits Furcht davor, sich gegen Hitler zu wenden. Die nackte Angst hatte sie im Griff.

Unterdessen stieg die Arbeitslosigkeit weiter an. Ende 1930 waren bereits drei Millionen Menschen arbeitslos gemeldet. Warum rief die Regierung keine Arbeitsbeschaffungsmaßnahmen ins Leben? Weil sie zu teuer waren. Anfang 1932 gab es Anzeichen für ein Abflauen der Weltwirtschaftskrise. Das Schlimmste schien überstanden zu sein. Aber diese Erholung kam für Deutschland zu spät. Der Mörder hatte sein Opfer schon im Würgegriff. Es gab kein Entkommen. Eine Finanzkatastrophe jagte die nächste, bis schließlich die Börse begann, in ihren Grundfesten zu wanken.

Zuerst brach der Markt für Wolle zusammen – die Firma Nordwolle ging in Konkurs, mit einem Defizit von 100 Millionen Reichsmark. In derselben Woche zogen sich zahlreiche ausländische Investoren aus der deutschen Wirtschaft zurück und verursachten einen Erdrutsch im Kreditwesen. Als Hans Luther, der Präsident der Reichsbank, nach Paris und London eilte, um neue Kredite aufzunehmen, stand er vor verschlossenen Türen. Er machte auf dem Absatz kehrt und kam mit der Nachricht heim, dass die Welt ihr Vertrauen in Deutschlands wirtschaftliche Potenz verloren habe.

Wenige Wochen später folgte das nächste finanzielle Desaster. Die Danat-Bank musste abgewickelt werden, woraufhin sämtliche anderen Banken mit Ausnahme der Reichsbank ihre Tore schlossen, um einen *Bank Run* zu verhindern. Es kam noch schlimmer. Im Oktober 1932 wurde die zweitgrößte Bank Deutschlands, die Dresdner Bank, mit in den Strudel gerissen, und mit ihr alle Industrieunternehmen, die von ihr abhingen. Und immer noch wuchs das Heer der Arbeitslosen an. In allen Dörfern und Städten standen sie auf der Straße.

Obgleich uns die Leser nach außen hin treu blieben, gab es kaum einen Zweifel, dass sie im Herzen nicht mehr bei uns waren. Die Hälfte von ihnen war bereits innerlich in Hitlers Lager angekommen. Sie waren davon überzeugt, »dass die Dinge so nicht weitergehen können«. Mit diesem primitiven Argument warfen sie sich in die Arme des Führers, der ein Mittel für jedes Übel wusste. Die Menschen eilten zu ihm, verschlangen seine Worte, während sie doch weiterhin unsere Zeitungen lasen, in denen wir jeden Tag ihr Idol angriffen –

allerdings mit nachlassender Kraft. Es schien einfach keinen Unterschied zu machen.

Das Gleiche galt für alle Zeitungen, die ein Massenpublikum ansprachen. Je größer ihre Verbreitung, desto mehr fürchteten ihre Verleger und Redakteure, die Leser zu verlieren. Die Angst hatte überhandgenommen, und so hörten sie auf, Meinungsbildner zu sein, und vernachlässigten ihre Pflicht. Es ist die Aufgabe der Presse, das öffentliche Leben widerzuspiegeln, Korruption aufzudecken, Regierung und Gesellschaft zu kritisieren. Zeitungen sollten über die Ordnung wachen, Diener von Staat und Bürgern sein. Wenn sie nichts als Nachrichten übermitteln – das Zeitgeschehen nicht mehr kommentieren und keine Meinung äußern –, dann verlieren sie die Hälfte ihrer Bedeutung und werden zum Schatten ihrer selbst.

Das Versagen der Presse hatte katastrophale Folgen. Sie begann sich aufzulösen, noch bevor sie von Hitler in Ketten gelegt wurde. Die innere Zersetzung begann schon 1932. Von allen unseren Zeitungen erfüllte die *Vossische Zeitung* mit ihrem exklusiven Anspruch ihre Funktion noch am besten. Sie sparte nicht mit Kritik und wurde in Regierungskreisen hochgeschätzt. Georg Bernhard war zu diesem Zeitpunkt nicht mehr bei uns. Obgleich ich nicht immer bereit war, seinen gewagten Gedankengängen zu folgen, bewahre ich große Bewunderung für seine Eloquenz, seine Sprachgewalt und seinen Stil. Ich habe ihm längst seine politischen Seitensprünge verziehen und hoffe, dass seine großen Talente auch in der neuen amerikanischen Heimat Anerkennung finden.

Bernhards Nachfolger als Chefredakteur der *Vossischen Zeitung* war Erich Welter. Er kam von der *Frankfurter Zeitung* zu uns. Es ist Vorsicht geboten, wenn man über jemanden positiv spricht, der heute noch in Deutschland lebt, weil es ungewollte Folgen haben könnte. Deshalb möchte ich jemanden erwähnen, der sich auf bemerkenswerte Weise um unsere Familie verdient gemacht hat: Hans Schäffer. Bevor er zu uns kam, war er Staatssekretär im Finanzministerium gewesen. Wir machten seine Bekanntschaft in Zusammenhang mit einem Familienzwist, den er als Schiedsmann beilegte – eine glückliche Fügung, da er sonst möglicherweise nicht von uns in die Leitung des Unternehmens geholt worden wäre.

Es ging um Folgendes: Unserem Streit lag ein menschliches, allzu menschliches Problem zugrunde: die Liebe eines jeden von uns zu seinen Kindern. Mein ältester Bruder Hans war sechzehn Jahre älter als ich, Louis war zwölf Jahre älter, Franz acht und Rudolf achtzehn Monate. Solche Altersunterschiede erzeugen Spannungen in der Rangordnung, und ich als Jüngster und Letztgeborener wusste ein Lied davon zu singen. Ich hatte die ungeschriebenen Gesetze der Altersrangfolge zu respektieren. Es kam der Tag, an dem die beiden ältesten Brüder sich aus dem Geschäft zurückzogen. Hans war bereits seit fünfzehn Jahren krank. Er blieb geistig völlig intakt, verfiel jedoch körperlich. Die letzten Jahre verbrachte er in seinem schönen Haus am Dianasee in Grunewald, wo wir ihn gerne besuchten, um seinen Rat einzuholen. An diesem bezaubernden Ort residierte er als vornehmer Patriarch. Was Louis betrifft: Er war müde und verlangte nach Ruhe. Rudolf, der Gründer des neuen Druckhauses, des größten von ganz Deutschland, war mehr an technischen als an verlegerischen Innovationen interessiert.

So blieb es an Franz und mir hängen zu rivalisieren. Für ihn ging es um den absoluten Führungsanspruch, für mich um Gleichheit. Als älterer Bruder war er Chef, und ich war Vizechef. Wir teilten die gleichen politischen und verlegerischen Ansichten. Er war der Leiter der Zeitungsabteilung, ich war für Zeitschriften und später auch für die Buchproduktion zuständig. Franz war für eine strikte Zentralisierung der Macht, wohingegen ich der Dezentralisierung den Vorzug gab. So hatte ich etwa dafür gesorgt, dass im Vorstand alle Mitglieder gleiches Stimmrecht besaßen.

Dieser Zwist dauerte nun schon zehn Jahre, ohne zu einem Ergebnis geführt zu haben. Gegen Ende der 20er Jahre kam nun die dritte Generation ins Spiel, und es begann ein Wettkampf, in welchem jeder um den Vorrang seines Stammes stritt. Die meisten von ihnen waren brillante junge Männer. Insbesondere Karl, der älteste Sohn von Hans. Karl, der viel von Drucktechnik verstand, begann sich in das Hoheitsgebiet seines Onkels Rudolf einzuarbeiten. Seine technische Begabung war verbunden mit solidem Geschäftssinn und hohem Kunstverstand. Ähnlich wie Rudolf war er bei seinen Untergebenen beliebt. Um es kurz zu machen: Er war ein tüchtiger und begabter Mann, wie geschaffen für die Leitung eines großen Unternehmens. Mit Karl an der Spitze hätte es keine Zerwürfnisse gegeben.

Freilich siegten die persönlichen Interessen über die Unparteilichkeit. Jeder drängte sich an die Spitze, und wenn fünf Brüder bereits ein Problem dargestellt hatten, so machten es sieben zusätzliche Neffen nicht gerade leichter. In Kürze hatten sich Fronten gebildet. Auf der einen Seite Franz und seine Anhänger, auf der anderen ich mit meinen Anhängern. Und der Kampf wurde immer heftiger. Schließlich blieb mir nichts anderes übrig, als mich auf meine Funktion als Aufsichtsratsmitglied zurückzuziehen. Ich kaufte die *Neue Leipziger Zeitung*, um meinen politischen Ansichten besser Ausdruck verleihen zu können.

Meine vier verbliebenen Brüder fuhren fort, sich zu streiten, bis eines Tages zwei Junior-Mitglieder der Familie bei mir erschienen, um mich für eine gemeinsame Aktion gegen Franz zu gewinnen. Sie bestanden darauf, dass Franz für das Unternehmen nicht länger tragbar sei. Ich hörte sie an, wog sorgfältig die Argumente ab, um schließlich abzulehnen – und dies, obgleich Franz mein alter Widersacher war. Es war kein angenehmes Gefühl zuzuschauen, wie die fünf Besitzer eines Verlags, der sich immer noch auf dem Gipfel seines Erfolgs befand, in aller Öffentlichkeit einander bekriegten, während sich die politische Szene zusehends verfinsterte. Fünf Rechtsanwälte waren mit dem Fall befasst, zahlreiche Schreiben gingen hin und her, und es erschienen Artikel über uns in anderen Zeitschriften, auf die wir keinen Einfluss hatten. Schließlich wurde ein Schiedsgericht bestellt unter dem Vorsitz des oben genannten Hans Schäffer. Und es gelang ihm tatsächlich, uns Brüder miteinander zu versöhnen. Ich nahm meine frühere Tätigkeit wieder auf.

So begann die dritte unheilvolle Dekade des Jahrhunderts – die uns noch für drei weitere Jahre zusammenhielt.

Dass es zumindest nach außen hin so aussah, als ob wir in Frieden miteinander lebten, war Schäffers Verdienst. Er besaß einen klaren Verstand, ein unbestechliches Urteil, war schlagfertig und von schneller Auffassungsgabe. Außerdem hatte er einen gütigen und edlen Charakter und kannte sich aus in allen politischen und wirtschaftlichen Fragen. Und er hatte ein großes Interesse an Kunst und Literatur – auf seinem Schreibtisch lag stets ein Exemplar von Goethes Gedichten, die er mehr oder weniger auswendig gekannt haben muss. Um meinen Argumenten Nachdruck zu verleihen, wagte ich es einmal, aus Goethes *West-östlichem Divan* zu zitieren. Mit einem verschmitzten Lächeln erwiderte er: »Sie haben wohl vergessen, wie es weitergeht. Lesen sie ein Stückchen weiter, und Sie werden eine andere Meinung gewinnen.« Kurzum: Es war für alle eine Freude, mit ihm zusammenzuarbeiten. 1933, im Jahr von Hitlers Machtergreifung, ging er nach Schweden, um dort das Unternehmen von Ivar Kreuger – dem Inhaber des weltweiten Monopols für die Produktion von Streichhölzern – abzuwickeln.

Hitler eilte von einem Erfolg zum nächsten. Seine Partei war in der Zwischenzeit so angewachsen, dass er sich entschied, bei den kommenden Präsidentschaftswahlen im März gegen Hindenburg anzutreten. Es gab nur ein Problem: Er war Österreicher und von daher nicht berechtigt, ein hohes Staatsamt in Deutschland zu bekleiden. Dieser Umstand sorgte für helle Aufregung und Frohlocken in allen Redaktionen. Wir lehnten uns zurück und wiegten uns in Sicherheit. »Die Regierung wird ja wohl nicht so idiotisch sein und ihm die deutsche Staatsbürgerschaft gewähren.« So die allgemeine Meinung unter den Redakteuren. »Endlich gibt es einen guten Grund, ihn loszuwerden. Es ist nicht einmal verfassungswidrig, ihn abzuschieben.« Da war sie wieder: die Stimme der Verfassungstreuen! Ohne einen Paragraphen im Rücken wagten sie keinen Schritt zu tun. Denn die Demokratie musste »sauber« bleiben.

Diejenigen in unseren Redaktionen, die es vorzogen, sich mit Hitler zu arrangieren, saßen mit süßlichem Lächeln im Hintergrund. Manche bezeichneten sich bereits offen als Nationalsozialisten – selbstverständlich als anständige. Sie erklärten den anderen die Ziele der Partei und wie sie zu erreichen seien und förderten so die Vorstellung, dass man den Nazis den Wind aus den Segeln nehmen könne, wenn man ein bisschen Entgegenkommen zeigte. Hunde, die bellen, beißen schließlich nicht, hieß es.

Eines Tages wurde in einer unserer Konferenzen plötzlich

die Tür aufgerissen. »Meine Herren! Eine Sensation! Das Land Braunschweig erwägt, Hitler die deutsche Staatsangehörigkeit zu verleihen, damit er Präsidentschaftskandidat werden kann!«

Der Vorsitzende Schäffer rief die Versammelten zur Ordnung. Die meisten reagierten mit Entsetzen; andere lachten, weil sie es nicht glauben wollten.

»Na und!«, sagte jemand. »Kandidat sein heißt noch längst nicht Präsident sein.«

Ein anderer meinte: »Die Regierung wird das nicht zulassen.«

»Sie wird daran nichts ändern können, weil die Verfassung –« Da waren sie wieder: die Verfassung, die Paragraphen! Das Schicksal des ganzen Reichs hing davon ab. In Deutschlands schwerster Stunde klammerte sich die Regierung an die Verfassung. Der größte Feind der Republik wurde in die Gemeinschaft der Staatsbürger aufgenommen, weil es keine rechtliche Handhabe gab, um es zu verhindern. Das Land Braunschweig wurde von Nazis regiert, und die einzelnen Länder hatten das Recht, über Staatsangehörigkeiten zu entscheiden.

Sie waren tatsächlich dabei, den Wolf zum Schäfer zu machen. Hitler stellte sogar schon Bedingungen, und der Ton seiner Presseorgane wurde immer unverschämter. Kanzler Brüning regierte nur noch mit Hilfe von Notverordnungen. Es war eine krisengeschüttelte Demokratie – und hinter den Kulissen lauerte die Diktatur. In Krisenzeiten ist dies immer der Fall, so war es schon im alten Rom. Für Brüning selbst waren die Notverordnungen allerdings lediglich eine Maßnahme, die es ihm gestattete, in Zeiten der wirtschaftlichen Schieflage schneller und effektiver zu reagieren, als es die parlamentarischen Prozeduren ermöglichten.

Auch die Freiheit der Presse konnte eingeschränkt werden, und der Minister des Inneren, Carl Wilhelm Severing, schickte sich an, von dieser Möglichkeit Gebrauch zu machen. Er verwarnte eine nationalsozialistische Zeitung, und nachdem seine Verwarnungen unbeachtet blieben, untersagte er ihr Erscheinen für vier Wochen. Und was geschah? Georg Bernhard, zu jener Zeit Präsident des Presseverbandes, intervenierte. Er wurde beim Minister des Inneren vorstellig und protestierte gegen die Einschränkung der Pressefreiheit. Aus demokratischer Gesetzestreue kritisierte er die Bestrafung seines politischen Gegners. Immer wieder geschah der gleiche Wahnsinn: Die Demokraten achteten sorgfältig darauf, dass ihrem Erzfeind kein Haar gekrümmt wurde. Adolf Hitler ließ sich zum deutschen Staatsbürger machen, um sich den Weg zur Präsidentschaft zu ebnen und der Demokrat Georg Bernhard versorgte ihn mit der nötigen Pressestimme – wohl wissend, dass dieser Feind eines Tages, wenn er an die Macht käme, jegliche Meinungsfreiheit unterdrücken würde.

Es begann eine Periode großer Verwirrung. Die Wiederwahl Hindenburgs war zum Greifen nah. Kanzler Brüning, der den alten Feldmarschall verehrte, tat dafür alles, was er konnte. Hitler war allerdings ein starker Gegner. Als er versuchte, für seine Kampagne die gleiche Radiosendezeit zu bekommen wie Hindenburg, lehnte Brüning mit dem Hinweis ab, dass die deutschen Radiosender überparteilich seien. Eine Ausnahme sei nur für den amtierenden Präsidenten zulässig, nicht aber für den kandidierenden Herausforderer. Hitler tobte –diesmal umsonst. Allein der Präsident durfte seine Rede am Radio abliefern. Er stotterte einige Sätze, die nicht mehr bewirkten, als der Welt zu beweisen, wie senil er geworden war. Er war ein hervorragend schlechter Kandidat und hatte nachgerade nichts anderes zu bieten als seinen

Namen. Aber der alte Mann wurde gebraucht – und schließlich auch wiedergewählt mit achtzehneinhalb Millionen Stimmen gegenüber Hitler mit zwölfeinhalb Millionen.

Noch einmal wiegte sich das Bürgertum in trügerischer Sicherheit, während um den alten Mann herum Intrigen gesponnen wurden. Einer der Intriganten, über den man am wenigsten weiß, war Hindenburgs eigener Sohn. Bekennender Nationalsozialist, der er war, blieb er im Hintergrund. Er dominierte den Vater vollständig. Der junge Hindenburg wurde seinerseits von Staatssekretär Otto Meissner unterstützt. Gemeinsam flüsterten sie dem alten Mann ein, er solle Brüning fallen lassen, um einen Mann der nationalen Rechten mit der Bildung eines neuen Kabinetts zu beauftragen.

So wurde Hindenburg dazu gebracht, Brüning, dem er doch seine Wiederwahl zu verdanken hatte, zu betrügen. Und er betrog auch seine Wählerschaft. Er mag sehr wohl noch gewusst haben, dass die achtzehneinhalb Millionen, die ihn gewählt hatten, sich auf seine Verfassungstreue verließen und die Politik Brünings guthießen.

Der greise Hindenburg begriff aber nicht mehr ganz, was vor sich ging. Er war das gefügige Werkzeug seiner infamen Berater geworden.

Von allen der gefährlichste war Staatssekretär Meissner. Sein Einfluss auf Hindenburg war noch größer als der seines Sohnes. Unfasslich auch sein Opportunismus. Zuerst hatte er dem sozialistischen Präsidenten Ebert die Treue geschworen, dann diente er unter dem Feldmarschall Hindenburg, und heute ist er ein hohes Tier bei Hitler. Es war allgemein bekannt, dass Hindenburg, der ehemals ehrliche, loyale, pflichtbewusste Preuße, nicht mehr Herr im eigenen Haus war. Bei einer Meinungsverschiedenheit mit dem jungen

Hindenburg soll Staatssekretär Meissner gesagt haben: »Wer ist hier Präsident: Sie oder ich?«

Die Intrigen führten dazu, dass Brünings Stellung unhaltbar wurde. Schließlich wurde unser Freund Schäffer vom Kanzleramt darüber informiert, dass Hindenburg sich weigerte, weitere Notverordnungen von Brüning zu akzeptieren. Obwohl Brünings Unterstützung für die Wiederwahl von Hindenburg entscheidend gewesen war, wendete sich dieser nur zwei Monate später gegen ihn. Wütend zog sich Brüning aus der Politik zurück – ein neuer Mann erschien auf der Bildfläche.

Ein gut angezogener Gentleman mit Zylinder schlendert die stille, elegante Voßstraße hinunter. Er kommt aus dem Herrenklub im zweiten Stock eines Hauses am Ende der Straße. Erscheinung und Gebaren verraten den Aristokraten. Sein Gang und die Art, wie er den Knauf des Gehstocks hält, strahlen das Selbstbewusstsein aus, zu dem er sich an diesem Tag der Tage berechtigt fühlt. Hindenburg hat ihn zu sich bestellt.

Der Name dieses Herrn, dem sich ein Lebenstraum erfüllt, ist Franz von Papen. Der »unfähige« Brüning hat gehen müssen, und er, Papen, wird nun ganz andere Saiten aufziehen. Dies würde kein bloßer Kabinettswechsel, sondern ein ganz neues Regime! Er sieht keinerlei Veranlassung, vor Hindenburg heimlich zu tun.

Papen betritt die Reichskanzlei und erklimmt die riesige Freitreppe, die zu Meissners Büro führt. Meissner, der ihn bereits erwartet hat, führt ihn sogleich zum Präsidenten. Der alte Herr sitzt sehr aufrecht in seinem Sessel und berichtet Papen knapp von seiner Weigerung, die Notverordnungen Brünings zu unterschreiben, die eine Kürzung der Kriegsveteranenrente und der Arbeitslosenunterstützung vorgesehen hätten. Sie sind sich einig, dass ein solches Gesetz ausgeschlossen ist. Woraufhin Papen sehr freimütig seine eigenen Pläne erläutert.

Indessen sitzt, zehn Autominuten entfernt in der Bendlerstraße, General Schleicher hinter seinem Schreibtisch im Kriegsministerium. Er ist informiert über das Treffen in der Reichskanzlei, weil er die Leitungen abhört. Er hält den Geheimempfänger in der Hand, den er selbst erfunden hatte, als er noch im Geheimdienst tätig war. Er ahnt noch nicht, wie nützlich er sich eines Tages der Geheimen Staatspolizei Hitlers erweisen wird.

Schleicher ist entrüstet. Er hält sich selbst für fähiger als Papen. Mit Hilfe der Sozialdemokraten wäre er in der Lage, die Braunhemden aus dem Feld zu schlagen. Wenn man ihn nur machen ließe, er könnte die Republik regieren.

Papen, Schleicher, Meissner – was für ein Trio! Ich pflegte sie des Öfteren am Morgen im Tiergarten beim Ausritt zu treffen, wo wir uns gegenseitig grüßten. Meissners Gruß war geradezu ergeben. Papen grüßte würdevoll, aber herzlich. Und Schleicher war jovial und hatte ein verschmitztes Lächeln im Gesicht.

Einmal hatte es Schleicher jedoch auf einen unserer Redakteure der *B.Z. am Mittag* abgesehen und dabei sein wahres Gesicht offenbart. Er behauptete, dass besagter Reporter Hinweise auf die geheime Wiederbewaffnung Deutschlands veröffentlicht und somit militärische Geheimnisse verraten habe.

Es handelte sich in der Tat um eine zweideutige Formulierung, die unterschiedlich ausgelegt werden konnte. Auf der anderen Seite war es ohnehin ein offenes Geheimnis, dass Deutschland dabei war aufzurüsten, noch bevor es Hitler im großen Stil tat. Und dafür gab es einen guten Grund, denn die Armee von 100 000 Mann, die der Versailler Vertrag konzedierte, reichte nicht aus. Früher oder später wäre eine Aufstockung der Armee unvermeidbar geworden. Sogar Frankreich war sich wahrscheinlich dessen bewusst, verzichtete aber darauf, den Status quo in Frage zu stellen.

Wie auch immer: Schleicher legte die entsprechende Passage in dem Artikel als Hochverrat aus und wollte den verantwortlichen Redakteur verurteilt sehen. Der Mann verbrachte einige Tage in panischer Angst, während wir versuchten, die Sache mit Schleicher zu bereinigen. Schleicher, der die Angst des Redakteurs sichtlich genoss, ließ uns im Ungewissen. Nichts machte ihm mehr Spaß, als ein Damoklesschwert über dem Haupt eines Opfers aufzuhängen und zuzuschauen, wie es sich in Todesängsten wand. Wehe dem, der etwas veröffentlicht hatte, was Schleicher zum Geheimnis erklärte!

Mein Sohn war bei Schäffer als Sekretär eingestellt. In dieser Funktion besuchte er Schleicher recht häufig. »Staatsgeheimnis« war alles, was ich aus ihm herausbrachte.

Ich werde jetzt an einen heiklen Punkt rühren, der die Presse in jenen Tagen betrifft. Von ihrer ursprünglichen Funktion als Verkünderin alles Wissenswerten und der öffentlichen Meinung verwandelte sich die Presse in eine Geheimnisbewahrerin. Je enger wir mit der Regierung zusammenarbeiteten, desto größer wurde unsere Diskretion. Wir genossen großes Vertrauen, aber der Preis war hoch: »Sie wissen ja, das ist streng vertraulich.« Bismarck hat einmal gesagt: »Journalisten, denen man wegen ihrer Indiskretionen nicht trauen kann, taugen nichts.« Und er vertraute ihnen nur das an, was unter dem Siegel der Verschwiegenheit in Umlauf gebracht werden sollte.

Aber Schleicher war kein Bismarck. Das stellte er auch später unter Beweis, als er die Kanzlerschaft von Papen übernehmen sollte. Vorläufig war Papen Kanzler, und Schleicher musste sich mit der Rolle des Intriganten und Vizekanzlers zufriedengeben. Später tauschten sie die Rollen.

Sogar der Kanzler Papen bemühte sich um gute Beziehungen zum Haus Ullstein. Schäffer war sich mit Papen einig, dass Hitler in Schach gehalten werden musste. Das Ziel war dasselbe, aber es gab unterschiedliche Vorstellungen von den anzuwendenden Mitteln. Papen spielte mit der Idee, Hitler an der Regierung zu beteiligen, um ihn zu entzaubern. Er ging davon aus, dass Hitlers Gift verschwinden werde, sobald er nicht mehr in der Opposition sei. Schäffer teilte diese Meinung nicht und bezweifelte sehr, dass sich Hitler derart vorführen lassen würde. Er glaubte nicht, dass Hitler der Typ sei, der sich mit einer untergeordneten Rolle zufriedengäbe.

Papen eröffnete ein neues Kapitel im Sündenregister der Republik. Zur falsch verstandenen Toleranz gesellte sich ein schwerwiegender Mangel an psychologischer Einsicht. Erstaunlicherweise schätzen politische Machthaber ihre Situation immer wieder falsch ein und ruinieren damit alles. Ich habe bereits beschrieben, wie man 1914 daran glaubte, Russland werde die Serben im Stich lassen und Österreich könne allein mit ihnen fertig werden. Der angriffslustige ungarische Premierminister Tisza glaubte allen Ernstes, dass die Einnahme von Belgrad ein Kinderspiel sein würde. Jetzt im Jahr 1932, auf der Schwelle zu gewaltigen Katastrophen, wurde die Öffentlichkeit wieder in Sicherheit gewiegt, und vielleicht ist niemals jemand falscher beurteilt worden als seinerzeit Hitler. Wie hat man nur glauben können, dass sich ein so grimmiger Charakter mit einem Ministerposten ohne politische Bedeutung abspeisen lassen würde? Und obendrein mit Papen an der Spitze der Regierung?

Im Jahr 1932 gab es zwei verschiedene Arten, Hitler misszuverstehen. Während Schleicher daran dachte, ihn mit der Unterstützung der Sozialdemokratie niederzuringen, plante Papen, ihn auf einem Ministerposten kaltzustellen. Beide gingen von grundlegend falschen Annahmen aus. Auch die Presse war nicht hilfreich. Ihre Angriffe wurden schwächer und schwächer, je bedrohlicher die Gestalt Hitlers, dieses Braunschweiger Neubürgers, im Hintergrund anwuchs.

Ich unternahm in dieser Zeit einen neuen Anlauf, die Presse als Waffe gegen Hitler in Stellung zu bringen. Bei einer Vorstandssitzung schlug ich vor, meinen Leipziger Redakteur Richard Lehmann nach Berlin zu holen. Als Leitartikler war er ein zuverlässiger Scharfschütze – niemand kämpfte so beherzt wie er. Und niemand wusste besser als er, in welchem Tonfall der Mann von der Straße anzusprechen war.

Mein Vorschlag, Lehmann zum Chefredakteur der *Morgenpost* zu machen, wurde positiv aufgenommen. Ich setzte noch eins drauf und schlug vor, die *Berliner Illustrirte* ebenfalls in Stellung zu bringen. Diese Zeitschrift hatte eine Auflage von zwei Millionen, was ein Lesepublikum von fünf bis sechs Millionen Menschen bedeutete. Vierzig Jahre lang war die *Berliner Illustrirte* politisch neutral gewesen. Bis dato hatten wir sie – aus Angst um die hohe Auflage – stets aus dem politischen Partisanenkampf herausgehalten, aber nun schlug ich vor, ihre Neutralität zu beenden. Man prophezeite mir prompt den Rückgang der Leserschaft um die Hälfte. Ich erwiderte: »Besser jetzt die Hälfte verlieren als später alles.«

Aber der Vorstand pfiff mich zurück. »Sei nicht so kleinmütig«, sagte man mir. Man fand meinen Pessimismus übertrieben.

Die seltsame Mischung aus Furcht und Optimismus führte dazu, dass ich die Abstimmung auf ganzer Linie verlor. Die Mehrheit im Vorstand war offenbar davon überzeugt, dass uns ein Wunder retten werde.

Als Hitler an die Macht kam, standen viele Menschen vor einer ähnlichen Entscheidung. Viele vermögende Leute weigerten sich auszuwandern, obwohl sie es zu diesem Zeitpunkt problemlos hätten tun können. Es wird schon nicht so schlimm werden, dachten sie. Sie hatten doch so ein gutes Leben! Es war einfach zu viel verlangt, alles stehen und liegen zu lassen! Sie warteten und setzten alle Hoffnung auf ein Wunder.

Was uns persönlich betraf: Es galt bereits als Verbrechen, an Untergang auch nur zu denken, wo wir doch auf den Pfaden des Olymps zu wandeln schienen. Und im Übrigen kann man an seinem Schicksal doch nichts ändern. Dinge, die geschehen müssen, kann man nicht aufhalten. Mit derlei Gedanken versuchte man sich, seine Apathie schönzureden. Das gemahnte an den wundervollen Monolog aus Goethes *Egmont*:

> »Wie von unsichtbaren Geistern gepeitscht, gehen die Sonnenpferde der Zeit mit unsers Schicksals leichtem Wagen durch; und uns bleibt nichts, als mutig gefasst die Zügel festzuhalten, und bald rechts, bald links, vom Steine hier, vom Sturze da, die Räder wegzulenken. Wohin es geht, wer weiß es? Erinnert er sich doch kaum, woher er kam!«[6]

Ach, es war uns nicht gegeben, die Räder vom Abgrund fortzulenken. Selbst mein Plan, den Chefredakteur der *Morgenpost* auszuwechseln, scheiterte. Es war das letzte Mal, dass ich versuchte, von unserer Pressemacht energischeren Gebrauch zu machen.

Einer allerdings, ein echter Zeitungsmann, handelte weniger verzagt: Alfred Hugenberg. Er war der interessanteste und zugleich gefährlichste Mann im Lager der Konservativen. Ich hatte ihn nur ein einziges Mal getroffen, im Jahre 1908, als ich eine Wohnung von ihm mietete. Damals machte er gerade einen bedeutenden Karrieresprung – vom Beamten des preußischen Finanzministeriums zum Generalbevollmächtigten der Kruppwerke. Als Vertrauensmann der Schwerindustrie, in deren Hände die Publikationen des Scherl-Verlags gelangt waren, wurde er der Verleger des *Lokal-Anzeigers*, der *Nachtausgabe* und der *Woche*. Hugenberg war reaktionär, antisozial, antirepublikanisch und angefüllt mit Gift und Hass gegen alles, was nach Frieden und Versöhnung roch. Er finanzierte die Deutschnationale Volkspartei, und als ihr Bankier wurde er dann auch ihr Vorsitzender. Darüber hinaus gehörte ihm die UFA, die größte deutsche Filmgesellschaft. Hugenbergs gefährlichste Waffe blieb dem Auge der Öffentlichkeit allerdings verborgen: Das war eine Agentur namens VERA, in etwa ein Pendant zum Ullstein-Nachrichtendienst. Im Unterschied zu uns lieferte VERA nicht nur Nachrichten, sondern auch Artikel und Fotos. Um seinen Einflussbereich noch zu erweitern, verkaufte VERA seine Ware für einen Spottpreis. Wenn jemand nicht zahlen wollte, bekam er sie auch umsonst. Alle Artikel waren politisches Gift, zu keinem anderen Zweck gut, als die Republik zu unterminieren – eine Waffe, die Hugenberg um so rücksichtsloser einsetzte, je schwächer die liberale Presse ihre Republik verteidigte.

In wirtschaftlichen Notzeiten hat der politische Herausforderer leichtes Spiel. Es ist dagegen sehr viel schwieriger, Notleidende davon zu überzeugen, dass die Regierung aus der wirtschaftlichen Schieflage das Beste macht. Niemand war sich darüber mehr im Klaren als Hugenberg, und er nutzte seinen Vorteil aus – und zwar im selben Maße, wie wir versagten. Als ich am Beginn dieses Kapitels vom Versagen der Presse sprach, meinte ich selbstverständlich den Teil der Presse, der die parlamentarische Demokratie unterstützte. Die Feinde der Regierung, die Männer um Hitler und Hugenberg, entrollten dagegen bei jeder Gelegenheit ihre Fahnen, die Farben des Kaiserreichs und das Hakenkreuz. Die republikanische Fahne, die vielgeschmähte »Judenflagge«, war dagegen kaum zu sehen.

Hugenbergs heimliches Ziel war – ähnlich wie das von Papen –, Hitler unter Kontrolle zu bringen. Auch er war von der Idee besessen, dass Hitler besser zu handhaben sei, wenn man ihn zur Kooperation zwang. In Bad Harzburg hatte Hugenberg bereits im Sommer 1931 mit Hitler feierlich eine Allianz geschlossen. Sie schüttelten sich ausgiebig die Hände und schworen sich Treue – aber im Herzen sah es anders aus. Hier war wieder dieselbe schlechte Psychologie am Werk, die auch Papen in die Irre führte. Hugenberg glaubte allen Ernstes, dass seine Deutschnationalen die Oberhand gewinnen könnten, während Hitler langsam in der Bedeutungslosigkeit versank. Er vertraute darauf, dass sich Hitlers Unterlegenheit enthüllen würde, sobald er auf einem verantwortlichen Posten säße. Noch ein Jahr später, als Hugenberg in Hitlers Kabinett als Landwirtschaftsminister eintrat, litt er an demselben Phantasma. Welch hoffnungslose Fehleinschätzung!

Nach dem Sturz Brünings und während der Kanzlerschaft Papens päppelte die Hugenberg-Presse Hitlers Interessen geradezu. Und irgendwann ging Papen auf, dass er selbst genauso skrupellos vorgehen musste wie Hitler, um Erfolg zu haben. Die Unzufriedenen mussten davon überzeugt werden, dass mit seinem Machtantritt ein geschichtlicher Wendepunkt erreicht worden sei. Nur so konnten Hitlers Wähler ins deutschnationale Lager hinübergezogen und seine eigenen Parteigänger enthusiasmiert werden. Etwas Aufsehenerregendes musste her, ein echter Coup.

Am 20. Juli des Jahres 1932 war es so weit. Der deutsche Kanzler ersetzte die komplette preußische Regierung durch einen Reichskommissar. Ganz Deutschland war baff. Ist es die Möglichkeit? War Preußen nicht innerhalb gewisser Grenzen souverän? Und ist es möglich, dass die preußischen Minister nichts davon wussten, als sie in die Reichskanzlei bestellt wurden und sich in einer Reihe vor Papen aufstellen mussten? Otto Braun, der preußische Ministerpräsident, war zufällig gerade unterwegs und wurde von Heinrich Hirtsiefer vertreten, dem katholischen Minister für Volkswohlfahrt. Severing, ein prominenter Sozialdemokrat, der als Mann von großer Intelligenz und Energie galt, war Minister des Inneren. Auch der demokratisch gesinnte Otto Klepper war als preußischer Finanzminister erfolgreich gewesen. Unter seiner Ägide hatten sich die Finanzen in hervorragender Obhut befunden.

All diese Herrschaften wurden nun wie ein Haufen unartiger Schuljungen zum Rapport in die Reichskanzlei bestellt. Dort wurde ihnen von Papen verkündet, dass die öffentliche Sicherheit und Ordnung in Preußen nicht mehr gewährleistet sei und sie darum fristlos entlassen seien. Papen befürchtete allerdings – zu Recht –, dass sich Severing nicht einfach fügen würde. Severing machte sogleich darauf aufmerksam, dass Papens Vorgehensweise illegal sei. Auf die Forderung, die Amtsgeschäfte abzugeben, sagte er: »Ich weiche nur der Gewalt.«

Zu einem echten Widerstand kam es in diesem kritischen Augenblick jedoch nicht. Es hätte die Möglichkeit gegeben, die Polizei zu rufen. Die Polizei war der preußischen Verwaltung gegenüber sehr loyal – der Polizeipräsident war ein exzellenter Mann. Zweifellos hätte er Severing schützen und vielleicht sogar Papen verhaften können.

In den Büros der *Vossischen Zeitung* schlug die Nachricht ein wie eine Bombe. Der juristische Berater wurde gerufen, ebenso ein Universitätsprofessor für Verfassungsrecht, dessen Namen ich hier lieber nicht nennen möchte. Drei Reporter eilten ins Ministerium, während die Politik-Redakteure debattierten. Nicht eine Menschenseele zweifelte daran, dass Papen bewusst das Gesetz gebeugt hatte.

»Es handelt sich um einen Willkürakt«, riefen sie. »Wir müssen Stellung beziehen!« »Warum rufen wir nicht die Polizei?«

Das hatten sich freilich schon die Minister selbst gefragt. Bei näherem Hinsehen stimmten die Rechts- und Verfassungsexperten darin überein, dass nur die Exekutive eine Entscheidung herbeiführen könnte. Hinter dem Reich standen die Militärkräfte, während die preußische Regierung sich auf ihre Polizeikräfte stützen konnte. Wenn eines dieser Staatsorgane in Bewegung gesetzt wurde, war der Bürgerkrieg unvermeidlich. Und Hitler war allzeit bereit. Beim ersten Gewehrschuss würde seine SA aktiv werden. Es war ein äußerst heikler Moment.

Schließlich gab die Angst vor dem Bürgerkrieg und vor Hitler den Ausschlag. Unter den Linden in dem alten eindrucksvollen Gebäude des preußischen Innenministeriums saß Severing hinter seinem Schreibtisch und harrte der Dinge, die da kommen sollten. Das Telefon klingelte unaufhörlich. Seine Kollegen Klepper und Hirtsiefer hatten sich bereits aus dem Staub gemacht.

Plötzlich erschien in der Tür ein Offizier mit einem Trupp Soldaten von der Reichswehr.

»Im Namen des Reichskanzlers –«

»Das reicht«, unterbrach ihn Severing. »Ich weiß, was Sie wollen. Aber Sie haben kein Recht, mich entfernen zu lassen. Ich unterstehe nicht der Jurisdiktion des Reiches.«

Der Offizier verfügte über eine gerichtliche Vorladung, und Severing zog es vor, kein Risiko einzugehen. Sein Satz »Ich weiche nur der Gewalt« ist als geflügeltes Wort in die Annalen der preußischen Geschichtsschreibung eingegangen.

Draußen wartete ein Journalist der *Vossischen Zeitung*. Severing erzählte ihm, was passiert war. »Wir werden uns das nicht gefallen lassen. Wir werden das vor den Staatsgerichtshof bringen.« Eitle Hoffnung! Denn die Richter des Staatsgerichtshofs trauten sich schon nicht mehr, eine unabhängige Entscheidung zu treffen.

Nach und nach spürten wir die Veränderungen auch bei uns im Verlag. Die Atmosphäre wurde immer bedrückender, und die Partei der Schwächlinge, die innerlich schon bereit waren, sich dem Erlöser Hitler zu Füßen zu werfen, schwoll mächtig an. War er nicht am Ende tatsächlich der Mann der Stunde? Hatte seine Bewegung nicht doch irgendwas für sich? Sollte man wirklich alles daran ablehnen? Manche konnten nun doch auch Positives in seinen sozial- und außenpolitischen Vorstellungen entdecken. Der Antrieb hinter diesen Erwägungen war jedoch nichts anderes als Opportunismus.

Wann immer in der Vergangenheit Parlamentswahlen bevorstanden und Wahlkämpfe das ganze Land in Erregung versetzten, stand unser Unternehmen jeweils wie unter Strom. Nun aber, als Papen am 4. Juni den Reichstag auflöste und Neuwahlen bevorstanden, zogen Kummer und Sorge in die Redaktionen ein. Diese bedrückende Atmosphäre lähmte unsere Arbeit. Über allem lag eine Wolke von Angst und böser Vorahnung.

Je mehr Lärm die Nazis bei ihren Wahlveranstaltungen machten, desto weniger ließen ihre Gegner von sich hören. Die Pfeifkonzerte von Hitlers Sturmabteilung schüchterten seine Gegner ein. Oft mussten diese Veranstaltungen vorzeitig abgebrochen werden. Schließlich verbot Papen, der starke Mann, alle paramilitärischen Organisationen: Hitlers SA, den Stahlhelm und das Reichsbanner. Den Stahlhelm – jene Kampfeinheit der Konservativen – habe ich bereits erwähnt. Das Reichsbanner auf der anderen Seite wurde von den Sozialisten geführt. Mit dem Verbot aller drei Organisationen wollte Papen seine Überparteilichkeit zum Ausdruck bringen. Seine Proklamation dazu lautete: »Nur ein nationales Regime, das alle Parteiinteressen überwindet, kann ein Bollwerk der Gerechtigkeit bilden.«

Die falsche Arroganz dieser Aussage war typisch für die Deutschnationalen. Sie gaben ihre eigenen Parteiinteressen als Überparteilichkeit aus und betrachteten sich selbst als die einzig wahren »Nationalen«. Ihre eigene Regierung bezeichneten sie als Präsidialkabinette – eine Formulierung, auf die sich die kommunistische Abgeordnete Clara Zetkin anlässlich der Eröffnung des Reichstages im August 1932 stürzte.

Nachdem Papen Hitlers SA verboten hatte, versuchte er, sich auch außenpolitisch als starker Mann zu profilieren. Als es auf der Genfer Abrüstungskonferenz nicht gelang, die Sonderstellung Deutschlands und die Begrenzung des Heeres auf 100 000 Mann aufzuheben, verließ die deutsche Delegation den Saal. In Deutschland wurde der Abbruch der Verhandlungen als Erfolg gefeiert und von zehn Millionen Deutschen bejubelt, die sich an der Wut der Franzosen und Engländer ergötzten.

Diese billige Art, Popularität zu erlangen, reichte indes nicht aus, um Hitler die Gefolgschaft abspenstig zu machen.

Aber Papen hatte noch eine letzte Trumpfkarte im Ärmel: Er forderte Hitler auf, als Vizekanzler in sein Kabinett einzutreten. Aber Hitler war zu schlau, um in diese Falle zu tappen, und lehnte ab. Wenn er einem Kabinett beitreten würde, dann nur als Kanzler. Die zweite Geige zu spielen lag ihm nicht. Papen hatte Hitler unterschätzt, und er sollte es zu spüren bekommen.

Schließlich kam der Wahltag. In ganz Deutschland sah man keine republikanische Flagge, überall nur das kaiserliche Schwarz-Weiß-Rot und das Hakenkreuz. In den Wahllokalen herrschte Terror. Niemand konnte mehr sicher sein, dass das Wahlgeheimnis gewahrt blieb. Das Resultat war, dass Millionen von Menschen nicht wagten, etwas anderes als die Nazis zu wählen. Verfassungswidrigkeiten traten besonders häufig in den ländlichen Regionen auf. Das Gesetz schrieb vor, dass jeder Wähler hinter einen Vorhang treten, seinen Wahlzettel in einen Umschlag stecken und persönlich in die Wahlurne schmeißen musste. Wo immer die Wahllokale von Nazis geführt wurden, zwangen sie jedoch die Bauern, ihre Stimme öffentlich abzugeben. So wurden die Wahlentscheidungen millionenfach gefälscht – und das Wahlergebnis war desaströs: Die Nationalsozialisten erhielten 229 Sitze, die Sozialisten 132, die Kommunisten 88 und die Deutschnationale Volkspartei nur 37. Die anderen Parteien – die Zentrumspartei und die DVP – waren ungefähr genauso unbedeutend wie die Deutschnationalen.

Eine klare Mehrheit zu finden schien unmöglich. Papen war klar, dass er es schwer haben würde, mit solch einem Reichstag zu regieren. Für den Notfall erhielt er vom Präsidenten die Genehmigung, das Parlament aufzulösen. Der neue Reichstag war erst wenige Tage alt, als Papen sich entschied, von dem Auflösungsbeschluss, den er stets in der Brusttasche seines Jacketts bei sich trug, Gebrauch zu machen.

Es war eine der turbulentesten Parlamentssitzungen, die es je gegeben hat. Die Nazis stellten den Antrag, dass der Regierung das Vertrauen entzogen werden solle. Hugenbergs Deutschnationale stimmten dagegen. Aber die Kommunisten, die immer darauf aus waren, der Regierung eins auszuwischen, unterstützten den Antrag der Nazis. Zusammen erreichten die Kommunisten und die Nazis die Mehrheit. Göring als Reichstagspräsident forderte die Parlamentarier auf, ihre Stimmen abzugeben. Als Papen das Wort ergreifen wollte, erwiderte Göring: »Ich kann dem Reichskanzler jetzt nicht das Wort geben. Wir sind mitten in einer Wahl.« Das ging zu weit. Papen sprang auf, eilte zum Pult des Vorsitzenden und legte ihm den Auflösungsbeschluss auf den Tisch. Wortlos verließ Papen danach den Saal. Er überließ es Göring, Hindenburgs entsprechenden Erlass zu verlesen und die Versammlung darüber zu informieren, dass der Reichstag aufgelöst sei. »Ich bin zuversichtlich, dass wir uns nach den nächsten Wahlen bei guter Gesundheit wiedersehen werden!« Mit diesen Worten schloss Göring die Sitzung. 229 Nazis bellten »Heil!«, und die Delegierten gingen auseinander.

Die Ereignisse begannen, schwer auf unserem Unternehmen zu lasten. Wir konnten uns die unaufhörlichen Verluste der *Vossischen Zeitung* nur leisten, solange der Verlag sich auf die kräftigen Gewinne der anderen Zeitungen stützen konnte. Aber eine zweite, erst kürzlich ins Leben gerufene Zeitung brachte unser wirtschaftliches Gleichgewicht ins Wanken: die Abendzeitung mit dem Titel *Tempo*, die wir gründeten, um wenigstens ein Ullsteinprodukt im Abendgeschäft zu platzieren. *Tempo* wurde von unseren besten Reportern und, wie alle unsere Tageszeitungen, vom Ullstein-Nachrichtendienst bespielt. Die Zeitung hatte die besten Verteiler, und der Verkauf war genauso gut organisiert wie der von allen anderen Ullsteinprodukten. Dennoch war sie ein Misserfolg. Im ersten Jahr kostete sie uns nicht weniger als eine Million.

Was war der Grund für ihr Scheitern? Sie ist oft mit ihrer erfolgreicheren Rivalin verglichen worden – der *Nachtausgabe* aus dem Hause Scherl. Ich war aber immer der Auffassung, dass der Grund für ihr Scheitern letztlich im technischen Bereich lag. Ich erinnere mich noch heute gut daran, wie ich mich gegen die geplanten schmalen Spalten zur Wehr gesetzt habe, weil sie eine kleine Schrift erfordern. Der Laie ist sich oft nicht darüber im Klaren, dass es nicht nur der Inhalt ist, der eine Zeitung ausmacht. Ihre Aufmachung spielt auch eine Rolle: die Schriftarten, die Anordnung der Schlagzeilen, der Druck und die Anzahl der Spalten. Die schmalen Spalten waren von amerikanischen Zeitungen inspiriert, aber wir hatten übersehen, dass die in Deutschland übliche Frakturschrift viel schwerer zu lesen ist als die lateinischen Schrifttypen. Es ist sehr anstrengend für die Augen, wenn sie zu klein gedruckt wird. Eine Spalte weniger pro Seite hätte die Sache retten können. Meiner Meinung nach. Aber ich wurde überstimmt. Es ist heute nicht mehr feststellbar, aber ich glaube, dass es die Typographie war, die für den Misserfolg der *Tempo* verantwortlich war.

So kam es, dass wir in dieser unheilvollen Zeit zwei wirtschaftliche Misserfolge zu schultern hatten. Die *Vossische Zeitung* verstärkte unser Ansehen und wurde überall sehr geschätzt, außer in der Finanzabteilung unseres eigenen Unternehmens. Dort interessierte man sich für Zahlen – und zwar ausschließlich. Wenn am Jahresende die *Vossische* wieder einen Verlust von zwei Millionen gemacht hatte, saßen über kurz oder lang die Abteilungsleiter der Buchhaltung in unseren Büros und schauten uns vorwurfsvoll an.

Wir fragten uns, ob in solch bedrängter Lage ein derartiger Luxus noch zu rechtfertigen sei. Weder die Zeitungsleser noch die Zeitungshändler hatten je erlebt, dass eine Ullstein-Zeitung abgewickelt wurde. Die *Vossische* war jetzt 227 Jahre alt. Wir hatten sie erst 1914 adoptiert. Wenn andere es 200 Jahre lang geschafft hatten, sie über Wasser zu halten, so wollten wir nicht diejenigen sein, die sie zu Grabe trugen. Es war nicht nur eine Frage des Stolzes, wir mussten auch an unser Ansehen denken. Also behielten wir die *Vossische* und ebenso *Tempo*, zeigten nach außen Entschlossenheit und zahlten. Keiner von uns war ausschließlich Geschäftsmann.

Als Papen die Weimarer Republik in den Würgegriff nahm, kühlte unser Verhältnis zur Reichskanzlei deutlich ab. Die *Vossische* und unsere populäre *Morgenpost* machten kein Hehl daraus, dass sie die Entlassung der preußischen Minister als eine Vergewaltigung der Verfassung ansahen. Der gute Ton verbat es uns allerdings, die Richter während eines schwebenden Verfahrens allzu heftig anzugreifen. Wie ängstlich wir doch noch im Jahre 1932 darauf bedacht waren, die Traditionen der Presse zu achten! Dabei waren die höchsten Richter des Landes längst nicht mehr in der Lage, ein unbestechliches Urteil zu fällen. Sie schwammen mit dem Strom. Nur die deutsche Presse, die hatte sich gefälligst an die Orthodoxie zu halten – und wenn die ganze Welt zu Bruch ging.

Es war nun Oktober. Papen regierte ohne Parlament. Wahlen konnten erst am 14. November stattfinden. Indessen hatte er weitere Gewaltakte unternommen, diesmal gegen die Polizei: Mit Hilfe der Reichswehr hatte er den Polizeipräsidenten Albert Grzesinski, dessen Stellvertreter Bernhard Weiss und den Polizeioberst Magnus Heimannsberg entlassen – drei gute Republikaner, die Papens Plänen im Weg standen. Beliebter machte er sich dadurch nicht. Die Berliner mochten Severing und die reformierte Polizei. Man empörte sich über die unrechtmäßigen Verhaftungen durch Soldaten der Reichswehr vor den Augen von Untergebenen. Solche vom Kanzler begangenen Gesetzesverstöße wurden im Oktober 1932 noch bitter beklagt. Vier Monate später war man bereit, vor hundertmal größeren Delikten die Augen zu verschließen.

Am 14. November schien ein Wunder geschehen zu sein. Der Vormarsch der Nazis schien gestoppt. Von 229 Delegierten durften nur 196 ins Parlament zurückkehren. Dagegen steigerten sich die Kommunisten von 88 auf 100 Vertreter. Die Sozialisten behielten ihren zweiten Platz.

Auch diesmal sah Papen keine Möglichkeit, mit dieser Parteienkonstellation zu regieren. Er dankte ab, und es folgte eine neue, sehr angespannte Situation. Dazu verpflichtet, einen neuen Kanzler zu bestimmen, kämpfte Hindenburg gegen den Gedanken, den Gefreiten und Plebejer Adolf Hitler zu bestellen. Sein Sohn und sein Staatssekretär Meissner taten jedoch alles, um den alten Herrn davon zu überzeugen, dass es keine Alternative gab, zumal sich auch Schleicher als Papens Reichswehrminister von der politischen Bühne verabschiedet hatte.

Aber Hindenburg hatte nicht vergessen, was Hitler im August gesagt hatte: dass er nämlich keinen Drang verspüre, Kanzler zu werden, solange der Posten nicht die Alleinherrschaft über die Deutschen bedeute. Mit anderen Worten: Er forderte mehr Macht, als die Verfassung einem Kanzler zugestand. Hindenburg hatte sehr wohl begriffen, dass dieser Mann darauf aus war, niemanden über oder neben sich zu dulden, mithin auch keinen Reichspräsidenten. (Es gab Zeiten, da der 80-Jährige eine bessere Auffassungsgabe hatte, als seine Entourage ihm zugestehen wollte.) Hitler hatte einmal die Grobheit besessen zu bemerken, dass er als 43-Jähriger alle Zeit der Welt habe. Er könne einfach warten, bis das Amt frei werde, das von einem 85-Jährigen besetzt sei. »Ich bin davon überzeugt, dass mir nichts zustoßen wird. Ich weiß, dass ich von der Vorsehung ausersehen wurde.«

Dennoch blieb Hindenburg im November nach den Wahlen nichts anderes übrig, als Hitler anzufragen. Hitler lehnte wiederum ab.

Schleicher war als Nächster an der Reihe. Es war der 4. Dezember 1932. Schleicher, der immer gerne groß tat, pflanzte sich selbstherrlich vor dem alten Herrn auf. Hindenburg zog es vor, ebenfalls stehen zu bleiben, um ihn zu überragen. Schleicher, der sich provoziert fühlte, kam auf die Ergebnisse der jüngsten Reichstagswahlen zu sprechen, in denen ein deutlicher Rückgang an Stimmen für die Nazis zu verzeichnen war. »Euer Exzellenz, ich glaube, ich werde mit diesen Herrschaften fertig. In Papens Kabinett hat man mir eine führende Stelle vorenthalten. Als Kanzler werde ich mich auf die Reichswehr und die sozialen Elemente in den Parteien stützen können.« Er bezog sich auf eine Zusammenarbeit mit den Sozialdemokraten, Papens erklärten Widersachern. Schleicher wollte sich nun auf sie stützen und auch einige Nazis – insbesondere Gregor Strasser – mit ins Boot holen. »Das Nazi-Ungeheuer muss aufgespalten werden«, sagte Schleicher. »Viele werden Hitler die Treue aufkündigen und Strasser folgen. Dann werden wir die Nazi-Bewegung in beherrschbare Größenordnungen überführen, bis sie sich endlich aufgelöst haben wird – ein für alle Mal.«

Das war ein Programm, das der alte Herr sich gefallen ließ, und am 4. Dezember stürzte sich ganz Berlin auf die *B.Z. am*

Mittag mit der Schlagzeile: »General Schleicher zum Kanzler ernannt.«

Überall Seufzer der Erleichterung. Das Ende der reaktionären Regierung von Papen und seiner Junkerpartei erfüllte jeden mit Befriedigung. Endlich war da wieder ein Mann mit einer volksnahen Gefolgschaft am Ruder. Sogar bei Ullstein fühlte man frischen Mut und Zuversicht.

Schleichers Rede zur Reichstagseröffnung erzeugte allerdings lange Gesichter. Die Nazis höhnten und ließen sich nicht spalten, und Hugenbergs Deutschnationale zeigten ihm die kalte Schulter. Papens reaktionäre Politik hatte ihnen besser gefallen. Alle Großgrundbesitzer und Landwirte und, nicht zu vergessen, der öffentliche Dienst von altem Schrot und Korn hatten hinter Papen gestanden. Für sie war der »rote General« ein rotes Tuch.

Schleicher musste einsehen, dass er keine Mehrheit hinter sich bringen konnte, um regierungsfähig zu sein. Letztendlich erwies er sich als nicht annähernd so durchtrieben wie gedacht. Seine Ritterlichkeit und Höflichkeit verleiteten ihn zudem dazu, einen großen psychologischen Irrtum zu begehen: Er erlaubte seinem Vorgänger Papen, seinen offiziellen Wohnsitz zu behalten, der zufällig gleich neben dem von Hindenburg lag. Und dieser Erzintrigant machte es sich zur Aufgabe, Hindenburg tagtäglich in den Ohren zu liegen und ihm einzuflüstern, was er denken sollte. Vor allem flößte er ihm Misstrauen gegen Schleicher ein, der Papen immer schon von Herzen verhasst war. Auch Hugenberg war eifrig darum bemüht, dem verhassten Rivalen das Wasser abzugraben, damit man Papen und ihn zurückholte, um die Ordnung im Lande wiederherzustellen.

Dann geschah etwas völlig Überraschendes. Ein gewisser Herr von Alvensleben, Mitglied von Papens Herrenklub, ließ sich beim Präsidenten melden und behauptete, dass die Potsdamer Garnison im Begriff sei, auf Berlin zu marschieren, um den alten Reichspräsidenten zu verhaften. Er hätte sich eine Verfassungswidrigkeit zuschulden kommen lassen.

Um was für ein Vergehen es sich dabei handelte und wer eigentlich hinter dem Manöver stand, blieb ungeklärt. War es Schleicher, der versuchte, sich an die Macht zu klammern? Oder ging die Initiative von Papen aus, um Schleicher zu diskreditieren?

Wie undurchsichtig die ganze Angelegenheit auch war, eins stand fest: Man versuchte, den alten Herrn einzuschüchtern. Wiederum ein Fall von schlechter Psychologie, denn das alte Schlachtross ließ sich nicht so leicht ins Bockshorn jagen. Weit gefehlt! Er straffte sich, richtete sich zu voller Größe auf – und bestellte Hitler zum Reichskanzler.

All dies geschah im Januar 1933. Am 28. desselben Monats erhielt Schleicher seine Entlassung. Zwei Tage später nahm Hitler die Zügel in die Hand.

Meinen Mitarbeitern!

Die freundlichen Worte der Sympathie, die vierhundertdreissig liebe Mitarbeiter an mich bei meinem Ausscheiden aus dem Verlage richteten, waren für mich ein herrliches Zeichen der Verbundenheit, die zwischen uns allen geherrscht hat. War auch die Zahl unserer Köpfe zu gross, als dass wir alle miteinander hätten Fühlung halten können, so war doch jedem bewusst, wer alles am gemeinsamen Werk mitwirkte und wie sich eins ins andere fügte, bis das Ganze vollendet war. Ich schied mit Trauern von diesem gemeinsamen Werk, dass mich fast 35 Jahre sah, aber die warmen Abschiedsgrüsse meiner Mitarbeiter werden im Ruhestand die schönste Erinnerung an alte Zeiten sein, in denen wir so grosse Erfolge ernteten. Ich danke jedem Einzelnen herzlich und wünsche dem Werk und seinen Mitarbeitern viel Glück für die Zukunft.

Hermann Ullsteins Abschieds- und Dankesbrief an seine Mitarbeiter, 1933

LETZTES KAPITEL

In Hitlers Hölle

ICH HABE DIE VERBRECHEN, die an der Presse nach 1933 verübt wurden, bereits erwähnt. Der Leser hat erfahren, wie Hitler und seine Bande die deutsche Presse ergriffen, geknebelt und gefoltert haben, bis aus einem lebenstüchtigen Organismus ein kranker wurde, der zum Himmel stank. Der Ungeist, der seitdem das Zeitungswesen beherrscht, wird für immer als eine Ungeheuerlichkeit der Menschheit im Gedächtnis bleiben. Die Lügen und Falschheiten begannen mit dem Reichstagsbrand und setzten sich über den Judenboykott, die Wahlkampagnen und die Tribunale des Volksgerichtshofs fort. Man fühlt sich zurückgeschleudert ins Mittelalter, wenn man von den ständigen Folterungen und körperlichen Misshandlungen hört. Fassungslos steht man vor diesen Menschen, die sich in Raubtiere verwandelt haben.

Obwohl sie aus einem ganz anderen Zusammenhang kommen, muss ich unwillkürlich an die Zeilen von Else Lasker-Schüler denken:

»Es war ein Weinen in der Welt,
Als ob der liebe Gott gestorben sei.«[7]

Einer Tausende Jahre währenden zivilisatorischen Entwicklung folgte der Rückfall in die Barbarei. Von den politischen Machthabern ins Leben gerufen, fraß sich der Wurm der Falschheit und Lüge durch die Zeitungsartikel hindurch in die Köpfe der Herrschenden wie der Beherrschten. Ich will ein paar Beispiele liefern für diesen Virus, der den Körper der Gesellschaft befallen hat.

In Mecklenburg unweit vom landwirtschaftlichen Betrieb meines Sohnes hatte die Gräfin Rödern ihren Landsitz. Eines Nachts um zwölf, als alles schlief, fuhren zwei Regierungsfahrzeuge am Herrenhaus vor. Drinnen saßen der Gauleiter von Mecklenburg und seine Helfershelfer. Er ließ Sturm läuten. Es hallte durchs ganze Haus. Endlich wurde im Dachgeschoss ein Fenster geöffnet und es erschien der Kopf eines Domestiken, der sich den Schlaf aus den Augen rieb.

»Der Gauleiter will mit der Besitzerin sprechen!«

Der Kopf des Dieners verschwand und tauchte kurz danach wieder auf.

»Frau Gräfin kleidet sich an und kommt dann herunter.«

»Sie braucht sich nicht ankleiden. Sie soll sofort kommen.«

Wenige Minuten später erschien die alte Gräfin auf ihren Stock gestützt an der Schwelle des Hauses. Im Lichtkegel der Autoscheinwerfer am Fuße der Freitreppe sah sie sich sechs Männern in SS-Uniformen gegenüber.

»Sind Sie die Besitzerin?«

»Das bin ich.«

»Sie haben heute einen Angestellten entlassen, einen anständigen Menschen, der zufällig Mitglied der Partei ist. Warum?«

Die Gräfin lächelte: »Er hat gestohlen.«

»Das ist kein Kündigungsgrund«, polterte der Gauleiter. »Wahrscheinlich haben Sie ihn nur nicht gut genug bezahlt. Haben Sie noch immer nicht verstanden, dass Sie hier nichts mehr zu sagen haben?«

»Aber ich bin doch die Besitzerin!«

Diese Worte wurden mit lautem Gelächter quittiert. Der Gauleiter sagte: »Hören Sie mal, gute Frau. Sie sollten doch wissen: Diebstahl ist immer die Schuld des Bestohlenen. Sie werden diesen Mann jetzt wieder einstellen und seinen Lohn aufbessern. Zur Strafe für Ihren Übermut. Lassen Sie sich das eine Lehre sein!«

»Aber –«, die Gräfin wollte etwas erwidern.

»Halten Sie die Klappe! Und versammeln Sie Ihr gesamtes Personal. Ich habe denen etwas zu sagen!«

Alles eilte herbei und stellte sich in Reih und Glied vor dem Herrenhaus auf. Da standen sie in ihren Nachtkleidern unter freiem Himmel und hatten keinen Schimmer weswegen. Der Gauleiter erstieg die Freitreppe, schob die alte Dame beiseite, streckte den Arm zum zackigen Hitlergruß und sprach: »Männer und Frauen! Ich bin hier, um eurem Kameraden Schneider, der heute Morgen auf die Straße gesetzt wurde, beizustehen. Er wird wieder eingestellt, und ihr werdet alle besser bezahlt! Heil Hitler!« Die anderen Herren in Uniform antworteten mit »Heil Hitler«. Dann stiegen sie in ihre Limousinen und brausten davon. Die Gräfin ließen sie mit ihrem Personal hinter sich im Dunkeln zurück.

Das war kein Einzelfall. Es war die Folge von Hitlers Gepflogenheit, sich mit Verbrechern zu umgeben. Jeder wusste, dass der Gauleiter von Mecklenburg eine Gefängnisstrafe wegen Diebstahls abgesessen hatte. Und doch bezeichnete man diese wahren Geschichten als Gräuelpropaganda, weil sie so unglaublich waren. Aber es ändert nichts daran, dass sie stattfanden.

Von seiner Exzellenz Ernst Röhm, dem Kommandeur der SA, erzählte man sich, dass er grundsätzlich keine Rechnung bezahlte. Er gehörte zu Hitlers intimsten Freunden, bis er eines Tages von ihm liquidiert wurde. Dieser Röhm hatte sich einmal im Huldschinsky-Palais eingemietet, im feinsten Viertel von Berlin. Da es sein offizieller Wohnsitz war, kam der Staat dafür auf. Der Hausbesitzer bekam die Miete jedoch nie zu sehen. Röhm steckte das Geld ein und verjubelte es in rauschenden Festen, von denen in seinem Haus unzählige stattfanden. An einem einzigen Abend knallten Hunderte von Champagnerkorken. Kaviar, Austern und Hummer wurden serviert. Röhm ließ das alles vom berühmten Hotel Kempinski kommen. Diese Abendveranstaltungen entwickelten sich regelmäßig zu Orgien, die in sexuellen Ausschweifungen aller Art gipfelten. Jeden Morgen torkelte seine Exzellenz hoffnungslos betrunken zu Bett. Das Kempinski sandte Rechnungen. Sie wurden nicht bezahlt. Und als es einen Boten schickte, wurde seine Exzellenz zornig. »Gehört Ihre Firma nicht einem Juden?«, schrie er den Boten an. Als seine Vermutung bestätigt wurde, ließ Röhm eine Flut von Schmähungen über diesen Vertreter einer minderwertigen Rasse niedergehen, der die Impertinenz besaß, von ihm Geld zu fordern. Das ist der Geist des neuen Deutschlands.

Dann gibt es da noch Göring, genauer: seine Exzellenz der Feldmarschall Göring. Ministerpräsident von Preußen. Kommissar für die Luftfahrt. Präsident des Deutschen Reichstages. Beauftragter für den Vierjahresplan. Reichsjägermeister. Kurz: ein Sammler von vielen einträglichen Posten und Ämtern. Dabei hatte er noch kurz bevor sich sein Glück wendete, den Offenbarungseid schwören müssen. Heute gehört er zu den reichsten Leuten Europas, nur Hitler ist noch reicher. Göring ist ein großer Kunstliebhaber. Wenn er ein Bankett plant, pflegt er sich in den Berliner Museen ein paar Kunstwerke auszuleihen, die er dann »vergisst« zurückzugeben. Seine Sammelleidenschaft erstreckt sich auch auf Schlösser. Zu einer Zeit, als niemand in der Lage war, einen Cent in ausländischer Währung zu beschaffen, kaufte Göring ein Schloss in Italien. Wir wissen nicht, ob er in diesem Fall die röhmsche Technik der Zahlungsverweigerung anwandte, aber sicher ist, dass einige sehr zweifelhafte Transaktionen zu seinem ungeheuren Reichtum beigetragen haben. Von seiner Physis her könnte man ihn als deutschen Falstaff bezeichnen, aber ein Feigling ist er nicht. Er geht schnurstracks auf sein Ziel zu – ob es sich nun um Mord oder Brandschatzung handelt – und gehorcht dem Führer aufs Wort. Sogar wenn es um Verbrechen geht, wird in Hitlers Reich blinder Gehorsam erwartet.

Die Liste wäre unvollständig ohne Goebbels, den Herrn des Propagandaministeriums. Sein Begriff von Moral ist ungefähr genauso dubios wie der seiner Mitstreiter, denn er missbraucht seine Macht auf die übelste Weise. Als oberste Instanz der Theater- und Filmwelt machte er sich dadurch einen Namen, dass er mit hübschen Schauspielerinnen einen fliegenden Liebeshandel betrieb. Er machte Rollenangebote von der Willfährigkeit und persönlichen Einsatzbereitschaft der Kandidatinnen abhängig. Diese Dinge führten naturgemäß zu einigen unschönen Szenen, und schließlich nahm sich sogar eine geheime Radiostation der Sache an und fragte Magda Goebbels über den Äther, ob sie Kenntnis vom Verbleib ihres Gemahls habe. Falls sie ihre Neugierde befriedigen wolle, so mache man sie darauf aufmerksam, dass sein Dienstwagen schon seit einigen Stunden vor dem Haus der Schauspielerin X parke. Eigentlich würde kein Hahn danach krähen, was Goebbels in fremden Betten treibt, wenn seine Protektion – und damit weitreichende künstlerische Entscheidungen – nicht unmittelbar mit den Gunstbezeigungen seiner Schauspielerinnen zusammenhingen.

Göring, der auf Rache aus war – es wurmte ihn, dass Goebbels die Veröffentlichung seiner Memoiren in der *Berliner Illustrirten* hintertrieben hatte –, beschwerte sich einmal beim Führer. Aber Hitler hielt die Hand über Goebbels. Amtsmissbrauch ist im neuen Deutschland bestenfalls ein Kavaliersdelikt.

Manchmal, wenn die Skandale sich häuften, flüsterten sich die Zeitungsleute die Geschichten hinter vorgehaltener Hand zu, immer begleitet von der Warnung: »Nicht so laut, mein Freund: Die Wände haben Ohren.« Früher hatten auf unseren Korridoren und Fluren rege Diskussionen stattgefunden. Das war nun vorbei, denn es waren Spione unter uns.

Am Arbeitsplatz waren die Redakteure auch sonst nicht zu beneiden. Diese ehemals anständigen, aufrechten Leute waren jetzt terrorisierte, hilflose Geschöpfe, in ständiger Furcht vor dem Konzentrationslager. Jede Zeile, die sie schrieben, konnte ihr Schicksal besiegeln. Woher sollten sie wissen, welche Neuigkeit erwünscht und welche unerwünscht war? Sobald einem Nazi ein Artikel nicht passte, wurde man mit einem Schwall von Beschimpfungen überschüttet: »Haben Sie den Verstand verloren? Wissen Sie denn nicht, dass der Führer –« Jeder Redakteur musste seine Vorlieben denen des Führers anpassen. Man musste seinen Geschmack kennen und mit ihm eins werden – Despotismus in Reinkultur. Es war der Untertanengeist, den die mongolischen Führer, die türkischen Sultane und byzantinischen Herrscher von ihren Subjekten einforderten. Der Emigrant aus Österreich hat in Deutschland einen Geist der Servilität verankert, der eines freien Mannes unwürdig ist.

Frühling 1934. Das Klima von Denunziation, Verderbtheit, Diebstahl und Mord war so erstickend, dass wir uns gezwungen sahen, einige weitreichende Entscheidungen zu treffen. Der Krieg gegen die christlichen Kirchen lieferte den Beweis, dass eine Verständigung mit dem Regime kaum möglich war. Es hatte auf allen Ebenen der Gesellschaft so große Siege errungen, dass es nicht daran dachte, Kompromisse zu machen. In den vorangegangenen Jahren wurde der Stahlhelm, die Privatarmee der Deutschnationalen, stillschweigend von Hitlers SA geschluckt. Der deutschnationale Minister Hugenberg war fallengelassen worden. Die sozialdemokratischen Gewerkschaften waren aufgelöst und ihr Vermögen konfisziert worden – von Hitler. Auch alle Parteien, mit Ausnahme natürlich der Nationalsozialistischen, wurden aufgelöst oder lösten sich selbst auf.

Die Zeitungen wurden »gleichgeschaltet«. Als feindliche Blätter galten solche, die nicht von einem Nazi kontrolliert wurden. Sie wurden schrittweise vertilgt. Als Erste kamen die dran, die schwer verschuldet waren, wie zum Beispiel das *Berliner Tageblatt*, das Rudolf Mosse gehörte. Die Deutsche Arbeitsfront, die sich auf Geheiß des Regimes an die Stelle der Gewerkschaften gesetzt hatte, nahm sich auch des Zeitungswesens an, was nicht ganz ohne Knochenbrüche abging. Sie brachte alle ehemals liberalen Redaktionen auf Linie. Das unmittelbare Resultat war eine Flut von Kündigungen. Die plötzlichen Verluste waren enorm, und die neuen Besitzer mussten mit Entsetzen zuschauen, wie ihnen völlig unerwartet die Felle davonschwammen. Ahnungslose Stümper, die sie waren, hatten die Parteibonzen die Hoffnung gehegt, ihre Leser seien gefügig wie die Lämmer, und man könne die Inhalte einfach unbemerkt austauschen.

Sie lernten daraus: Auch wenn die Zeitungsunternehmen zum Schleuderpreis zu haben waren, für die Überzeugungen ihrer Leser galt das nicht. Das Mosse-Unternehmen wurde durch diesen Frontenwechsel innerhalb kürzester Zeit ruiniert, und das *Tageblatt*, das noch kurz zuvor vier Millionen Mark im Jahr abgeworfen hatte, begann dahinzusiechen.

Indessen hatte Hermann Göring die *Essener Volkszeitung* übernommen, die er nun für seine eigenen Interessen nutzte, obwohl nach Goebbels alle Zeitungen allein dem Staat zu dienen hatten. Wolfgang Huck, der Zeitungskönig und Herr über den *General-Anzeiger*, musste auf Goebbels' Geheiß von seinen zwölf Blättern alle bis auf zwei abtreten. Die gesamte Redaktion der *Münchner Neuesten Nachrichten* wurde verhaftet, weil ihre Mitglieder angeblich Monarchisten waren, die auf die Rückkehr ihres Herrscherhauses hofften. Andere angesehene Blätter wie die *Kölnische Zeitung*, das *Hamburger Fremdenblatt* und meine eigene *Neue Leipziger Zeitung* waren mit der Konkurrenz von frisch gegründeten Parteiorganen konfrontiert. Ein Heer von Vertretern schwärmte aus, das Lesepublikum zu nötigen, ihre alten Abonnements zu kündigen und dafür die neuen Parteizeitungen zu abonnieren. Dieser unlautere Wettbewerb war selbstverständlich illegal, aber es ist überflüssig zu sagen, dass Gesetze, die einem Nazi nicht passten, von ihm geflissentlich übersehen wurden. Solche Methoden, Leser zu gewinnen, waren allerdings zum Scheitern verurteilt, denn die Leute ließen es sich nicht gefallen. Von der *Leipziger Tageszeitung* der Nazis konnten nicht mehr als 17000 Exemplare abgesetzt werden, von meiner *Neuen Leipziger Zeitung* immerhin noch 80000.

Wir fragten uns, ob die Treue zu den alteingesessenen Zeitungen nicht im direkten Widerspruch zu den Wahlergebnissen stand. Ließen diese Verkaufszahlen nicht auf einen Wahlbetrug schließen? Wie war es möglich, dass 97 Prozent der Bevölkerung die Nationalsozialisten wählten, wenn gleichzeitig die Vertriebszahlen der Zeitungen etwas ganz anderes nahelegten. Obendrein hatte die *Neue Leipziger Zeitung* einen sehr viel härteren Kampf gegen Hitler geführt als die meisten anderen Blätter. Ich halte es für erwiesen – jedenfalls was die Wahlen von 1934 betrifft –, dass Goebbels, der von einer überwältigenden Mehrheit sprach, maßlosen Wahlbetrug betrieben hat.

Wir Ullsteins waren nunmehr mit der schicksalsschweren Frage konfrontiert, ob wir in Hitlerdeutschland weiterhin die *Vossische Zeitung* publizieren wollten, die uns alljährlich zwei Millionen Mark kostete. Für uns war es immer eine Frage der Ehre gewesen, dieses Kulturerbe, die Chronik von mehr als zwei Jahrhunderten deutscher Geschichte, in die Gegenwart hinüberzuretten. So viele Generationen hatten die Grundsätze, auf denen die *Vossische Zeitung* gegründet wurde, weitergereicht und dafür gekämpft. Ohne auf die Kosten zu achten, hatten wir sie so gut wie möglich ausgestattet. Das Finanzressort war exzellent gewesen, das Feuilleton unübertroffen. Sie war eine politische Instanz, und ihr Einfluss reichte bis weit über die Grenzen des Landes hinaus. Aber in einer derartig verwüsteten Presselandschaft war ihr Dasein sinnlos geworden. Höchst widerwillig stellten wir das Erscheinen der ehrwürdigen »Tante Voss« ein. Es war ein Abschied von besseren Tagen, das gewaltsame Ende einer öffentlichen Institution.

Die neuen Herrscher hatten tiefe Furchen in den deutschen Boden getrieben. Alle Felder waren umgepflügt worden, nur ein Winkel lag noch brach: das Militär. Der alte Hindenburg war immer noch am Leben. Er hatte den Oberbefehl über die Armee zu Lande, zu Wasser und in der Luft. Solange Hitler das Heer nicht befehligte, fehlte ein Juwel in der Krone des Führers. Es war der letzte Stein zur Vollendung des Totalitarismus. Hindenburg befand sich in einem Zustand hilfloser Senilität. Es war beinahe 87 Jahre her, dass sein Vater am 2. Oktober 1847 in der *Vossischen Zeitung* die Geburt eines starken und fröhlichen Knaben angezeigt hatte.

Hitler, noch keine fünfzig, konnte warten. Nachdem Hindenburg auf sein Vetorecht verzichtet hatte, war er nicht mal mehr ein Hindernis, das aus dem Weg geschafft werden müsste. Eine Weile lang blieb es vergleichsweise ruhig. Ende

Mai 1934 geschah dann etwas Ungewöhnliches: In Marburg hielt Papen eine Rede, in der er von einem »Dualismus zwischen Partei und Staat« sprach, und die einen Angriff auf Hitler darstellte. Sie gelangte erstaunlicherweise sogar in die Zeitungen. Es war die erste und leider auch die letzte öffentliche Attacke gegen das Terrorregime der Nazis. Papen forderte die Partei auf, zu Recht und Gesetz zurückzukehren.

Goebbels tobte. »Haben diese Vollidioten von der Presse nicht verstanden, dass diese Rede nie hätte gedruckt werden dürfen?« Die Redaktionen gaben vor, Verlautbarungen von so hoher Stelle nicht ignorieren zu können. Papen war immerhin Vizekanzler. Mit dem Ausdruck des Verzagens brachten sie ihre Entschuldigungen vor, während sie sich insgeheim vor Vergnügen die Hände rieben.

Goebbels untersagte jede weitere öffentliche Diskussion der Angelegenheit. Es sickerte durch, dass Papens Mitarbeiter und Regierungsberater Dr. Edgar Jung für den Artikel verantwortlich zeichnete. Die Bestürzung war groß, der Autor dem Untergang geweiht. Papen kam auch auf die schwarze Liste, ebenso sein Adjutant Erich Klausener von der Katholischen Aktion. Aber Hindenburg nahm noch einmal alle Kraft zusammen, um seinen Günstling zu schützen. Die Angelegenheit wurde suspendiert. Das Leben in der Hölle ging weiter, als sei nichts gewesen.

Kaum einen Monat später zog ein weiteres alarmierendes Vorzeichen über das Firmament. Es war Sonntag, der 30. Juni. Ich war auf dem Landgut meines Sohnes. Ein Verlagsmitarbeiter, der den Tag mit uns verbracht hatte, war im Begriff, sich zu verabschieden und in seinem Wagen davonzufahren. Da kam ein Hofarbeiter angelaufen. Schon von weitem rief er: »Kommen Sie schnell zum Radio. Es geschehen große Dinge in Berlin.« Wir stürzten ins Haus. Der Führer hatte einen

Putsch niedergeschlagen. »In Bad Wiessee in Bayern ist Ernst Röhm, der Anführer der SA, erschossen worden«, sagte die Stimme aus dem Radio.

Hitler war davon in Kenntnis gesetzt worden, dass für den folgenden Tag ein geheimes Treffen aller führenden Braunhemden anberaumt worden war. Röhm hätte beabsichtigt, gemeinsam mit General Schleicher Hitler abzusetzen und die Macht an sich zu reißen. Der Führer sei unverzüglich nach Bad Wiessee geeilt. Morgens um fünf Uhr traf Hitler dort ein. Er betrat Röhms Wohnsitz, wo gerade eine Orgie von unbeschreiblichem Ausmaß stattgefunden hatte. Hitler verlangte eine Erklärung. Röhm schwieg. Er wurde in Gewahrsam genommen und nach München gebracht, wo man ihm einen Revolver in die Hand drückte, mit der Aufforderung, das zu tun, was ein Offizier und Ehrenmann in einem solchen Fall tue. Aber Röhm weigerte sich und beteuerte seine Unschuld, weshalb er erschossen wurde. Es sei der Wachsamkeit des Führers zu verdanken, dass eine Katastrophe größeren Ausmaßes hatte verhindert werden können. So weit die offiziellen Verlautbarungen am ersten Tag.

Daraufhin wurde Göring der Auftrag erteilt, eine Untersuchung durchzuführen mit dem Ziel, alle Beteiligten des Komplotts dingfest zu machen und mit größter Härte zu bestrafen. Göring, der an Blutbädern seine Freude hatte, berief sogleich ein Standgericht, um die Schuldigen zu richten. Während des folgenden Tages waren in Lichterfelde alle paar Minuten Gewehrsalven zu hören. In der dortigen Kadettenanstalt ließ Göring 170 Männer standrechtlich erschießen. Zugleich schickte er ein Spezialkommando in Schleichers Haus mit dem Auftrag, ihn ohne Vorwarnung zu erschießen. Als Schleichers Gattin sich schützend vor ihn stellte, wurde sie mit ihm erschossen.

Und dann waren da noch Papen und seine Clique, deren Verbrechen vom vorangegangenen Monat noch frisch im Gedächtnis waren. Klausener wurde im Büro seines Chefs erledigt, während Edgar Jung, der Urheber von Papens polemischer Rede, verhaftet und ein paar Tage später erschossen wurde. Papen selber wurde wieder einmal durch Hindenburg gerettet, der ihm im letzten Moment Begleitschutz geschickt hatte. Es wird sich erzählt, Papen habe ein paar Zähne verloren, als er sich zur Wehr setzte. Vielleicht war das so. Jedenfalls entkam er nur, weil er von allerhöchster Stelle geschützt wurde.

Die Erschießungen dauerten acht Tage lang an. Das Tragische an diesen Ereignissen, die in unseren Redaktionen den Begriff »Reichsmordwoche« prägten, war die Tatsache, dass alle Vorwürfe, die den Opfern gemacht wurden, an den Haaren herbeigezogen waren. Ist es wahrscheinlich, dass der Rädelsführer einer Verschwörung die letzten Stunden vor seinem Anschlag volltrunken zu Bett liegt und seinen Leidenschaften frönt? Er wurde vom Überfall überrascht – hätte man da nicht irgendwelche geheimen Anordnungen oder sonstige Beweise finden müssen, Indizien oder Pläne, die ihn überführten? Würde auch nicht wenigstens ein Offizier mit den Vorbereitungen beschäftigt sein? Es muss ein sehr eigenartiger Putschist sein, der am Vorabend seines Staatsstreichs nichts Besseres zu tun hat, als eine Orgie zu feiern.

Es gab kaum einen politischen Beobachter, der nicht fand, dass Hitler hinters Licht geführt worden war. Wie Othello hat er von Jago (respektive Goebbels) das Gift der Verleumdung eingeträufelt bekommen, sodass er es nicht nur für möglich hielt, sondern geradezu davon überzeugt war, dass Röhm (seine Desdemona) ihn verraten hatte. Röhms Unschuld lag klar zutage, sodass nur ein wahrer Othello so handeln konnte, wie Hitler es tat. Jeder denkende Mensch konnte es sehen: Nichts sprach für einen Putsch.

Aber was machte das schon! Den nächsten Tag kam das Reichskabinett zu dem einmütigen Schluss, dass alles seine Richtigkeit gehabt habe. Die Moral jedes Einzelnen dieser Kabinettsmitglieder hatte einen solchen Tiefpunkt erreicht, dass sie dem Mörder Hitler wider ihr besseres Wissen versicherten, sein Verbrechen sei eine gute und gerechte Sache gewesen.

Erst der Reichstagsbrand und dann die Nacht der langen Messer. Man musste schon ein ziemlich durchtriebener Nazi sein, um diese Nachrichten guten Gewissens verkaufen zu können.

Weniger als einen Monat nach Hindenburgs Tod, im August 1934, bestellte Goebbels zwei von den arischen Direktoren unseres Verlags zu sich. Er behandelte sie wie ungezogene Schulbuben. »Warum zum Teufel seid ihr nicht schon früher zu mir gekommen«, schrie er sie an, »seid ihr verrückt geworden? Die Dinge müssen in Bewegung kommen. Mit euren jüdischen Verlegern wollen wir nichts mehr zu tun haben. Sie sollen ihre Anteile verkaufen.«

Als die beiden Direktoren einwandten, dass ein so großes Unternehmen nicht so ohne weiteres zu enteignen sei, lachte Goebbels auf. »Ich gebe euch ein paar Wochen«, sagte er, »um die Firma in arische Hände zu bringen. Danach werde ich den Verlag ruinieren, indem ich seine Zeitungen verbiete.«

»Aber Herr Minister«, wagte einer von ihnen zu entgegnen, »dann werden 10 000 neue Arbeitslose auf der Straße stehen.«

»Was soll's!«, war die zynische Antwort. »Wir rechnen in größeren Dimensionen!« Goebbels entließ die beiden Männer.

Auf dem Heimweg gab ihnen die obszöne Verknüpfung von Goebbels' Privatinteressen als Zeitungsbesitzer mit seinem öffentlichen Amt als Diktator der Presse zu denken. Wenige Jahre zuvor hatte er das Mittagsblatt *Der Angriff* gegründet. Das Verbot der *B.Z. am Mittag* würde offensichtlich seinem persönlichen Vorteil dienen. Auch Max Amann, der Geschäftsführer des *Völkischen Beobachters*, schlug hemmungslos persönlichen Profit aus seiner hohen politischen Stellung. Er hatte alle Vollmachten, um Konkurrenten mühelos aus dem Feld zu schlagen. Der Franz-Eher-Verlag, bei dem der *Völkische Beobachter* erschien, gehörte Hitler persönlich.

Es ist Hitler möglicherweise gar nicht bewusst gewesen, dass er damit der Korruption Tür und Tor öffnete. Er hatte keinen Schimmer von der Natur der Beziehungen zwischen politischer und privatwirtschaftlicher Sphäre. Aus schierer Ignoranz erlaubte er seinen Führungsspitzen in Regierung und Verwaltung, ihre persönlichen Geschäfte fortzuführen, ohne zu ahnen, welche Anreize er seinen Ministern und Verwaltungschefs gab, die Gesetze zu ihren höchst privaten Gunsten zu missbrauchen.

Unmittelbar nachdem unsere beiden arischen Vorstandsmitglieder von Goebbels zurückgekehrt waren, wurde eine Konferenz einberufen, die unser Schicksal besiegelte.

Wir fünf Brüder waren die ausschließlichen Besitzer von 10 Millionen Aktien, die nominell etwa 60 Millionen Reichsmark wert waren. Einen Käufer zu finden, der in der Lage und willens war, so viel zu bezahlen, erschien allerdings als ein Ding der Unmöglichkeit. Weil Goebbels damit drohte, unsere Publikationen zu verbieten, war der Wert unserer Aktien beträchtlich gefallen. Ein Zeitungsverlag ist ruiniert, sobald ein Regierungserlass das Erscheinen einer Zeitung verbietet. Kurzum: Goebbels hatte es in der Hand, ob der Verlag, der heute 60 Millionen wert war, morgen nur noch 10 Millionen und übermorgen gar nichts wert war.

Wir sahen den Ernst der Lage und begriffen, dass wir keine Zeit zu verlieren hatten. Also beauftragten wir eine halboffizielle Agentur, die schon einige Zeitungsverkäufe erfolgreich vermittelt hatte, einen Käufer zu finden. Und ein paar Tage, nachdem unser Bruder Franz beim Chef der Agentur, einem Dr. Winkler, vorgesprochen hatte, fand sich tatsächlich ein Bankenkonsortium, das zur Übernahme bereit war. Statt 60 Millionen boten sie uns aber nur sechs Millionen in bar sowie weitere sechs Millionen als mit sechs Prozent verzinste Anleihen an.

Den Albtraum von Goebbels' Drohungen vor Augen akzeptierten wir das Angebot. Uns war nur allzu klar, wie schnell wir uns in einem Konzentrationslager wiederfinden würden, wenn wir Widerstand leisteten.

Wir begannen, unsere Koffer zu packen. Es war, als würden wir uns vom Leben selbst verabschieden. Abgesehen von den Sonntagen hatten wir jeden Tag unseres Lebens in der Kochstraße verbracht. Während dieser letzten Stunden ließ ich niemanden in mein Büro. Alle wollten mir die Hand schütteln, aber es waren ihrer zu viele – unzählige Freunde und buchstäblich Hunderte von Bekannten. Meine Sekretärin, die dreißig Jahre lang mit mir durch dick und dünn gegangen war, hielt den Strom der Besucher von meiner Tür fern. »Gott weiß, was aus uns werden wird«, sagte sie, »aber wir werden weiterhin unsere Pflicht für die Firma tun.«

Ja, die Firma bedeutete vielen etwas. Die Tragödie war, dass so viele auf einmal gezwungen waren zu gehen – wegen ihrer Rasse. Ich möchte nicht die Namen derer nennen, die mir in dieser Zeit beistanden. Wenn sie noch heute in der Firma arbeiten, könnte es ihnen schaden. Auf die oft gestellte Frage, wer der neue Besitzer sei, wusste ich keine Antwort. Wer immer es war, bei den Verkaufsverhandlungen hatte er keine Rolle gespielt. Unser alleiniger Ansprechpartner war das Bankkonsortium gewesen. Dieser Umstand allein entlarvt das Heuchlertum, das in Hitlers Reich praktiziert wird. Die Nazis selber hatten nämlich ein Gesetz verabschiedet, das dazu verpflichtete, beim Verkauf eines Unternehmens den Namen des neuen Besitzers zu nennen. Aber das Gesetz galt offenbar nicht für alle.

Gerüchte und einige Anzeichen sprechen dafür, dass Hitler selbst der jetzige Besitzer ist. Stammte das Geld, das wir für die Firma erhalten hatten, also direkt von ihm? Sicherlich nicht. Als echter Nazi hat er sicher jemand anderes zahlen lassen. Ein weiteres Gerücht besagte, dass drei große Inserenten die Rechnung beglichen haben, die mit dem Versprechen abgespeist worden sind, in den Zeitungen annoncieren zu dürfen. Möglicherweise ist auch daran wenig Wahres. Es hat sich immer als sehr schwierig erwiesen, im Nazi-Deutschland an gesicherte Informationen heranzukommen. Zu oft ist man auf bloße Mutmaßungen angewiesen. Aber wer außer den ganz Großen kann es sich leisten, ein Gesetz zu missachten, das auf der Nennung der Namen besteht? Und wer außer dem »Allmächtigen« hätte überhaupt ein Interesse daran, die Tatsache zu verbergen, dass er enorme Summen aus einem immer noch florierenden Betrieb erhält? Wie auch immer: Es gibt keine Beweise. Alles, was wir wissen, ist, dass irgendjemand gerade ein großes Vermögen anhäuft.

Als der Kauf vollzogen war, besuchte Max Amann, Hitlers Freund, mehrfach das Verlagsgebäude und kommandierte die Mitarbeiter herum. Man erzählte sich auch, dass Hitler selbst darauf bestanden habe, den Namen Ullstein vorläufig beizubehalten – aus Sorge, dass eine Namensänderung den

Absatz beeinträchtigen könne. Es sollte noch Jahre dauern, bevor der neue Besitzer es wagte, den Namen zu ändern. Aber er begegnete auch dann einigen Schwierigkeiten. Was sollte man zum Beispiel mit den Ullstein-Schnitten machen? Wie sollte man sie nennen? Jemand hatte die Idee, einen ähnlich klingenden Namen zu nehmen: »Ultra«. Wer immer das Genie war, er ging sogar so weit zu annoncieren: »Ultra-Schnitte sind immer noch die alten, berühmten Ullstein-Schnitte. Ihre Qualität ist immer noch die gleiche!« Ja, der Name Ullstein hatte einen guten Klang, das wussten sogar die Nazis.

An dem Tag, da wir Ullsteins aus der Kochstraße auszogen, fuhr ein anderer Geist eisig wie der Ostwind durch die Redaktionsräume. Wo noch vor kurzem ein freundliches Gefühl von Kooperation geherrscht hatte, ertönte nun ein knarrender Militärjargon. Das Erste, was die neuen Besitzer taten, war ein Akt der Zerstörung: Sie rissen das Reliefporträt unseres Vaters aus der Wand über der Haupttreppe in der Eingangshalle. Offenbar sollte die Erinnerung daran, dass ein Mann jüdischer Herkunft den Grundstein zu diesem Gebäude gelegt hatte, ausradiert werden.

Als Nächstes wurden die Porträts der fünf Brüder aus dem Konferenzraum entfernt. Dann wurde uns ein Porträt von Oscar Begas zurückgegeben, das Leopold Ullstein auf dem Höhepunkt seiner Laufbahn zeigte. Die wohltätige Stiftung, die ich 1928 ins Leben gerufen hatte, besaß ein Kapital von 100 000 Reichsmark, und mit der alljährlichen Ausschüttung wurden Ferien für bedürftige Verlagsangestellte finanziert. Ich weiß nicht, ob sie von Hermann-Ullstein-Stiftung in Adolf-Hitler-Stiftung umbenannt wurde, jedenfalls tauchte das Geld nicht mehr auf. Auch das Weihnachtsgeld wurde 1934 abgeschafft – ein herber Verlust für die Verlagskultur.

Was für ein Glück dieses Weihnachtsgeld früher ausgelöst hatte! Mitte Dezember bekamen wir aus jeder Abteilung lange Listen mit den Empfängern. Wir ließen es uns bis zu einer Viertelmillion Mark kosten. Das Weihnachtsgeld zu streichen war eine der ersten Maßnahmen der Nazis gewesen – als ob daran etwas Jüdisches gewesen sei! Ich werde nie vergessen, mit welcher Bitternis Dutzende meiner früheren Mitarbeiter diesen Verlust beklagt haben. »Unter den Ullsteins wäre das nie passiert«, sagten sie. »Egal, ob es ein gutes oder ein schlechtes Jahr war, für das Weihnachtsgeld wäre immer etwas übrig geblieben.«

Wir empfingen zu Hause viel Besuch von unseren ehemaligen Angestellten. »Es wird nicht lange dauern«, sagten manche, »dann sitzt ihr Ullsteins wieder in der Kochstraße.« Sie irrten sich. Diesmal war es der natürliche Tod, der dazwischentrat. Mein Bruder Louis war der Erste, der von uns ging. Erst zwei Jahre zuvor war sein Haus in Berlin-Grunewald fertiggestellt worden. Jetzt trug man ihn durch den Garten im Sarg davon. Gleich dahinter ging sein Lieblingspferd, und darauf folgte eine lange Prozession von Trauernden. Als der Zug sich schweigend in Bewegung setzte, drang aus dem Haus das Heulen seines Hundes. Es war eine schwere Stunde in einer schweren Zeit.

Bald folgte ihm Hans, der Älteste von uns. Die letzten Lebensjahre hatten ihn in den Rollstuhl gezwungen, und er durfte nur selten seinen schönen Besitz am Dianasee für eine kurze Spazierfahrt verlassen. Seine Asche liegt nun auf dem Städtischen Friedhof Grunewald-Halensee. Das Grab kann von seiner zahlreichen Familie nicht gepflegt und nicht besucht werden, weil alle auswandern mussten.

Der beste unserer Mitarbeiter hatte uns bereits vor der Übergabe unserer Firma verlassen. Geheimrat Schäffer ging nach Schweden, um dort 1933 Ivar Kreugers Trust abzuwickeln. Im selben Jahr ging Georg Bernhard nach Frankreich. Der Erste von uns, der in die USA auswanderte, war Kurt Szafranski. Dieser wiederum überredete seinen Freund Kurt Korff dazu, ihm wenig später nachzufolgen. Emil Herz, der fachkundige Organisator unseres Buchverlags, war auch gegangen, so wie viele unserer besten Herausgeber und Redakteure: Max Osborn, Manfred Georg, Carl Misch, Julius Elbau und Julius Becker – alles wohlbekannte Persönlichkeiten. Vicki Baum und Dr. Georg Fröschel gingen nach Hollywood. Monty Jacobs, der überragende Theaterkritiker der *Vossischen Zeitung*, ließ sich in London nieder, während sein Kollege Fritz Goetz nach Palästina segelte. Schließlich war da noch Franz Leppmann, der Lektor des Propyläen Verlags, der auch nach London ging, dort allerdings von seiner arischen Gattin, der Schauspielerin Ida Orloff, im Stich gelassen wurde, die es vorzog, nach Hitler-Deutschland zurückzukehren.

Das waren diejenigen, die aus rassischen Gründen emigrieren mussten. Es ist so absurd anzunehmen, dass diese Handvoll Menschen unserer Firma eine jüdische Prägung verliehen haben sollen – immerhin hatte die Firma 10 000 Angestellte. Jude oder Nichtjude – sie haben sich im Herzen immer als Deutsche empfunden und haben so tapfer wie jeder »Arier« für Deutschlands Größe gekämpft.

Inzwischen waren Vorbereitungen für den Parteitag in Nürnberg getroffen worden. Man erwartete Mitteilungen von größter Tragweite. Zu Beginn seines Auftritts war Hitlers Ton geradezu konziliant. Er wetterte nicht einmal gegen die Juden. Stattdessen verkündete er gänzlich unerwartet, dass die Revolution beendet sei. Die ganze Welt hielt den Atem an. Sollte er sich am Ende beruhigt haben? Es schien zumindest möglich. Viele glaubten, dass nun friedlichere Tage bevorstünden und dass Hitler die Extremisten an die Kandare nehmen werde.

Im Ullstein Verlag machte man sich keine derartigen Illusionen. Goebbels, der große Exterminator der Kultur, befand es für nötig, eine Delegation von drei Herren ins Ullstein-Archiv zu schicken, um es zu säubern. »Im Namen des Führers: Alles, was in Ihrem Archiv jüdischen Ursprungs oder in irgendeiner Weise mit dem Judentum verknüpft ist, muss verbrannt werden.«

Unser Archivleiter, ein Mann mit Humor, bat darum, einige Fragen stellen zu dürfen. »Was mache ich zum Beispiel mit Christoph Kolumbus? Nach jüngsten Erkenntnissen ist er nichtarischer Herkunft.«

»Raus mit ihm!«, sagte das Sprachrohr der Delegation.

»Aber er hat Amerika entdeckt!«

»Macht nichts!«

Der Archivleiter fragte weiter: »Angenommen, ein Jude entdeckt ein Mittel gegen Krebs. Wären wir dann berechtigt, ein Foto von ihm in unsere Kartei aufzunehmen?«

»Juden haben niemals irgendetwas entdeckt«, war die Antwort. »Sie sind lediglich Nachahmer.«

Der Archivleiter unterließ es, Hertz und Einstein zu erwähnen oder Spinoza und Mendelssohn. Aber es kam ihm eine andere Idee. »Was ist mit Richard Wagner? Es gibt keinen Zweifel, dass er der illegitime Sohn von dem Juden Ludwig Geyer war.«

Das verunsicherte die Delegation. Denn jeder wusste, dass Wagner der Lieblingskomponist des Führers war. »Sehen Sie, wir sind nicht hier, um mit Ihnen zu diskutieren oder Ihre Fragen zu beantworten. Wir wollen nur dafür sorgen, dass alles eliminiert wird, was anständige Leser beleidigen könnte.«

So wurde Wagner vor Hitlers heiligem Feuer gerettet – aber Goebbels hatte sich einmal mehr lächerlich gemacht.

Nicht nur die Archive wurden gesäubert. Ähnliche Szenen spielten sich auch in den Museen ab. Aus erster Hand weiß ich, dass eines schönen Tages ein Museumsdirektor Besuch von sieben Herren empfing, die dazu bevollmächtigt waren, das Museum von »entarteter« Kunst zu reinigen. Sie nahmen mehr als 200 Bilder von unschätzbarem Wert mit. Der Direktor hat nie erfahren, was aus diesen Bildern geworden ist.

Auch die Schulen unterstanden Goebbels. Schüler wurden mit folgenden Prüfungsfragen traktiert: »Wo ist das Heim des Führers?« Die vorgeschriebene Antwort lautete: »Im Herzen eines jeden Deutschen.« Wenn die Antwort nicht prompt und exakt kam, konnte der Schüler seinen Berufswunsch begraben. Die korrekte Antwort auf die Frage »Was kommt nach dem Dritten Reich?« lautete übrigens: »Gar nichts. Das Dritte Reich wird ewig sein.«

Das Volk litt derweil unter dem Regime. Seelische und körperliche Folter wetteiferten miteinander – Goebbels bevorzugte die seelische. Er befasste sich mit Literatur- und Theaterkritik, vielmehr: Er verbot sie, obwohl sie in Deutschland ein außergewöhnlich hohes Niveau erreicht hatte. Man sollte meinen, ein Student des Literaturhistorikers Friedrich Gundolf wüsste, wie stimulierend und konstruktiv Kritik sein kann, aber dem war nicht so. Goebbels war selber einmal Gegenstand der Theaterkritik gewesen. Noch völlig unbekannt, hatte er an der Herstellung eines Films mit dem Titel *Jeanne d'Arc* mitgearbeitet, der von der Kritik wegen seiner geschmacklosen Sensationsgier verrissen wurde. Vielleicht war dies der Auslöser, der ihn dazu veranlasste, alle Kritik für überflüssig zu erklären und zu verbieten.

Es ist unglaublich, welch Schaden Goebbels mit seinem

schlechten Geschmack der Literatur zugefügt hat. Bei allen Preisverleihungen ließ er untrüglich das schlechteste Buch prämieren. Einmal hatte ein gefügiger Stückeschreiber eine wilde Geschichte über die Rothschilds und die Ursache des jüdischen Reichtums zusammengebraut. Als Hintergrund für seinen Plot wählte er die Schlacht von Waterloo. Ein Kurier des berühmten Bankhauses Rothschild kehrt darin vom Schlachtfeld zurück nach London und verkündet – wider besseres Wissen –, dass die Schlacht verloren sei. Der folgende Preissturz an der Londoner Börse wird vom englischen Rothschild genutzt, um Unmengen von Aktien aufzukaufen, die, sobald der Sieg der Entente publik wird, wieder in die Höhe schießen. Dieser plumpe Betrug soll – der verleumderischen Darstellung gemäß – den Grundstein für den sagenhaften Reichtum der Rothschilds gelegt haben. Goebbels war entzückt, nannte das vulgäre Machwerk künstlerisch wertvoll und zeichnete es aus.

Bevor Goebbels sich der deutschen Bühnen annahm, hatte das Theater eine außerordentliche Blütezeit erlebt. Max Reinhardt inszenierte auf dem Höhepunkt seiner Karriere Shakespeare, Büchner, Offenbach und schuf mit seinen brillanten Interpretationen einen neuen Regiestil. Zu seinen Schauspielern zählten Albert Bassermann, Fritz Kortner und Elisabeth Bergner. Sie feierten Triumphe. Als sie und viele andere vertrieben wurden, fehlte es an erstklassigen Regisseuren, Ausstattern und Schauspielern. Lediglich die beiden Nationaltheater hielten das künstlerische Niveau – aus dem einfachen Grund, weil sie nicht von Goebbels, sondern von Göring geleitet wurden. Seine Frau Emmy Sonnemann, die vor der Eheschließung Schauspielerin war, übte einen wohltuenden Einfluss aus. Alle anderen Theater verfielen so rapide, dass sie ständig vor halbleeren Häusern spielen mussten.

Als die Theaterbesitzer sich schließlich beklagten, dass ihre Einkünfte in gefährlichem Maße eingebrochen seien, erwiderte Goebbels: »Das ist kein Problem im Nationalsozialismus. Wir werden das Publikum einfach zwingen, ins Theater zu gehen.« Gesagt, getan: Er befahl Hunderten von SA- und SS-Leuten, Tickets zu kaufen. Zweifellos waren sie zu Tode gelangweilt. Aber unter Goebbels ist sogar die Unterhaltung ein Gewaltakt.

»Kritik unerwünscht!« – von einem, der von ihr nichts Gutes empfangen hat, ist dieser Wunsch nachvollziehbar. Die gesamte Literatur- und Theaterkritik einfach abzuschaffen ging allerdings doch ein wenig weit; immerhin verlor die Presse damit eine ihrer letzten vitalen Funktionen. Konnte sie ihren Lesern denn noch andere geistige Nahrung anbieten, um ihnen zu helfen, Gott und die Welt zu verstehen? Leider nein. Das Jahr 1935 brachte eine schnell wachsende Verfolgung religiöser Gruppierungen mit sich. Hitlers Kulturbeauftragter Alfred Rosenberg proklamierte den Vorrang der nordischen Rasse.

Da spitzte Mussolini die Ohren. Was war das? Die Vorstellung von Europa soll nicht aus der griechisch-römischen Antike stammen? Das deutsche Recht – baute es etwa nicht auf dem römischen Recht auf? Wurde die Literatur nicht von Homer begründet, das Theater nicht von den Griechen? Und die Philosophie: Hat sie ihre Wurzeln nicht im Orient, der Quelle aller Weisheit?

Der Duce protestierte. Er hielt eine Rede gegen Rosenbergs Geschichtsklitterungen, aber die deutschen Zeitungen durften sie nicht drucken. Stattdessen mussten sie über Rosenbergs rassistische Theorien und seine Phantasien von einem neuen Heidentum schwadronieren, das sich als Opposition zum Christentum verstand. Auf einer Veranstaltung der Deutschen Glaubensbewegung am 26. April 1935 wurde eine Resolution verabschiedet, in der das Christentum als eine Gefahr für das deutsche Volk bezeichnet wurde. Alfred Rosenberg, der wie Hitler selbst kein Deutscher war, sondern aus Litauen stammte, verwarf die Vorstellung von einem persönlichen Gott und ersetzte Gott durch Ehre und Heldentum. In einigen Schaufenstern in München und Berlin hieß es daraufhin: »Nieder mit Christus, der sich hat kreuzigen lassen. Der deutsche Gott kann kein leidender Gott sein. Er ist ein Gott der Kraft und der Macht!« Prominente Theologen wie Karl Barth oder Kardinal Faulhaber, die es gewagt hatten, Rosenberg zu kritisieren, setzte man unter Druck – die Verteidiger der Religion wie Häretiker wurden zum Schweigen gebracht.

Die Arbeit der Presseleute wurde immer schwieriger. Die Redakteure befanden sich in einem ständigen Dilemma. Sie wussten nicht mehr, was sie schreiben durften und was nicht. Goebbels bestand darauf, dass sich die Presse ernsthaft mit dem Judenproblem befassen sollte. Gegen die »jüdische Pest« ergoss sich eine Flut von neuen Gesetzen, die von den Redakteuren als Akte der Befreiung begrüßt werden mussten. Juden durften nicht länger in öffentlichen Cafés verkehren. Sie durften weder ins Kino noch ins Theater gehen. Jüdische Kinder wurden aus den Schulen geworfen und mussten in speziell für Juden bestimmte Schulen gehen. Gesellschaftlicher Umgang mit Juden war verboten, und wer sich nicht daran hielt, lief Gefahr, beschimpft oder verprügelt zu werden. Es gab sogar ein Gesetz, das Juden verbot, Brieftauben zu halten. Kurz: Der Rückschritt in die Barbarei vollzog sich sehr schnell und gelang vollständig. Männer und Frauen mit vermeintlichen Erbkrankheiten wurden zwangssterilisiert, und Kinder, die mit Behinderungen zur Welt kamen, wurden sogleich getötet. Bei unklarer Vaterschaft konnte der Mutter das Erziehungsrecht entzogen werden, aber oft reichte es dafür auch schon, wenn sie darauf bestand, dass ihr Kind in einer katholischen Schule unterrichtet werden sollte.

Bald erlitten Bücher dasselbe Schicksal wie die Zeitungen. Goebbels duldete keine unpolitischen Romane. Bücher, die ihre Bewunderung für das Vaterland nicht zumindest zwischen den Zeilen zum Ausdruck brachten, wurden verboten, noch bevor sie auf den Markt kamen. Dass es nicht zur Geschichte passte, galt Goebbels als inakzeptable Ausrede: »Das zeigt doch nur, wes Geistes Kind Sie sind!« Bald wurde es unmöglich, irgendetwas zu veröffentlichen, was nicht mit der Tagespolitik zu tun hatte. Historische Stoffe waren natürlich tabu, weil es nur allzu einfach war, unerwünschte Parallelen zur Gegenwart zu ziehen. Außer Kochbüchern konnte man quasi nichts mehr gefahrlos publizieren.

Ich musste wieder an die Worte von Dr. Stadtler denken: Das Wesentliche sei, nicht nur mitzumachen, sondern aus Begeisterung mitzumachen. Wir wollen Dr. Stadtler zugutehalten, dass er 1933, kurz nach Hitlers Machtergreifung, nicht wissen konnte, worauf das alles hinauslaufen würde.

Das Redeverbot ist ein zentraler Bestandteil der Herrschaftstechnik und Dynamik der nationalsozialistischen Bewegung. Deutschland wurde ein monumentaler Friedhof, auf dem man täglich die Meinungsfreiheit zu Grabe trug – nur dass die Friedhofsstille von den Machthabern als Einverständnis interpretiert wurde.

Ein markantes Beispiel lieferte der Parteitag im September 1935. Das Motto des vorangegangenen Jahres hatte geheißen: »Die Revolution ist beendet.« Ein ganzes Jahr lang bekamen wir zu spüren, was das bedeutete. Auf dem darauffolgenden Parteitag sprach man von neuen radikalen Veränderungen.

Was die Leute auch immer darüber dachten, sie nahmen alles hin. Die neuen Richtlinien wurden übers Radio verkündet. Millionen von Deutschen lauschten. »Ein Akt der Ehrerbietung hat sich vollzogen!«, schrie der Kommentator. Was war geschehen?

»Es ist eine Ehrenschuld gezahlt worden!« Wie bitte? Von welcher Ehre redete der Mann?

»Wir sehen es als unsere vaterländische Pflicht an, das Emblem, das der Führer gewählt hat – das Emblem, das ihn und seine Partei groß gemacht hat –, zur offiziellen Reichsflagge zu erklären.«

Holla! Was war das? Plötzlich brach die Übertragung ab. Eine Panne? Gerüchte flogen hin und her. Steckten etwa die Deutschnationalen dahinter? Hatten sie nicht jahrelang gegen die Weimarer Flagge gekämpft, um die ruhmreichen Farben des alten Kaiserreichs wieder einzusetzen? Hatten sie es nicht durch ihren erbitterten Widerstand dahin gebracht, dass im ganzen Land die schwarz-weiß-rote Fahne flatterte? Eine Flagge kann man schließlich nicht wechseln wie das Hemd, haben sie gesagt. Und jetzt war auf einmal das Hakenkreuz Emblem des Deutschen Reiches!

Die Funkstille dauerte eine Viertelstunde. Fünfzehn bange Minuten lang saßen zwanzig Millionen Zuhörer vor ihren stummen Radios. Würde in Zukunft tatsächlich das Hakenkreuz von allen deutschen Dächern grüßen?

Die Antwort ließ nicht lange auf sich warten. Die Störungen – ein rein technisches Problem – wurden behoben. Der Sprecher wiederholte in blumigen Worten, was er zuvor gesagt hatte, und bevor die Zuhörer Zeit hatten, die Nachricht zu verdauen, war er schon beim nächsten Thema. Er verkündete die berühmten Nürnberger Gesetze, Notgesetze gegen die Juden, und kündigte an, dass bald präzise definiert werde, wer als jüdisch zu gelten habe und wer nicht. Die Abstammung galt als entscheidend, nicht die Religion. Die Bürger waren aufgefordert, ihre Herkunft bis in die dritte Generation nachzuweisen.

Natürlich gab es manche unangenehme Enthüllung: Viele Männer und Frauen, die im christlichen Glauben erzogen waren und sich ihr ganzes Leben lang für Christen gehalten haben, wurden jetzt vom Glauben der Väter heimgesucht. Eine einzige jüdische Großmutter reichte, um zum Juden deklariert zu werden. Der Geschlechtsverkehr zwischen Juden und Nichtjuden galt von nun an als Rassenschande und wurde schwer bestraft. Nichtjüdische Dienstmädchen durften nicht mehr in jüdischen Haushalten arbeiten, sofern sie sich noch im gefährlichen Alter unter 45 Jahren befanden. Die Gestapo beschäftigte Informanten, die Menschen denunzierten, die der Rassenschande verdächtig waren. Die Hausmeister waren als Spitzel besonders geeignet, da es ihnen leichtfiel, Informationen über die Bewohner eines Mietshauses zu sammeln. In Hotels und Bars wurden Razzien durchgeführt, denn jede Begegnung zwischen Juden und Nichtjuden – wie harmlos auch immer – galt als schmutzig. Der Gauleiter von Franken, Julius Streicher, ließ seine Opfer durch die Straßen zerren, vorne und hinten in Schilder eingezwängt, auf denen zu lesen war: »Ich bin ein Rassenschänder! Ich bin ein Schwein!«

Es kam auch zu komischen Auftritten. Ich erinnere mich an einen Vorfall, der sich zutrug, kurz bevor es den Juden offiziell untersagt war, sich in der Öffentlichkeit zu zeigen. Im Garten des Marquarts, eines der schicksten Restaurants von Potsdam, saß eine fröhliche Runde beisammen. Eine der Damen mit dunklem Haar erregte das Misstrauen eines Nazis am Nebentisch. »Eine Jüdin!«, sagte der eine zum anderen laut genug, dass es von den Nachbarn gehört werden konnte – woraufhin die fröhliche Runde noch lustiger wurde. Das war zu viel für den Nazi. Er begab sich an den Nachbartisch und bat die Gesellschaft, das Lokal zu verlassen, weil Juden hier nicht erwünscht seien. Der Gastgeber lächelte höflich und bat darum, das Diner beenden zu dürfen. Der Nazi erklärte sich bereit. Als nach einer Viertelstunde das Mahl noch in vollem Gange war, erhob sich der Nazi wieder und forderte die Gesellschaft zum unverzüglichen Verlassen des Lokals auf. Hierauf holte der Gastgeber in aller Ruhe seine Visitenkarte hervor und streckte sie dem Nazi entgegen: *André François Poncet, Ambassadeur de France.*

Der Vorfall war damals ein kurzer Lichtblick gewesen, eine Burleske im Bacchanal der Gräueltaten. Aber eben nur eine Ausnahme. In der deutschen Presse gab es nicht das kleinste Aufmucken gegen die Nürnberger Gesetze. Gelegentlich wagte es jemand, hinter vorgehaltener Hand zu flüstern: »Sie müssen nicht denken, dass wir all diese schrecklichen Dinge gutheißen! Aber was kann ein Einzelner ausrichten?« In der Tat. Was kann ein Einzelner oder auch eine ganze Masse von Leuten ausrichten? Die wirkliche Macht lag beim Militär. Und das Militär war Hitler treu ergeben, schließlich bedeutete seine Herrschaft Aufrüstung. Eine Aufrüstung, die trotz aller Verträge möglich war, weil die Westmächte nicht gerüstet waren.

Hitler hatte jetzt Wichtigeres zu tun, als die Juden zu schikanieren. Er hatte sich in die Weltpolitik eingemischt und spielte ein großes Spiel. Im März 1936 wurde die Presse darüber informiert, dass Hitler auf einer Kabinettssitzung seinen Ministern erklärt habe, seine Geduld sei am Ende. Angesichts der ständigen französischen und russischen Drohungen, so der Führer, könne er es nicht länger verantworten, das Rheinland ungeschützt zu lassen. Er habe sich gezwungen gesehen, seine Armee ins neutrale Gebiet einmarschieren zu lassen. »In vollem Bewusstsein meiner Verantwortung zerreiße ich hiermit den Vertrag von Locarno!«, fügte er schreiend hinzu. Bei diesen Worten sprang Generalfeldmarschall von Blomberg vor Überraschung und Freude auf – so ließ Goebbels die Presse wissen – und dankte dem Führer ausdrücklich für diese weise Entscheidung.

Wie um alles in der Welt hatte man sich das vorzustellen? Wollte man die Zeitungsleser ernsthaft glauben machen, dass der Reichswehrminister nichts von Hitlers Absicht gewusst hatte, das Rheinland zu besetzen? Und wenn Hitler tatsächlich über Blombergs Kopf hinweg die Order zum Einmarsch gegeben hätte, würde der Feldmarschall nicht unverzüglich seinen Abschied genommen haben, anstatt aufzuspringen und zu klatschen wie ein Schulbub? Jeder, der noch einen Funken Verstand besaß, wusste, dass die Geschichte erlogen sein musste. Und was hatte es überhaupt mit den russischen und französischen Drohungen auf sich? Bezog sich Hitler auf den Französisch-Russischen Bestandsvertrag vom Vorjahr? Seitdem hatte Hitler diesbezüglich keinen Finger gerührt. Welche neuen Fakten hatten seine Geduld nun überfordert? Hitler hatte lediglich in Erfahrung gebracht, dass Frankreich unzureichend gerüstet war und dass ihm deshalb niemand entgegentreten würde, wenn er ins Rheinland einmarschierte.

Hitler war nun auf dem Gipfel seiner Macht angekommen. Als es ihm am 7. März gelang, das Rheinland zurückzugewinnen, war das Schicksal Europas besiegelt. Frankreichs Schwäche war offenbar geworden. Hitler nutzte diese Schwäche gnadenlos aus und schwang sich zum Tyrannen Europas auf.

Es wird uns, die wir aus dem Land gejagt wurden, ein ewiges Rätsel bleiben, wie die alte römische Maxime »Si vis pacem, para bellum – Wer Frieden will, bereite sich auf Krieg vor« so in Vergessenheit geraten konnte. Sie war in diesem Fall von so elementarer Bedeutung, dass man nie verstehen wird, wie sie von allen westlichen Demokratien vernachlässigt werden konnte – insbesondere angesichts der deutschen Aufrüstung, die doch keinem ausländischen Militärattaché entgangen sein dürfte. In solchen Zeiten darf man nicht wie Chamberlain mit seinem Regenschirm winken. Man muss sich bis an die Zähne bewaffnen, wenn man nicht das Risiko eingehen will, ins Verderben zu stürzen.

Hitler brach die Aufrüstung nicht übers Knie. Er nahm sich Zeit und bahnte sich seinen Weg. Es gab jede Menge Gelegenheiten, ihm Einhalt zu gebieten, aber seine Gegner zogen es vor, seinen Beteuerungen Glauben zu schenken – obwohl er seine Versprechen immer wieder brach. Wozu machte er eigentlich Verträge? Um sie zu brechen! Nur um nach jedem Vertrauensbruch feierlich zu beteuern, keine weiteren Forderungen mehr zu haben – bis er sich über das nächste Opfer hermachte.

Ich erinnere mich gut an Bülows prophetische Vorhersagen in Rom. Er beanstandete die Schaffung vieler kleiner Staaten durch Wilson. Seiner Ansicht nach würden sie niemals autonom bleiben können, da es niemanden gab, der sie beschützte. Eine Zeitlang hatte Mussolini die Rolle des Wächters über die Nachfolgestaaten des Habsburger Reiches gespielt. Aber sobald Hitler die Zeit dafür reif schien, setzte er sich über den Pakt hinweg, den er am 23. März 1936 mit Italien geschlossen hatte. Seine Taktik bestand darin, den fremden Staat von innen heraus auszuhöhlen – keine so schwierige Sache, denn es gibt überall zahlreiche Unzufriedene, die sich nach einem starken Mann sehnen, der die Korruption mit eiserner Hand bekämpft.

Aus der Entfernung mögen die Dinge anders aussehen. Im Ausland dachte so mancher, Hitler hätte in Deutschland für Ordnung gesorgt und die Korruption abgeschafft. Er selbst hat diese Lügen bei vielen öffentlichen Auftritten so oft wiederholt, dass die Leute irgendwann angefangen haben, daran zu glauben. Die Presse, sagte Hitler, ist wieder ehrlich und die Pest der jüdischen Warenhäuser hinweggefegt worden. Muss ein feiner Kerl sein, dieser Hitler – wenn wir doch bloß auch so einen hätten. Denk mal, wie der mit diesen Schuften aufräumen würde!

Der Wunsch nach einem Diktator ist nicht unbedingt künstlich hervorgerufen. Seine Quelle liegt tief in der Unzufriedenheit jener, die den Agenten der fünften Kolonne in die Hände arbeiten. Diese Agenten gehen mit Legenden über den Wohlstand der Deutschen unter Hitler hausieren: Am Sonntag kann sich jeder ein gebratenes Huhn leisten und obendrein noch Geld zurücklegen! Da machen die Zuhörer große Augen, spitzen die Ohren und geben die Nachricht brühwarm weiter. Und wenn man diese Märchen oft genug gehört hat, ist man auch bereit, Hitlers SA mit offenen Armen als Befreier zu begrüßen. Und bevor die Leute einsehen, dass sie betrogen worden sind, ist es zu spät – die Nazis sind an der Macht.

Die fünfte Kolonne bediente sich aller nur denkbaren Mittel. Als Ribbentrop deutscher Botschafter in London war, stand ihm eine ganze Armee von gutaussehenden, aristokratischen Damen zur Seite. Schick gekleidete Gräfinnen und Baronessen – die exquisiten Abendtoiletten wurden vom Propagandaministerium bezuschusst – beschworen das Bild von einem wirtschaftlich und kulturell florierenden Land. Die reizenden Damen straften die Zeitungsberichte Lügen, die von namenlosen Gräueln erzählten, und erweckten bei den feinen Engländern den Eindruck, dass die Wirklichkeit schon nicht so schlimm sein konnte. War Deutschland ein Land, das von Mord und Gewalt regiert wurde? Unsinn. Schließlich waren die Deutschen so zivilisiert und gut erzogen wie ihre europäischen Nachbarn!

Im März 1936 sprachen sich 99 Prozent der deutschen Wähler für ihren geliebten Führer aus. Selbstverständlich ließ Goebbels es sich nicht nehmen, das Wahlergebnis persönlich zu verkünden. Nicht, dass ihm irgendjemand geglaubt hätte. Wenn der Lügner clever genug gewesen wäre, nicht so maßlos zu übertreiben, dann wäre das Ergebnis ein bisschen glaubwürdiger erschienen. Dem schlechten Psychologen und armseligen Publizisten gelang es jedoch weniger als je zuvor, die Leute zu überzeugen. Als ob er das Gekicher vernommen hätte, begann er in seiner Freizeit, neue Formen der Judenfolter zu ersinnen.

An einem Sonntag auf dem Lande wurde mein Sohn auf dem Weg zur Kirche von SA-Männern überfallen und so heftig zusammengeschlagen, dass wir ihn nach Berlin ins Krankenhaus bringen mussten. Auch der Pfarrer musste verwarnt worden sein, denn er hat uns seitdem nicht mehr gegrüßt. Nun hatten wir endgültig genug: Es war höchste Zeit auszuwandern. Wir verkauften das Landgut meines Sohnes an die Militärverwaltung, die immerhin den vorzüglichen Zustand von Haus und Hof zu schätzen wusste. Nachdem wir das Geld ins Ausland überwiesen hatten, bereitete unser Sohn Frederic seine Abfahrt vor. Niemals werde ich die Traurigkeit in seinen Augen vergessen, bevor er sich abwandte, um ins Flugzeug zu steigen. Er liebte sein Land und hatte sein Leben der Kultivierung des Bodens gewidmet. In Feld und Wald fühlte er sich zu Hause, und die Tiere – ob Haus-

oder Wildtier – waren seine ganze Freude. Er war ein ausgezeichneter Reiter und hatte viele Turniere gewonnen. Jetzt machte ihn das geliebte Heimatland zum Flüchtling.

Meine Tochter Edith ging in die USA. Sie war in der Berliner Charité angestellt gewesen und hatte den Rekonvaleszenten geholfen, wieder auf die Beine zu kommen. Ihr freundliches Wesen hatte ihr viele Freunde beschert, die sich den Abschied sehr zu Herzen nahmen. Sie ging leise fort, ohne zu jammern. Das war so ihre Art. Sie wusste, dass ihr nichts anderes übrigblieb. Zwei Jahre später erwarb sie einen M.A. in Psychologie an der Universität von North Carolina, wo sie im Anschluss auch eine Stellung fand, die ihr Spaß macht. Wenn sie am Abend von der Arbeit nach Hause kommt, legt sie im Garten ihres kleinen Hauses, umgeben von ihren eigenen Hühnern, die Füße hoch und ruht sich aus. Dies ist das Glück, das ihr die Heimat vorenthalten wollte.

Meine Frau und ich hatten noch Verpflichtungen, die uns in Deutschland zurückhielten. Ich hörte nichts mehr vom Verlag. Alle Verbindungen waren abgerissen, und niemand traute sich, uns zu besuchen. Wir lebten in einem Haus neben der Badeanstalt am Halensee. Jeden Tag musste ich an einem Schild vorübergehen, auf dem stand: BADEN FÜR JUDEN VERBOTEN.

Aber wir durften immerhin noch spazieren gehen, und in unserer Kirche gab es an der Seite noch keine gelbe Kirchenbank extra für Juden. Wir konnten zu Pastor Martin Niemöllers Gottesdiensten gehen und unbehelligt neben Hitlers Reichsfinanzminister sitzen, der ein glühender Anhänger des berühmten Kirchenmannes war. Niemöllers Kirche war stets rappelvoll – bis er eines Sonntags im Juli 1937 plötzlich verschwunden war. Der Gottesdienst wurde danach von einem anderen Pastor geleitet. Das Gerücht ging um, Niemöller sei verhaftet worden. Man hatte ihn, der als Marineoffizier im Ersten Weltkrieg für seinen Heldenmut mit dem Orden »Pour le Mérite« ausgezeichnet worden war, seiner Gemeinde entrissen. Man legte ihm zur Last, dass er Hitler nicht liebte.

Er ließ seine Gemeinde nämlich das Glaubensbekenntnis in der herkömmlichen Weise sagen, anstatt in der vom Führer diktierten Fassung. In seiner Jesus-Christus-Kirche hing immer noch das Bild des Erlösers über dem Altar, während es in anderen Kirchen längst durch das Porträt von Hitler ersetzt worden war. Es flatterte auf dem Kirchendach auch keine Hakenkreuzfahne, wie es bei allen anderen der Fall war.

Am Ende des Gottesdienstes wurde für ihn gebetet. Neun Monate lang hörte man nichts von ihm. Am 2. März 1938 wurde er von einem mutigen Richter freigesprochen. Seine tapfere Geste hat wenig genützt, denn vor dem Gerichtssaal wurde Niemöller bereits von zwei Gestapo-Männern erwartet. Ohne die geringste Befugnis ergriffen sie ihn, als er im Begriff war, die Schwelle zur Freiheit zu übertreten. Als sie ihn an den Armen packten, rief der gefeierte Pastor seinen Freunden zu: »Wenn ich sterben sollte, dann nicht, weil ich Selbstmord beging.« Jeder wusste, was er meinte. All die Tausenden von Menschen, die von der Gestapo ermordet worden waren, wurden von der Gestapo als Selbstmörder deklariert oder bei angeblichen Fluchtversuchen erschossen. Wenn Niemöller des Todes war, so sollte die Welt wissen, dass er ihn nicht selbst gewählt hatte.

Am selben Tag erreichte uns die Nachricht, dass die britische Regierung 350 Millionen Pfund in die Aufrüstung stecken werde. Das war das erste Alarmzeichen von jenseits des Ärmelkanals. Seit Wochen schon sah das weltpolitische Klima nach Sturm aus. Der österreichische Kanzler Kurt Schuschnigg wurde vom ehemaligen Wiener Postkartenmaler nach

Berchtesgaden zitiert, wo Hitler forderte, dass sein Parteigänger Arthur Seyß-Inquart ins Kabinett aufgenommen werden solle. Um den Frieden zu wahren, willigte Schuschnigg ein und gab Seyß-Inquart das Innenministerium. Im Gegenzug unterschrieb Hitler die Garantie für Österreichs Unabhängigkeit. Eine typische Hitler-Garantie: Jeder Deutsche konnte voraussehen, was dann geschah. Im Ausland vertraute man Hitler zuweilen immer noch – so seltsam das aus heutiger Perspektive auch erscheinen mag. Man wollte eben an seine guten Absichten glauben.

Schuschnigg kehrte mit Hitlers Versprechungen nach Wien zurück und wandte sich in einer Radioansprache an die Österreicher: »Maßgebend muss bleiben der feste Wille des österreichischen Volkes und die unabänderliche Überzeugung seiner verantwortlichen Führung, dass unser Österreich Österreich bleiben muss.«

Hitler hörte die Rede im Radio und schäumte vor Wut. Ohne weitere Einzelheiten anzugeben, warf er Schuschnigg Wortbruch vor. Diejenigen, die Schuschniggs bewegende Rede gehört hatten und sie mit Hitlers heuchlerischem Gebell verglichen, wussten ganz genau, welcher von den beiden Männern die Wahrheit sprach. Schuschnigg berief für den 13. März eine Volksabstimmung ein. Die Österreicher sollten darüber entscheiden, ob sie unabhängig bleiben wollten. Die Volksabstimmung wurde von Hitler, der nicht riskieren wollte, dass das Wahlergebnis zu seinen Ungunsten ausfiel und die Nazi-Propaganda entlarvte, jedoch hintertrieben.

48 Stunden vor dem Wahltermin marschierten deutsche Truppen über die österreichische Grenze bis nach Linz. Wien wurde ein paar Stunden später eingenommen. In Linz gab es seltsamerweise bereits einen Nazi, der über Radio verkündete, mit welcher Ungeduld die ganze österreichische Nation den

geliebten Führer erwarte. Er sprach von Menschenmassen, die die Straßen säumten, auf denen Hitler erwartet wurde.

Lieber Führer, komm doch bald,
Unsere Füße werden kalt.

Mit diesem idiotischen Kinderreim hieß der Radioansager den Feind seines Landes willkommen. Die Straßen waren gesäumt von Menschen, die ihren geliebten Führer erwarteten. Die Ungeduld stieg von Stunde zu Stunde. Hitler kam spät. Es war ein kalter Tag im März, und der Sprecher wiederholte immer wieder: »Lieber Führer, komm doch bald, unsere Füße werden –«

Mitten in seinem Vers wurde er unterbrochen. Die Menge war in Aufruhr geraten. Von ferne hörte man die »Heil«-Rufe näher kommen. Die Inszenierung war beeindruckend: Hitler saß vorne neben seinem Fahrer und hielt den ausgestreckten Arm dem Jubel entgegen, mit dem seine Heimat ihn empfing. Seine Limousine war eine Spezialanfertigung: Hinter Hitler und seinem Fahrer gab es zwei Sitzbänke, die jeweils von vier Männern besetzt waren, unter ihnen ein aufmerksamer Riese namens Wilhelm Brückner, des Führers Leibwächter. Auf dem Trittbrett kauerten zwei SS-Männer mit gezückten Revolvern. Sie alle waren sich bewusst, dass sie durch Feindesland fuhren. Hinter Hitlers Limousine folgten sechs weitere.

Der Konvoi fuhr so zügig, dass es nicht lange dauerte, bis die Prozession Wien erreichte. Im Hotel Imperial am Ring waren nicht nur eine Suite, sondern ein ganzes Stockwerk für Hitler und sein Gefolge gemietet worden. Der Ring um den Schwarzenbergplatz war schwarz vor Menschen. Man erwartete Hitler auf dem Balkon. Der Führer nahm sich Zeit – Abwesenheit steigert bekanntlich die Erwartung. Plötzlich fing ein Teil der Menge – die meisten davon Knaben – an zu skandieren: »Wir wollen unseren Führer!« Tage zuvor waren Wagenladungen von Hitlerjungen nach Wien geschafft worden, die als Claqueure fungierten. Immer wieder brüllten sie im Chor: »Wir wollen unseren Führer!«

Schließlich wurden auf dem zentralen Balkon die Türen aufgerissen. Hitler trat hinaus in einer einfachen SA-Uniform. Es schien, als ob die »Heil«-Rufe niemals enden wollten. Hitler strahlte vor Freude, seine Haartolle fiel ihm in die Stirn. Wien, seine Stadt, lag ihm zu Füßen.

Der Triumph trug nicht dazu bei, ihn milde zu stimmen. Sein Antisemitismus brach von Neuem los. Die deutschen Juden wurden zu einer Bestandsaufnahme ihres Besitzes gezwungen. Wir spürten, dass dies der Auftakt zu neuen Schrecken war. Jeder, der jüdisches Blut in sich trug, musste das Schlimmste befürchten.

Ende 1938 wurde auch dem Letzten klar, dass es unmöglich war, mit Hitler zu einer Verständigung zu gelangen. Nur Neville Chamberlain hörte nicht auf, dem notorischen Lügner Glauben zu schenken. Die Verfolgungen in Deutschland tat er als Gräuelpropaganda ab, obwohl die Liste der von Hitler zweifelsfrei begangenen Verbrechen mittlerweile lang war – schließlich gingen der Reichstagsbrand, die Pogrome, die gefälschten Wahlen, die Morde an Röhm, Strasser, Schleicher, Dollfuß, von Kahr sowie eine Reihe gebrochener Verträge und Abmachungen auf sein Konto.

Als Hitler die Eingliederung des Sudetenlandes ins Deutsche Reich forderte und vorgab, dies sei die letzte deutsche Forderung, glaubten Chamberlain und Édouard Daladier ihm trotzdem. Chamberlain kam mit vor Stolz geschwellter Brust aus München zurück, stieg mit dem Regenschirm winkend in Croydon-Airport aus dem Flugzeug und teilte den Briten mit, dass er in seinem Reisegepäck den Frieden mit sich führe. Den Vertrag im Koffer vertraute Chamberlain darauf, dass Hitler wirklich keine weiteren Ansprüche anmelden werde! »Polen, sagen Sie? Hitler könnte Polen attackieren? Wissen Sie denn nicht, dass Hitler einen zehnjährigen Nichtangriffspakt mit Polen geschlossen hat?« Nun, wir wissen, wie die Geschichte weiterging: Der Vertrag wurde gebrochen, es folgten Invasion und Eroberung. Das ist Hitler.

Kaum hatte Hitler das Sudetenland verdaut, gab es Ärger in Paris. Die Zeitungen berichteten, ein junger polnischer Jude namens Herschel Grynszpan habe versucht, den deutschen Diplomaten Ernst vom Rath zu ermorden. Hitler, Göring, Goebbels und Himmler, der Chef der Gestapo, waren entzückt. War das nicht endlich der lang ersehnte Skandal? Sie nutzten die Gelegenheit und zettelten die Novemberpogrome an!

Aber – was war das? Die Zeitungen berichteten plötzlich darüber, dass der Schuss nicht tödlich war. Das Opfer soll sogar auf dem Wege der Besserung sein? Hitler warf einen langen Blick auf Goebbels, den Hexenmeister der Propaganda, und sagte: »Diesem armen Teufel werde ich meine Leibärzte schicken!« Goebbels erwiderte den Blick des Führers nicht, er hatte schon verstanden. Hitlers Leibärzte eilten nach Paris ans Krankenlager – Aber ach, was für eine Tragödie! Nur wenige Stunden später war der Rekonvaleszent tot. Ein Märchen?

Leider nein. Denn Deutschland war das Land der unbegrenzten Unmöglichkeiten, und als Staatsmaxime galt: »Es zählt nur das Kollektiv. Das Individuum ist nichts.« Der Propagandaeffekt eines gesunden Herrn vom Rath wäre gering gewesen, nur als Leiche war er brauchbar. Der Krankenbericht beweist, dass Herr vom Rath keines natürlichen Todes starb. Er hatte bereits kein Fieber mehr. Die Wunde war beinahe abgeheilt, und er war auf dem Weg der Besserung – bis Hitlers Ärzte ans Krankenlager traten.

Drei Tage danach brach der Volkszorn los. Seltsamerweise genau um fünf Uhr morgens, und zwar überall in Deutschland. Keine Propaganda könnte platter sein als die von Goebbels.

An der Ecke Wilhelmstraße/Leipzigerstraße liegt das Luftfahrtministerium. Ein Major beim Nachtdienst hört um fünf Uhr morgens Lärm. Er rennt zum Fenster und sieht eine Menschenmenge in der Straße, die Schaufenster einschmeißt. Der Major ruft die Polizei.

»Es finden hier Ausschreitungen statt!«, schreit er in den Hörer.

»Wissen wir doch«, kam die Antwort. »Alles ist in bester Ordnung.«

Unser Haus lag in Grunewald, einem ruhigen Vorort von Berlin. Um sieben Uhr morgens war von den »Ausschreitungen« dort noch nichts zu bemerken. Als wir uns eine halbe Stunde später an den Frühstückstisch setzten, empfing uns die Haushälterin in aufgelöstem Zustand. Sie war gerade aus der Stadt gekommen. »Es gehen die schrecklichsten Dinge vor. Man will seinen Augen nicht trauen. SA-Männer und die Hitler-Jugend haben die Schaufenster von allen jüdischen Geschäften eingeschmissen. Sie plündern, brechen in die Häuser ein und demolieren die jüdischen Wohnungen. Sie werfen sogar Möbel durchs Fenster auf die Straße!«

Am Hintereingang klingelte es. Ein aufgeregter Lieferant berichtete uns, dass die Synagoge in der Fasanenstraße brannte, und ein paar Minuten später erzählte uns ein dritter Augenzeuge: »Ich wohne am Olivaer Platz über einem Geschäft. Der Besitzer ist offenbar jüdisch, was ich gar nicht wusste. Um sechs Uhr morgens hörte ich unten Lärm, und vom Fenster aus konnte ich sehen, wie SA-Männer mit Schlagstöcken die Scheiben einschlugen.«

Dies alles, weil ein unbedeutender Angestellter des deutschen Botschafters in Paris attackiert worden war! Der Volkszorn, der daraufhin spontan ausgebrochen sein soll, trug Uniform und war mit einer langen Liste aller jüdischen Geschäfte ausgerüstet. Wie seltsam!

Wenige Stunden später begannen die Massenverhaftungen von Juden, die wie Schlachtvieh in offenen Lastwagen zu den Konzentrationslagern transportiert wurden. Drei Tage und drei Nächte dauerten diese Transporte an. Die bevorzugte Zeit der Heimsuchung war die Morgendämmerung, wenn die Mehrzahl der Leute schlief. Die Verhaftungen geschahen ohne Vorwarnung. Die Opfer mussten sofort mitkommen und durften nichts mitnehmen. Trotz der Kälte – es war Mitte November – wurden die Opfer verschleppt, wie sie aufgegriffen wurden. Man ließ ihnen nicht mal die Zeit, sich einen Mantel überzuziehen. Das Ziel teilte man ihnen nicht mit.

Nach und nach erfuhren wir, dass die Synagogen überall im Land gleichzeitig angezündet worden waren. Goebbels solidarisierte sich mit den Angreifern: Die Juden hätten die Geduld des deutschen Volkes lange genug auf die Probe gestellt. Irgendwann habe der Volkszorn ja ausbrechen müssen. Er könne niemandem einen Vorwurf machen.

Für den Schaden mussten die jüdischen Geschäftsinhaber selbst aufkommen – nur um kurz danach enteignet zu werden. Wovon sie nun leben sollten? »Das ist nicht unser Problem«, meinte Goebbels.

Meine Frau und ich hatten seit Monaten die Ausreise vorbereitet. Aber es war nicht so einfach. Die Steuerbehörde hatte tausend Fragen an uns zu stellen. Man wollte wissen, warum ich 1936 mehr Geld ausgegeben hatte als 1937. Und wofür. »Haben Sie Ihren Kindern für die Emigration Geld gegeben?«

Ich bejahte die Frage, erwähnte die Steuererklärung, die ich damals gemacht hatte, und merkte an, dass den Finanzbehörden genaue Informationen darüber vorlägen. Ich hatte auch die Schenkungssteuer entrichtet. Schließlich wollten sie sichergehen, dass ich auch nicht plante, Bilder oder Schmuck auszuführen.

Dann wurde ich erneut vorgeladen – diesmal von der Gestapo. Ich ging hin ohne den kleinsten Schimmer, was mich erwartete. Ich wurde verhört.

»Sie haben einen Sohn Fritz?«

»Ja.«

»Ist er 1936 ausgewandert?«

»Ja.«

»Mit wie viel Geld?«

Ich nannte die Summe und fügte alle Details der Transaktion hinzu. Der Beamte wurde deutlich freundlicher und entließ mich relativ bald. Bevor ich ging, fragte ich nach dem Grund für dieses Verhör.

»Da Sie korrekt geantwortet haben, will ich es Ihnen sagen: Bei der Durchsuchung eines Landhauses in Schlesien wurde ein belastender Brief gefunden. Auf jeden Fall Grund genug für uns, Sie herzubitten. Sie können jetzt gehen.«

Kurz darauf besuchte ich das Finanzamt, um mich zu erkundigen, wann ich endlich meine Unbedenklichkeitserklärung erhalten würde – schließlich hatte ich die Reichsfluchtsteuer und die Judenvermögensabgabe schon vor Ewigkeiten gezahlt. Der Beamte versprach, alles in seiner Macht Stehende zu tun, um meinen Fall zu beschleunigen.

Dann fehlte zur Ausreise noch der Pass. Der musste von

der Polizei ausgestellt werden. Unsere alten Pässe waren uns weggenommen worden, so wie allen anderen Juden auch. Wer ausreisen wollte, erhielt einen neuen Pass, in den ein großes J gedruckt war. Ich muss ungefähr zehn Mal bei der Polizei gewesen sein, nur um jedes Mal mehrere Stunden in Korridoren herumzustehen, bevor ich vorgelassen wurde. Gegen Ende November 1938 wurde mir eröffnet: »Ihre Pässe können nicht ausgestellt werden. Sie dürfen das Land nicht verlassen.« Dies sei auf eine persönliche Order des Polizeichefs zurückzuführen, der mich sicher bald über den Grund informieren werde. Als ich schweren Herzens nach Hause kam, fand ich dort bereits einen Brief der Polizei vor, in dem es hieß: »In Bezug auf den Antrag zur Ausstellung eines Reisepasses möchte ich Sie darüber informieren, dass Sie gebeten werden, persönlich in der Polizeidienststelle, Raum 144, vorstellig zu werden. Gez. Dr. Müller-Scholten«

Als ich am nächsten Tag dort ankam, wurde mir klar, dass ich mich im Privatbüro des Polizeichefs befand. Dr. Müller-Scholten, der Unterzeichner des Briefes, war sein Sekretär. Er empfing mich mit den Worten: »Herr Ullstein, der Polizeichef hat Ihrem Fall besondere Aufmerksamkeit geschenkt. Seiner Meinung nach wäre ein besonderes Opfer Ihrerseits notwendig, damit er einen Pass ausstellen kann.« Dr. Müller-Scholten lächelte. Er hatte mein Dossier vor sich liegen und sah, dass ich nach der Emigration meiner Kinder und nach Entrichtung der Reichsfluchtsteuer, der Vermögensabgabe und all der anderen Abgaben noch 100 000 Reichsmark mein Eigen nannte.

Ich fragte nach der Höhe dieses »Opfers«.

»100 000 Mark.«

»Die an wen gezahlt werden sollen?«

»Den Polizeichef.«

Müller-Scholten wartete nicht mal ab, was ich dazu zu sagen hatte, sondern gab mir ohne Umschweife die Adresse eines Notars in der Potsdamer Straße, wo ich die Summe entrichten könne.

Ein Problem war, dass der Rest meines Vermögens in Staatsanleihen angelegt war. Und da es Juden nicht erlaubt war, ihre Anleihen zu verkaufen, bekam ich dafür kein Bargeld. Es dauerte noch einen ganzen Monat, bevor auch diese Schwierigkeit überwunden war. Dann endlich erhielten wir unsere Pässe.

Wir kratzten unser letztes Geld zusammen, und da wir davor gewarnt worden waren, über die Niederlande auszureisen, weil die Flüchtlinge dort mit besonderer Härte behandelt würden, fuhren wir mit dem Nordexpress über Calais nach England. In England sollten wir von unserem Sohn abgeholt werden, der uns in seinem Bauernhof unterbringen würde.

An der deutschen Grenze wurden unsere Koffer nach Gold und fremden Währungen durchsucht. Als der Grenzbeamte unsere Pässe sah, hellte sich sein Gesicht auf.

»Sie sind Herr und Frau Ullstein?«, fragte er.

»Ja, das sind wir.«

»Sehr erfreut! Wie viele Ullstein-Bücher wir gelesen haben! Und meine Frau hat alle ihre Kleider nach Ullstein-Schnitten angefertigt. Wirklich sehr erfreut!« Er setzte seine Untersuchung fort. »Und jetzt müssen Sie mit zehn Reichsmark in der Tasche auswandern.« Er schüttelte den Kopf. »Und Sie waren mal die Eigentümer des riesigen Ullstein Verlags?«

Ich erklärte, dass ich nur einer von fünf Brüdern sei, die zusammen den Verlag geleitet hatten. Er hörte nicht auf, mit dem Kopf zu schütteln. »Und Sie reisen mit zehn Mark aus? Ist es denn aus mit Ullstein?«

»Es ist nicht aus. Der Verlag existiert noch. Er gehört nur

jemand anderem. Aber dass wir das Land einmal so verlassen würden, hätte ich auch nicht gedacht –«

Der Schaffner gab einen Pfiff ab. Der Grenzbeamte schüttelte uns die Hände. Und der Zug fuhr an. Langsam rollten wir hinaus aus Deutschland. Es war mir, als ob wir in Charons Barke über den Styx ruderten.

Meine Frau Margarethe dagegen, mutig und gelassen wie immer, blieb optimistisch: »Unser Leben wird hart werden«, sagte sie. »Aber wir werden nicht aufgeben.« Und sie erinnerte mich an Goethes wunderbare Verse:

»Allen Gewalten
Zum Trutz sich erhalten,
Nimmer sich beugen,
Kräftig sich zeigen,
Rufet die Arme
Der Götter herbei!«[8]

»Und auch, wenn wir zu alt sind, um selber noch ein neues Leben zu beginnen«, fuhr sie fort, »sind unsere Kinder doch noch jung und stark. Lass uns dankbar sein, dass sie noch leben und die Sonne und Güte ihres Gastlandes genießen können!«

NACHWORT

Von Martin Münzel

»Ich sehe schwarz für mein Buch.« Voller Selbstzweifel wandte sich Hermann Ullstein mit diesen Worten am 14. August 1942, im dritten Jahr seiner New Yorker Emigration, an seinen Neffen Karl. Mit Skepsis sah Ullstein dem Ende seines Buchprojektes entgegen, das einige Monate später unter dem Originaltitel *The Rise and Fall of the House* of Ullstein erschien. »Ich wünschte, ich wäre schon weiter«, klagte er und mutmaßte außerdem, sein Buch werde bestimmt kein Bestseller.[1]

Als Hermann Ullstein 67 Jahre zuvor, am 6. Juli 1875, geboren wurde, deutete nichts darauf hin, welche unternehmerischen und persönlichen Höhen und Tiefen er miterleben und für die Nachwelt festhalten würde. Hermann war das zweitjüngste der zehn Kinder Leopold Ullsteins, Sohn eines jüdischen Papiergroßhändlers aus Fürth, und entstammte dessen zweiter Ehe mit Elise Pintus, nachdem Leopolds erste Frau Matilda früh verstorben war. Dass für Hermann wie für alle seine Brüder zukünftig ein Platz im Verlag vorgesehen war, dürfte für den Vater außer Frage gestanden haben. Wie Hans, Franz und Rudolf wurde auch Hermann zum Schulbesuch auf das Königliche Wilhelms-Gymnasium im Berliner Tiergarten nahe dem Potsdamer Platz geschickt.[2] Einzig ihr Bruder Louis, dessen Tätigkeit Leopold in eine kaufmännische Richtung lenkte, besuchte das Falk-Real-Gymnasium.

Während Hans und Franz Jura studierten, zeichnete sich für Rudolf und Hermann eine praxisnahe Laufbahn ab. Beide verließen das Gymnasium mit der Unterprima, also ohne Abitur. Wohl eher widerstrebend folgte Hermann, der sich eigentlich zum Historiker berufen fühlte,[3] dem Wunsch seines Vaters und absolvierte ab 1894 eine zweijährige kaufmännische Lehre in einer Getreidehandlung in Odessa am Schwarzen Meer, bevor er dann erste geschäftliche Erfahrungen in London sammelte.[4]

Wir wissen nur wenig über das Verhältnis Hermann Ullsteins zu seinen älteren Brüdern. Vielleicht waren es, wie in Sten Nadolnys *Ullsteinroman* kolportiert, tatsächlich Minderwertigkeitsgefühle, mit denen er zu kämpfen hatte und die er durch Ehrgeiz, große Anstrengungen, ein außergewöhnliches Arbeitspensum und ein gutes Gedächtnis kompensierte.[5] Beruflich jedenfalls stand er mit ihnen seit 1902 mit seiner Aufnahme in den Kreis der Teilhaber des 1877 gegründeten väterlichen Verlagsunternehmens auf Augenhöhe. Damit fand die von Leopold Ullstein bis zu seinem Tod 1899 wohl gezielt vorbereitete innerfamiliäre Weitergabe der führenden Positionen im Unternehmen ihren Abschluss. 1889 waren Hans und Louis in die Leitung aufgerückt, 1897 wurde Franz, 1901 dann Rudolf Mitinhaber des Verlags.

Während die verlegerisch-redaktionelle Führung der Tageszeitungen in den Händen von Hans und Franz lag, Louis die kaufmännische Leitung übernahm und Rudolf der drucktechnische Bereich unterstand, war Hermann für die Redaktionsgeschäfte und die Vertriebsangelegenheiten innerhalb des Zeitschriftensektors zuständig. Ob *Die Dame, Der Querschnitt, Koralle, Der heitere Fridolin* oder *Bauwelt* – Hermann Ullstein hatte an der Gründung und Entwicklung zahlreicher Zeitschriften entscheidenden Anteil.

Zum erfolgreichsten Presseprodukt und zugleich zur stärksten finanziellen Stütze des Ullstein-Konzerns avancierte freilich seit 1894 die *Berliner Illustrirte Zeitung*. Die *BIZ* rangierte mit ihrer unangefochtenen Vorreiterrolle innerhalb des modernen Bildjournalismus an der Spitze der europäischen Zeitschriftenlandschaft.

Zusammen formten die Brüder das größte Medienimperium des Kontinents. Sein Kerngeschäft bildeten die Tages- und Wochenzeitungen. Dazu zählten die *Berliner Morgenpost*, die *B.Z. am Mittag* und die hochangesehene *Vossische Zeitung*, die das politische Zeitgeschehen kritisch reflektierte und somit die Tradition des Qualitätsjournalismus fortführte, die bereits Leopold Ullstein mit der liberalen *Berliner Zeitung* im 19. Jahrhundert etabliert hatte. Eine wesentliche Rolle spielten außerdem die Zeitschriften sowie die Buchverlage Ullstein (seit 1903) und Propyläen (seit 1919), in denen die Werke prominenter Autoren wie Erich Maria Remarque, Carl Zuckmayer oder Vicki Baum Millionenauflagen erlebten. Ausgeweitet wurden die Unternehmensaktivitäten durch einen Nachrichtendienst, Beteiligungen an Theatern und der Filmproduktionsfirma Uco, aber auch durch ein eigenes Reisebüro. Nicht zuletzt symbolisierte seit 1927 die größte und modernste Druckerei Europas, untergebracht in einem weithin sichtbaren, im Backsteinexpressionismus errichteten Gebäude am Tempelhofer Teltowkanal, auch architektonisch auf imposante Weise die führende Rolle der Ullsteins im Verlags- und Medienwesen jener Zeit.

Im Gefüge des seit 1921 als Aktiengesellschaft konstituierten Konzerns war Hermann Ullstein kein kühl kalkulierender Verwalter der Zeitschriften. Im persönlichen Umgang offenbar nicht immer einfach, galt er als »eigenartige Persönlichkeit« und »sonderbare Mischung aus Gelehrtem, Redakteur und Kaufmann«.[6] »Er regierte das dritte Stockwerk, Zeitschriften und Bücher, ein trockener, gefürchteter kleiner Herr, der in Dingen der Verkaufspropaganda, der Aufmachung und der Werbesprüche eine ungewöhnlich feine Witterung hatte«,[7] erinnerte sich Vicki Baum, die zunächst als Redakteurin bei Ullstein tätig war, bevor sie zur gefeierten Erfolgsautorin der Weimarer Republik aufstieg.

Viele der brillanten Marketingstrategien, mit denen Ullstein der Konkurrenz regelmäßig einen Schritt voraus war, gingen auf Hermann Ullstein zurück. Als Werbeexperte – sein Bruder Rudolf nannte ihn den »Mann mit den besten Propagandaideen«[8] – war Hermann unentbehrlich und steigerte mit psychologischem Geschick die Popularität der immer breiter werdenden Ullsteinschen Produktpalette. Wenn er etwa für das illustrierte Massenmagazin *Uhu* unnachgiebig mehr »Naturstudien« forderte, so wusste er schon damals, dass die Abbildung spärlich bekleideter, bevorzugt weiblicher, Wesen durchaus auflagensteigernde Wirkung zeitigen konnte: »Zu morbid! Nicht genug Schönheit! *Schönheit!* Ich will Schönheit sehen! Natur! Lebensfreude!«[9]

Auch Georg Bernhard, Chefredakteur der *Vossischen Zeitung*, gehörte zu jenen, die nicht nur vom Arbeitstempo und stürmischen Temperament seines Chefs beeindruckt waren, sondern auch dessen »künstlerisch modern gerichteten Geschmack« bewunderten: »Sein ausgesprochener Sinn für Aktualität, sein Fingerspitzengefühl für bildhafte Wirkung und künstlerisches Arrangement ließen ihn zu einer immer neuen Quelle der Anregung für seine redaktionellen Mitarbeiter werden.«[10]

Es war vielleicht kein Zufall, dass selbst Hermann Ullsteins Privatleben von seinen geschäftlichen Kontakten dahingehend nicht unberührt blieb, dass seine Frau Margarethe, die er um 1900 heiratete, eine Nichte von Rudolf Mosse war, dem Begründer des einflussreichen Berliner Mosse-Zeitungskonzerns. Nach Geburt der Tochter Edith 1905 kam vier Jahre später Sohn Fritz zur Welt. Standesgemäß wohnte die junge Familie in der Berliner Taunusstraße im noblen Stadtteil Grunewald. Hier ließ Ullstein nach den Plänen des Architekten Fritz Behrendt ein modern geprägtes Landhaus errichten.

In der zweiten Hälfte der 20er Jahre, auf dem Höhepunkt der Geschäftsentwicklung von Ullstein, zeichnete sich ein erneuter Generationenwechsel ab. Wie andere – männliche – Verwandte der dritten Generation stand auch Fritz Ullstein für eine Weiterführung des Unternehmens in Familienhand bereit und setzte 1930 zum Karrierestart im Haus Ullstein an. Sein Vater zog sich hingegen Anfang 1928 vom Management in den Aufsichtsrat zurück und musste von hier aus turbulente Jahre miterleben. Denn ab 1929 setzte die Weltwirtschaftskrise dem Unternehmen zu und sorgte für Auflagen- und Gewinnrückgänge. Zugleich erschütterte die »Ullstein-Affäre« in aller Öffentlichkeit das Bild von der harmonischen Verlegerfamilie: Tiefgreifende Auseinandersetzungen zwischen den Brüdern kulminierten im Januar 1930 in der Entlassung Franz Ullsteins aus dem Vorstandsvorsitz und der Anrufung eines Schiedsgerichts.

Schließlich war es jedoch die Machtübergabe an die Nationalsozialisten 1933, die das abrupte Ende aller familiären Kontinuitäten und eine drastische Veränderung der Besitzverhältnisse mit sich brachte. Alle Familienangehörigen, aber auch zahlreiche Vorstandsmitglieder, Aufsichtsratsvertreter, Journalisten, Redakteure und sonstige Mitarbeiter mussten das Unternehmen bald darauf verlassen. Am 16. November 1933 räumte Hermann Ullstein seinen Schreibtisch und schrieb in einem Abschiedsbrief an seine Mitarbeiter, er scheide »mit Trauern von diesem gemeinsamen Werk, das [...] mich fast 35 Jahre sah«.[11] Die Erfahrung des tiefgreifenden Verlustes brachte er auch in seinen Erinnerungen noch einmal zum Ausdruck: »Es war, als würden wir uns vom Leben selbst verabschieden.«[12] Dieser Verlust wog umso schwerer, als der Erlös des Unternehmensverkaufs nicht nur weit unter Wert lag, sondern für die Eigentümerfamilie im Laufe der Jahre außerdem fast vollständig durch Zwangszahlungen (wie die Reichsfluchtsteuer und die »Judenvermögensabgabe«) sowie durch Transferverluste und sonstige Sonderabgaben verlorenging.

Auch im unfreiwilligen Ruhestand blieb Hermann Ullstein nicht untätig. 1935 stellte er seine Fachkenntnisse mit dem Werbehandbuch *Wirb und werde!* unter Beweis, das er »ganz unbeschwert von wissenschaftlicher Forschung« bewusst aus praktischer Sicht verfasste.[13] Gleichzeitig warf jedoch die NS-Gewaltherrschaft immer dunklere Schatten auf das Leben der Ullsteins. Fritz Ullstein, der das familieneigene Rittergut Warnsdorf in der Prignitz bewirtschaftet hatte, verließ 1936 als erster das Land. Ihm folgte Edith, die in die USA emigrierte. Schließlich war es der Pogrom vom 9. November 1938, der auch für Hermann und Margarethe Ullstein zum Signal wurde, ihr Haus zu verkaufen und ihrer Heimat schnellstmöglich den Rücken zuzukehren.

Die Beschreibung der dramatischen Flucht aus dem Deutschen Reich – nach Entrichtung der sogenannten »Helldorf-Spende« von 100 000 Reichsmark an den Berliner Polizeipräsidenten – zum Jahreswechsel 1938/39 über Calais nach Großbritannien und von dort nach New York gehört zweifellos zu den eindringlichsten Schilderungen in Hermann Ullsteins Buch. Ohne seine Frau, die bei ihrem Sohn im englischen

Suffolk zurückblieb, überquerte er auf dem französischen Passagierschiff *Île de France* den Atlantik. Sie sollten sich nie wiedersehen.

Es war nicht seine erste Reise in die Vereinigten Staaten. Wie seine Brüder Louis und Franz hatte Hermann sich dort schon Jahre zuvor über Innovationen informiert, die sich für das Berliner Verlagsunternehmen nutzbar machen ließen. Jetzt jedoch zählte er, auch wenn seine Ankunft im Februar 1939 von der *New York Times* aufmerksam registriert wurde,[14] zum Heer zehntausender Flüchtlinge aus dem besetzten Europa. In New York war der inzwischen fast 64-Jährige einer von drei Dutzend ehemaligen Verlegern aus Deutschland, die versuchten, in der Neuen Welt Fuß zu fassen; vergeblich bot er seine Dienste als »Journalismusexperte« an. Er war weitgehend mittellos und von den Zuwendungen seiner Tochter abhängig. Zusätzlich verdingte er sich als Nachtwächter einer Munitionsfabrik und als Schleifer.[15] Immer wieder wechselte Hermann Ullstein seine ärmlichen Unterkünfte. Zunächst wohnte er für 3 Dollar täglich im (noch heute existierenden) Hotel Bedford in Midtown. Danach kam er in der Upper West Side (in der 90. Straße Ecke Amsterdam Avenue) und in Scarsdale nördlich von New York City unter. Zuletzt lebte er unweit des Hudson River in der 72. Straße.

Aber auch hier, in dieser fremdartigen Umwelt, erlag Hermann Ullstein keineswegs der Resignation und Lethargie. Im Gegenteil: »Sein Kopf war dauernd voll von interessanten Projekten, an die er sofort mit der reichen Erfahrung seiner früheren Zeit herantrat«, so Max Osborn, der ehemalige Kunstkritiker der *Vossischen Zeitung*. »Wer von den alten Weggenossen ihn hier wiedersah, war entzückt über Hermann Ullsteins unveränderte, natürliche Art, über die Tapferkeit, mit der er sich in die auch für ihn schwierige und keineswegs sorglose Situation schickte, über seinen Witz und Sinn für Humor, die er von seinem Vater übernommen hatte.«[16] Unbeirrt hielt Ullstein Vorträge in Emigrantenkreisen und frischte Kontakte zu deutschen Exilautoren auf, sodass sein Bruder Rudolf feststellte: »Er arbeitet in einem Tempo, wie wir es früher gewohnt waren, und in einer Art, wie ich es mir nicht besser und schöner denken kann.«[17]

Vor allem war es jedoch sein Buch *The Rise and Fall of the House of Ullstein*, mit dem Hermann Ullstein das Interesse der Öffentlichkeit, nicht zuletzt bei den Emigranten, aber auch bei seiner eigenen Familie weckte. Geht man der Entstehungsgeschichte nach, über die vor allem verschiedene Briefwechsel informieren, kann der Auftakt in einer sechsteiligen Serie gesehen werden, die im Februar und März 1940 in der deutschsprachigen New Yorker Emigrantenzeitung *Aufbau* erschien. Unter dem Titel »Aus dem Notizbuch eines Verlegers« berichtete Hermann Ullstein hier über verschiedene politische und verlegerische Begebenheiten und Persönlichkeiten.[18] Wenig später dann, am 13. Juli 1940, lieferte er in einem umfangreichen Artikel in der traditionsreichen Wochenzeitschrift *Saturday Evening Post* erstmals dem englischsprachigen Publikum einen Überblick über die wirtschaftliche und politische Rolle des Ullstein-Konzerns. Unter der Überschrift »We blundered Hitler into power« räumte er selbstkritisch ein, das Haus Ullstein habe den Fehler begangen, sich unter der Prämisse politischer Neutralität nicht dem Kampf gegen Hitler angeschlossen zu haben. Damit sei letztlich der Untergang der Republik und des Ullstein Verlags besiegelt worden.

Ein besonders anschauliches Bild zeichnete der Beitrag von den dramatischen Ereignissen am Tag des reichsweiten Boykotts jüdischer Geschäfte am 1. April 1933 und vom

Zwangsverkauf des Verlags. Das erstaunlichste Detail war indes Ullsteins angebliche Verwicklung in ein Komplott Mitte 1937, dessen Ziel in der Ermordung Adolf Hitlers bestanden haben soll. Auf Wunsch eines bekannten Industriellen habe Hermann Ullstein durch eine Propagandakampagne einen revolutionären Umsturz unterstützen sollen. Dass die Verschwörung gegen Hitler von einem Mitglied des Hauses Hohenzollern angeführt worden sei, war freilich eine frei erfundene Behauptung, die Hermann Ullstein lediglich unter dem Zwang der Redaktion einfügte und im Nachhinein zutiefst bedauerte.[19]

Unabhängig davon, wie weit auch die übrige Geschichte in ihrem Gehalt anzuzweifeln ist, verhalf die Veröffentlichung Ullstein immerhin zu 864 Dollar und machte ihm außerdem Hoffnung:[20] »Ich nehme an, dass das Eis nun gebrochen ist und die Angebote von Hollywood und den Buchverlegern nun folgen werden. Und siehst Du, es war doch richtig, dass ich mich auf das Schreiben gelegt habe, nicht auf Finden eines Jobs. Schreiben ist in Amerika kein schlechtes Geschäft, wenn man hinein kommt.«[21] Hermann Ullstein hoffte auf einen Verkauf seiner Texte auch in England und Frankreich. Vor allem aber war er sich sicher, dass er »unendlich viel mehr schreiben [hätte] können, was ebenfalls zum Thema gehört hätte. Ich bin also noch nicht ausgepumpt, was vielleicht nichts schadet.«[22]

Gut ein Jahr darauf richtete Ullstein, der seinen Vornamen inzwischen bereits zu »Herman« amerikanisiert hatte, in einem Artikel in der *Saturday Review of Literature* vom 23. August 1941 seinen Blick auf die Zeit seit Ende der 20er Jahre und auf den »Niedergang des Hauses Ullstein«. Wenige Wochen später erschien ein gekürzter Wiederabdruck im populären Magazin *Reader's Digest*;[23] schließlich bewogen diese Veröffentlichungen den New Yorker Verlag Simon & Schuster, mit Ullstein einen Autorenvertrag für ein Buchprojekt abzuschließen.[24]

Es kann nicht verschwiegen werden, dass Hermann Ullstein innerhalb der Familie mit seinen Buchplänen nicht auf Wohlwollen stieß. Im Gegenteil: Sein Neffe Karl sah für das Buch in den USA kein nennenswertes Lesepublikum und verurteilte den Artikel im *Reader's Digest* außerdem als »unbedeutend« und »unerhört nichtssagend«. Zu Unrecht stelle sich Hermann darin als Idealist dar, der bei seinen Brüdern keine Unterstützung im Kampf gegen die politischen Gegner gefunden habe, da diese lieber hätten Geld verdienen anstatt sich politisch exponieren wollen.[25] Und laut Franz Ullstein gab es auch in Großbritannien Bedenken gegen das Erscheinen des Werkes; er unterstellte seinem Bruder, er habe »jedes kaufmännische Augenmaß (um nicht zu sagen, jede Würde) verloren«.[26]

Hermann Ullstein selbst hegte ernsthafte Zweifel am Erfolg seines Publikationsvorhabens, konnte er doch

> »die Geschichte des Verlages unmöglich mit neuen Begebenheiten versehen. Wie Hammerschläge schlugen die natürlich bekannten Ereignisse in unsere Entwicklung ein, und ich konnte bei der gestellten Aufgabe nichts anderes tun, als zeigen, wie Wachsen, Blühen und Vergehen des Reiches, dem wir dienten, mit eigenem Werden, Aufstieg und Absturz Hand in Hand gingen. Aus idyllischen Anfängen sich zu höchster Höhe hebend, stand der Verlag als machtgebietender Faktor da, als der Blitz einschlug. Blüten zerknickend, Kultur zerstörend, genau wie im deutschen Reich. Ich habe die Einschläge geschildert und Dinge und Menschen in möglichst neue Beleuchtung gerückt, neue

Theorien verfochten und neue Kritik geübt. Neue Tatsachen konnte ich nicht schaffen, und ich fürchte, Amerika ist ohne sie nicht glücklich.«[27]

Spätestens im Mai 1942 lag das Buch komplett in einer deutschen Fassung und zum Großteil schon übersetzt vor.[28] *The Rise and Fall of the House of Ullstein* wurde schließlich Anfang 1943 in New York bei Simon & Schuster und anschließend im Londoner Verlag Nicholson & Watson veröffentlicht.

Fraglos schuf Ullstein mit seinem Rückblick, der durchaus auch Irrtümer und Fehleinschätzungen einschließt, keine zeitlose Analyse, die eine kritisch-wissenschaftliche Gesamtdarstellung zu ersetzen vermag – zumal sich der Autor bei der Niederschrift ohne seine in Europa zurückgelassenen Unterlagen vor allem auf seine eigene Erinnerung stützen musste.[29] Trotzdem ist *Das Haus Ullstein* als ein bedeutendes Dokument zur Familie Ullstein und als anregende Quelle zur Geschichte ihres Unternehmens und der deutschen Presselandschaft bis 1933 von bleibendem Wert. Das Buch gehört zu den mehr als raren Erinnerungen, die von einstmaligen deutschen Unternehmern in der Emigration der 30er und 40er Jahre verfasst wurden. Die Lücke, die das Fehlen einer umfassenden Familienbiographie der Ullsteins darstellt, füllt es allerdings nur zum Teil.

Zu den wesentlichen Merkmalen des Buches zählt die Tatsache, dass es gerade keine verengte Perspektive einnimmt, sondern das 1858 einsetzende Panorama in die Schilderung politischer und gesellschaftlicher Rahmenbedingungen einbettet. Ausgerichtet auf die englischsprachige Leserschaft, sah Hermann Ullstein seine Botschaft insbesondere in der Aufklärung über das Versagen der demokratischen Kräfte in Deutschland und den Aufstieg des Nationalsozialismus – »in der Warnung an die Adresse Amerikas, solche Fehler zu begehen, wie sie in Deutschland begangen wurden, aus Verkennung demokratischer Pflichten. Dies war für mich der Sinn des Buches, das kein Jubiläumsbuch sein soll, sondern sich an die Millionen Amerikas wendet.«[30]

Im Unternehmen seiner Familie sah Hermann Ullstein einen Repräsentanten der Weimarer Demokratie und eine potentielle Macht gegen die NS-Bewegung, nicht jedoch, ohne zugleich das verhängnisvolle Scheitern im Kampf gegen den Aufstieg des Nationalsozialismus zu beklagen. Das war kein Zufall. Denn Hermann Ullstein neigte, so Sten Nadolny, unter den Brüdern »am meisten zur politischen Hitze«[31] und hatte sich als Mitbegründer der linksliberalen Deutschen Demokratischen Partei 1918 nach dem Untergang des Kaiserreichs schon früh politisch engagiert. Zwölf Jahre später versuchte er angesichts der alarmierenden Ergebnisse der Reichstagswahlen im September 1930 – mit der Verneunfachung der NSDAP-Mandate –, die von ihm erworbene *Neue Leipziger Zeitung* als Publikationsorgan einer wehrhaften Republik auszubauen. Seine Pläne einer prodemokratischen breiten Pressefront mit der *Berliner Morgenpost* als politischer Speerspitze scheiterten jedoch.

Zu den eindrucksvollsten Passagen des Buches zählen jene, in denen Hermann Ullstein sich den Ereignissen in der frühen Phase der Diktatur 1933/34 widmet – mit ihrer bedrohlichen Atmosphäre, den gewaltsamen Übergriffen von außen, aber auch den Einschüchterungsversuchen aus der Belegschaft. Schon in der Weimarer Republik hatte sich die Ullstein AG – wie die gesamte liberale Presse – immer wieder gegen Attacken von nationalsozialistischer Seite erwehren müssen – jetzt war die Ausraubung der Unternehmerfamilie angesichts des staatlichen Vorgehens (insbesondere des Propagandaministeriums) gegen die Pressefreiheit nur noch eine Frage der Zeit. Substanziell geschwächt durch Publikationsverbote und bedrohliche Umsatzeinbußen, führte »in Hitlers Hölle« am Zwangsverkauf des Unternehmens kein Weg mehr vorbei. Die Hintermänner allerdings blieben für Hermann Ullstein wie für die meisten anderen zeitgenössischen Beobachter im Dunkeln, war hier doch mit Max Winkler, dem »Beauftragten für die Gleichschaltung der Presse«, einer der undurchsichtigsten Strohmänner der deutschen Presselandschaft aktiv. Nachdem bereits 1933 eine Million Reichsmark in Aktien aus dem Familienbesitz herausgelöst worden war, stellte Winkler seine Tarnfirma Cautio in den Dienst der NSDAP, um die Ullstein AG im Juni 1934 unter Mitwirkung der Deutschen Bank auf den Parteiverlag Franz Eher zu übertragen und damit dessen Pressemonopol weiter auszubauen. Dreieinhalb Jahre später, am 15. November 1937, wurde auch nach außen hin der Traditionsname Ullstein getilgt; das Unternehmen firmierte fortan als »Deutscher Verlag«.

Welche Reaktionen löste Hermann Ullstein mit seinem Buch Mitte der 40er Jahre aus? Während die Verkaufszahlen vermutlich unspektakulär blieben, war das öffentliche Echo durchaus bemerkenswert, wenn auch ambivalent. Georg Bernhard etwa nahm seine Besprechung im *Aufbau* zum Anlass, noch einmal an das »unersetzlich fortschrittliche [...] Etwas« zu erinnern, das sich aus dem Zusammenwirken der besonderen Charaktere und Spezialbegabungen der Ullsteins ergeben habe.[32] Auch der frühere Journalist des *Berliner Tageblatts* Felix Hirsch unterstrich die Glaubwürdigkeit der Darstellung und sprach in der *New York Times* von einem »menschlichen Dokument hohen Ranges«: Wenn auch das Haus Ullstein nicht mehr existiere, so würden Leopold Ullstein und seine fünf Söhne doch in der Geschichte des

Journalismus als Pioniere eines neuen Zeitalters fortleben.[33] Andere, wie der amerikanische Deutschland-Experte George Shuster, empfanden gerade Ullsteins Schilderungen der NS-Zeit als besonders authentisch,[34] und der ehemalige Ullstein-Generaldirektor Hans Schäffer zeigte sich nach Lektüre des Buches überzeugt, »dass solche unmittelbaren Erinnerungen doch ihren großen historischen Wert haben«.[35]

Auf der anderen Seite fachte Ullstein mit seiner Darstellung die unter den Emigranten geführte Debatte über die opportunistischen Tendenzen der Weimarer Presse gegenüber dem aufkommenden Nationalsozialismus an. Es wurden Stimmen laut, die gerade der damaligen Ullsteinschen Medienmacht anlasteten, zu jener Zeit ihre Pflicht zu demokratischer Gegenwehr vernachlässigt zu haben. Hermann Ullstein selbst könne zwar stolz auf sein Verhalten in den Jahren 1930 bis 1933 sein, bescheinigte ihm der in die USA geflohene Publizist Leopold Schwarzschild (zuvor Mitherausgeber der linksliberalen Wochenschrift *Das Tage-Buch*); doch zielte Schwarzschilds Vorwurf, die liberale deutsche Presse habe ihre Kräfte nicht für einen gezielten Kampf gesammelt, nicht zuletzt auf das Unternehmen Ullstein selbst.[36] Andere Kritiker verstiegen sich gar zu der Behauptung, der Ullstein-Konzern habe seine Macht zur Errichtung wirtschaftlich-kultureller Monopole missbraucht, und schreckten auch nicht davor zurück, Hermann Ullstein persönlich anzugreifen. Ohne Berechtigung spiele sich dieser nun als Kreuzritter demokratischer Ideale auf, obwohl er seine eigenen wirtschaftlichen Interessen vor seine politische Verantwortung gestellt habe.[37]

Wie immer auch diese Diskussionen zu bewerten sind, Hermann Ullstein waren nur noch wenige Monate vergönnt, um sie mitzuverfolgen. Er starb am 22. November 1943 im Alter von 68 Jahren in New York – laut Schilderung des langjährigen Leiters des Ullstein-Buchverlags Emil Herz mittellos, vergrämt und verbittert. »Sein Leben war eine ständige Qual, von der ihn nach langwierigen Leiden der Tod erlöste.«[38] Beim Trauergottesdienst in der Riverside Memorial Chapel fanden sich zwei Tage später viele Flüchtlinge aus Deutschland ein, um ihm die letzte Ehre zu erweisen.[39]

Es sollten noch mehr als acht Jahre ins Land gehen, bis die Familie Ullstein nach Berlin zurückkehrte. Am 3. Januar 1952, 18 Jahre nach der Enteignung, setzte das Westberliner Landgericht die Rückübertragung aller entzogenen Vermögenswerte an die Ullsteins fest, die nun, mit dem 78-jährigen Rudolf Ullstein als letztem Überlebenden der fünf Brüder an der Spitze, einen Neubeginn wagten. Auch wenn das Nachkriegskapitel für das Haus Ullstein zu kurz blieb, um wieder an die Größe und den Glanz vergangener Tage anknüpfen zu können, bleibt die Familie und mit ihr der Name Hermann Ullstein doch für immer eng mit der deutschen Pressegeschichte verknüpft. Die fünf Ullstein-Brüder, so hieß es im Februar 1964 im Nachruf auf Rudolf Ullstein, würden »in die Zeitungsgeschichte Deutschlands so eingehen [...] wie etwa die fünf Frankfurter Rothschilds in die Geschichte europäischer Finanz«.[40] Noch aber steht eine angemessene Würdigung der Ullstein-Familie und ihrer historischen Bedeutung für das deutsche Medienwesen aus.

ANMERKUNGEN

Textteil

1 »Auf ein Wort, Herr Minister« – Ehm Welk: Stationen seines Lebens. Rostock 1976, S. 215–218.
2 Otto Hammann: *Um den Kaiser. Erinnerungen aus den Jahren 1906–1909*, Berlin 1919, S. 66.
3 Zitiert nach Emil Ludwig: *Juli 1914*, Berlin 1929, S. 56.
4 Hitlers Vater hieß zeitweise Alois Schicklgruber.
5 Lt. Adolf Hitler, *Mein Kampf*, 1943, S. 197f.
6 Johann Wolfgang von Goethe. *Egmont*. In: *Hamburger Ausgabe*, Bd. 4, textkritisch durchgesehen und mit Anmerkungen versehen von Erich Trunz, Hamburg, 1948ff., S. 400.
7 Else Lasker Schüler: *Weltende*. In: *Die Gedichte 1902–1943*, hrsg. von Friedhelm Kemp, Frankfurt a. M. 1997, S. 149.
8 Johann Wolfgang v. Goethe: *Lila* – in: *Goethes Werke*, Sophienausgabe, Bd. 12. Weimar 1892, S. 62.

Nachwort

1 Hermann an Karl Ullstein, 14. 8. 1942, Privatbesitz Marion von Rautenstrauch, Köln (PMvR).
2 Rudolf Ullstein: »Meine Brüder und ich«, in: *Ullstein-Hauszeitung 2* (1954), Nr. 2, Februar 1954, S. 3f.
3 »Die fünf Brüder Ullstein«, in: *Ullstein-Hauszeitung* 1 (1953), Nr. 6, November 1953, S. 2.
4 Rudolf Ullstein, »Meine Brüder und ich«; Lebenslauf Hermann Ullstein, New York Public Library, *Emergency Committee In Aid of Displaced Foreign Scholars Records* (MssCol 922), Box 125, Folder 7: Ullstein, Hermann.
5 Sten Nadolny: *Ullsteinroman*, München 2003, S. 146f.
6 »Die fünf Brüder Ullstein«.
7 Vicki Baum: *Es war alles ganz anders. Erinnerungen*, Köln 1987 (zuerst Frankfurt a. M./Berlin 1962), S. 340.

8 Rudolf Ullstein, »Meine Brüder«.
9 Baum, Es war alles ganz anders, S. 356.
10 Zit. nach Peter de Mendelssohn: *Zeitungsstadt Berlin. Menschen und Mächte in der Geschichte der deutschen Presse,* Berlin 1959, S. 144.
11 Faksimile, in: W. Joachim Freyburg/Hans Wallenberg (Hg.): *Hundert Jahre Ullstein 1877–1977,* Bd. 4, Berlin 1977, S. 217.
12 Siehe S. 253 in diesem Buch.
13 Hermann Ullstein: *Wirb und Werde! Ein Lehrbuch der Reklame,* Bern 1935.
14 »Herman Ullstein Arrives«, in: *New York Times,* 22.2.1939, S. 8.
15 Frederick Ullstein: »Die Ullsteins – hundert Jahre später«, in: Freyburg/Wallenberg, *Hundert Jahre Ullstein 1877–1977,* Bd. 1, Berlin 1977, S. 35–43, hier S. 41; Martha Ullstein an Hans Schäffer, 2.5.1942, Leo Baeck Institut Berlin (LBI B), MF 512, reel 7.
16 Max Osborn: »Hermann Ullstein«, in: *Aufbau,* 26.11.1943, S. 3.
17 Rudolf an Karl Ullstein, 13.7.1943, Hermann an Karl Ullstein, 30.8.1943, PMvR.
18 Aufbau, 16.2.1940, S. 16, 23.2.1940, S. 16, 1.3.1940, S. 16, 8.3.1940, S. 16, 22.3.1940, S. 7, 29.3.1940, S. 4.
19 Hermann Ullstein an Edith Glaser, 9.5.1940, 4.7.1940, Axel Springer Unternehmensarchiv, Bestand Hermann Ullstein.
20 Ebd., 9.5.1940, 4.7.1940.
21 Ebd., 9.5.1940.
22 Ebd.
23 Herman Ullstein: »The Fall of the House of Ullstein«, in: *Reader's Digest,* Bd. 39, H. 234, Oktober 1941, S. 8–11. Hier auch der Hinweis auf den ursprünglichen Abdruck in der *Saturday Review of Literature.*
24 Karl Ullstein an Antonie Ullstein, 16.9.1941, 22.9.1941, PMvR.
25 Karl Ullstein an Antonie Ullstein, 1.10.1941, PMvR.
26 Franz Ullstein an Karl Ullstein, 24.7.1943, PMvR.
27 Hermann Ullstein an Karl Ullstein, 14.8.1942, PMvR (Unterstreichung und Sperrungen im Original).
28 Karl Ullstein an Antonie Ullstein, 20.5.1942, PMvR.
29 Hermann Ullstein an Karl Ullstein, 7.7.(?)1943, PMvR.

30 Hermann Ullstein an Karl Ullstein, 2.4.1943, PMvR.

31 Nadolny, *Ullsteinroman*, S. 147.

32 *Aufbau*, 12.2.1943, S. 7.

33 Felix E. Hirsch: »A Publishing Empire Destroyed by Hitler«, in: *New York Times*, 7.3.1943, S. BR4.

34 George N. Shuster, in: *The Journal of Economic History* 4 (1944), S. 111 f.

35 Hans Schäffer an Fritz Warburg, 15.6.1944, LBI B, MF 512, reel 9.

36 Leopold Schwarzschild: »The Ullstein Papers«, in: *The Nation*, 10.4.1943, S. 529 f., hier S. 529.

37 Emily Schossberger, in: *Journal of Central European Affairs* 3 (1943), S. 353 f.

38 Emil Herz: *Denk ich an Deutschland in der Nacht. Die Geschichte des Hauses Steg*, Berlin 1951, S. 323.

39 »Refugees at Service for Herman Ullstein«, in: *New York Times*, 25.11.1943, S. 25.

40 »Der Letzte. Rudolf Ullstein gestorben«, in: *Aufbau*, 7.2.1964, S. 6.

REGISTER